Edmund Dene Morel

Ein gerechter Engländer über die Schuld am Kriege

Verlag
der
Wissenschaften

Edmund Dene Morel

Ein gerechter Engländer über die Schuld am Kriege

ISBN/EAN: 9783957009371

Auflage: 1

Erscheinungsjahr: 2017

Erscheinungsort: Norderstedt, Deutschland

Hergestellt in Europa, USA, Kanada, Australien, Japan
Verlag der Wissenschaften in Hansebooks GmbH, Norderstedt

Cover: Foto © Carsten Grunwald / pixelio.de

Verlag
der
Wissenschaften

Ein gerechter Engländer

über die Schuld am Kriege

Genehmigte Uebersetzung der Schuldkapitel aus

E. D. Morel

„Truth and the War"

Mit Bildnis des Verfassers

Herausgegeben von

Hermann Lutz

1920

Verlag Hans Robert Engelmann / Berlin

Vorwort des Herausgebers.

Der „Rechtsfriede" von Versailles beruht vollkommen auf der alleinigen Schuld Deutschlands am Kriege — einem Urteil, das angeblich von allen zivilisierten Völkern geteilt wird. Aus dieser unerwiesenen Schuld massten sich die jetzigen Weltmachthaber das Recht an, zum Hohn auf die 14 Punkte Wilsons Deutschland einen unerhört harten Sühnefrieden aufzuzwingen, der uns zu Sklaven der Sieger herabwürdigt und eine Saat des Hasses, der Verzweiflung und der Rachsucht sät. Aber mehr noch: Deutschland wird vorerst auch für unwürdig erklärt, den übrigen Nationen gleichberechtigt dem Völkerbund anzugehören und mit gleicher Stimme am Wiederaufbau Europas mitzuarbeiten; durch diesen „Weltrechtsspruch" über die alleinige Kriegsschuld wird Deutschland, nein, wird einem jeden Deutschen ein Schandmal auf die Stirn gedrückt, das ihn in den Augen der anderen zu einem Verbrecher — oder doch mindestens zum Mitschuldigen an dem „grössten Verbrechen der Weltgeschichte" — stempelt. So wird die kommende Fronarbeit noch dadurch in fast unerträglichem Masse vergiftet, dass sich der Deutsche als gezeichnet vor aller Welt an den Pranger gestellt sieht: ein Leben, unendlich schwer zu leiden...

Da kann es für Deutschland, da kann es für jeden Deutschen nur eine Losung geben: unverdrossen eine offene und sachliche Klärung der Schuldfrage zu betreiben. Denn jeder Deutsche, der die Ereignisse in den Jahrzehnten vor dem Kriege mit auch nur halbwachen Sinnen verfolgt hat, fühlt innerlich, dass uns masslos bitteres Unrecht geschieht, mag der Schein noch so sehr gegen uns sein. Auch die führenden Männer unserer Feinde wissen das, sonst würden sie sich nicht so hartnäckig sträuben, die Schuldfrage unter Oeffnung aller Archive vor einem neutralen Gerichtshof entscheiden zu lassen. Wir aber dürfen nicht rasten noch ruhen, alles zur Enthüllung der Wahrheit zu tun; denn es ist klar: sobald unsere Feinde zur Erkenntnis gezwungen sind, dass Deutschland nicht allein verantwortlich ist, muss ja der Schmachfriede von Versailles umgestossen werden!

Es wird ein schwerer, ein mühseliger und schmerzensreicher Kampf sein, doch darf keiner verzagen, da wir für uns und unsere Kinder um unser gutes Recht kämpfen. Und ich bin gewiss, dass wir den Kampf nicht durch Schwertergewalt, sondern auf friedliche Weise, in nicht allzuweiter Ferne siegreich bestehen werden, wenn jeder Deutsche, der irgendwelche Beziehungen zum feindlichen und neutralen Auslande hat oder sie neu anzuknüpfen vermag, in Wort und Schrift mit dem nötigen Takt zur Aufklärung über die Grundursachen der Weltkatastrophe beiträgt. Denn auch im Feindeslande leben Männer, wenn schon in noch gar geringer Zahl, die furchtlos für die Wahrheit streiten und sagen: „Deutschland ist nicht allein schuldig; auch unsere Regierung hat ihren Teil Verantwortung zu tragen." Diese Leute kennen zu lernen, ist für uns von der grössten Bedeutung, und solch ein Mann, einer der edelsten seiner Nation, ist der Verfasser dieses Buches.

Noch während des Waffenstillstandes gelang es mir, mit Herrn E. D. Morel brieflich in Verbindung zu treten. Er gab mir bereitwillig die nachträgliche Genehmigung für diese, von mir auf eigene Faust begonnene Uebersetzung, die aus seinem Buche „Truth and the War" nur die Kapitel bringt, die sich mit der Schuldfrage befassen. So beachtenswert auch die anderen Aufsätze sind, sah ich mich doch zu dieser Einschränkung genötigt, um unter den ungünstigen gegenwärtigen Verhältnissen das Buch nicht zu umfangreich und daher zu teuer werden zu lassen. Widrige Umstände verhinderten bisher die Veröffentlichung. Mitte September erhielt ich sodann den nachstehenden Brief des Herrn Morel, der zur Aufnahme an dieser Stelle bestimmt ist

Sehr geehrter Herr!

Obwohl wir einander nie begegnet sind, haben mich Ihre Briefe von Ihrer Geradheit und Aufrichtigkeit überzeugt, und ich ermächtige Sie, wenn es Ihnen möglich ist, Verhandlungen ab-

4

zuschliessen, um die Uebersetzung von „Truth and the War", die Sie nach Ihrer Mitteilung auf Ihre eigene Initiative unternommen und vollendet haben, in Deutschland zu veröffentlichen.

Es darf jedoch kein Zweifel darüber bestehen, dass ich an diesen Verhandlungen keinerlei Anteil habe, und dass ich auch auf jeden mir etwa zufallenden Gewinnanteil am Verkaufe einer deutschen Ausgabe dieses Buches — falls sich ein Gewinn ergeben sollte — verzichte zugunsten einer noch gemeinsam zu vereinbarenden Einrichtung der öffentlichen Wohlfahrt, die sich die Förderung der internationalen Verständigung zur Aufgabe setzt. Dieser Vorbehalt bezöge sich nicht auf die Ausgaben meiner Bücher in anderen kontinentalen Sprachen, und die Verlagsrechte würden selbstverständlich auf Deutschland beschränkt sein.

Ich bin, da ich Ihre Uebersetzung nicht gesehen habe, natürlich gezwungen, mich auf Ihr Wort zu verlassen, dass Sie Ihren Landsleuten eine i n t e g r a l e Uebersetzung des Buches darbieten; sollte auch eine gekürzte Ausgabe erscheinen, so muss die Absicht des Verfassers gehörig zum Ausdruck kommen, und es sind d i e Abschnitte wiederzugeben, die die deutsche Politik und Handlungsweise kritisieren.

Sie werden gewiss nicht versäumen, in jedem Ihnen dienlich scheinenden Vorwort hervorzuheben, dass ein beträchtlicher Teil des Buches aus Aufsätzen und öffentlichen Reden besteht, die gleich zu Anfang des Krieges niedergeschrieben wurden. Der Wert, den diese Beiträge zu der grossen Debatte haben mögen, schien mir gerade in dieser Tatsache zu liegen, und als das Buch im Juli 1916 herauskam, wurden diese Aufsätze und Reden u n v e r - ä n d e r t darin aufgenommen. Auch sollte meines Erachtens darauf hingewiesen werden, dass in den seither veröffentlichten Auflagen keine Zusätze gemacht wurden.

Sie fragen mich, ob der Verlauf der Zeit, die Verlängerung des Krieges und die Fülle des in den letzten drei Jahren veröffentlichten Materials bezüglich der tieferliegenden Kriegsursachen in einem wesentlichen Grade die in dem Buche niedergelegten Schlussfolgerungen, in bejahendem oder verneinendem Sinne, geändert haben.

Meine Antwort auf diese Frage lautet nein. Während ich die Grundsätze und Lehren der deutschen Schule politischer

Soldaten äusserst verabscheue, literarischer Brandstifter und imperialistischer „entrepreneurs", deren Ehrgeiz und deren Gelärm in bemerkenswerter Weise dazu beigetragen haben, d i e Atmosphäre zu schaffen, die den Krieg gebar, und während ich den Einfall in Belgien ohne Einschränkung verurteile, wie das so viele Deutsche selbst getan haben, so bleibe ich doch überzeugt, dass eine ähnliche Schule in allen kriegführenden Staaten bestand, obwohl sie sich vielleicht nicht so krass und geräuschvoll äusserte, und ich bleibe fest davon überzeugt, dass es der Wahrheit, Gerechtigkeit und dem gesunden Menschenverstand widerspricht, einer Seite die ganze Schuld für die Katastrophe zuzuschieben. Und ich verwerfe, gemeinsam mit einer grossen und wachsenden Anzahl meiner Landsleute, die Bedingungen des Vertrages von Versailles, der seine Exzesse auf dieser Grundlage zu rechtfertigen sucht.

Ich bleibe gleicherweise davon überzeugt, dass die Rettung der Menschheit einmal von der Erkenntnis aller in den Krieg verwickelt gewesener Völker abhängt, dass sie ausnahmslos Opfer eines allgemeinen Systems der internationalen Beziehungen gewesen sind, das die Keime des Todes und des Verderbens in sich trug, und zweitens von der künftigen Zusammenarbeit der liberaldenkenden Männer aller Länder in einem gemeinschaftlichen und organisierten Ansturm auf jenes System.

Die Stunde ist dunkel; nicht nur für Deutschland, sondern für alle Menschen. Um so mehr Grund, dass Männer von Mut und Weitblick sich zusammenschliessen und in Uebereinstimmung und Uneigennützigkeit arbeiten sollten, um das Unrecht wieder gut zu machen, das begangen wurde und begangen wird, und um durch geduldige und mühselige Anstrengungen eine bessere Zukunft für die Menschheit vorzubereiten.

Uebrigens sind es bloss die Schwachen, die verzweifeln. Die moralische Stärke einer Nation liegt in ihrer eigenen Seele; und wie mit einem Menschen, so mit einem Volk — oft führt Unglück zu den Sternen.

Hochachtungsvoll

E. D. Morel.

*   *
*

In Erfüllung dieses Briefes habe ich bei jedem Kapitel das Erscheinungsdatum angemerkt; wo keine Jahreszahl steht, ist 1915 oder das Frühjahr 1916 anzunehmen. Ferner war es mir eine selbstverständliche Ehrenpflicht, keinen der Vorwürfe des Herrn Morel gegen Deutschland zu unterdrücken oder auch nur zu mildern, wie mir überhaupt eine sinngetreue und gute Uebersetzung besonders am Herzen lag. Die Reihenfolge der Kapitel habe ich beibehalten bis auf die ersten drei (im Original 9, 33 und 34), da sie — die Marokkokrisen behandelnd — den Ausgangspunkt des Weltkrieges bilden. Die vom Verfasser angeführten französischen und russischen Zitate habe ich, bis auf geringfügige, mir nicht zugänglich gewesene Ausnahmen, aus den Originalen übersetzt. Im Text sind nur die vom Verfasser selbst in „Truth and the War" betonten Stellen durch Sperrdruck hervorgehoben und unwesentliche Auslassungen durch Punkte gekennzeichnet. Die Anmerkungen stammen, soweit nicht anders vermerkt, von Herrn Morel.

Seinem Vorwort zu „Truth and the War", Seite 15 ff., möchte ich vorausschicken, dass Herr Morel schon vor dem Kriege internationalen Ruf genoss. Er war in zwölfjähriger Tätigkeit, davon ein Jahrzehnt als Ehrensekretär der 1904 von ihm gegründeten „Kongo-Reform-Gesellschaft", in ganz hervorragendem Masse an der Aufdeckung und Einstellung des grössten Verbrechens beteiligt, das seit den Tagen des Uebersee-Sklavenhandels an der afrikanischen Rasse verübt worden ist. Er wurde dabei von einer Handvoll rechtlichdenkender Deutscher unterstützt, während ihn die reaktionären deutschen Zeitungen bitter befehdeten, von denen einige, wie später nachgewiesen wurde, zu diesem Zwecke von Leopold II. Geld erhalten hatten. Der internationale Ruf Herrn Morels wurde weiterhin durch seine sonstigen Werke über afrikanische Fragen, sowie durch sein hochbedeutendes Marokko-Buch „Ten Years of Secret Diplomacy" verbreitet, das zwei Jahre vor Kriegsausbruch unter dem Titel „Morocco in Diplomacy" erschien. Es war ein leidenschaftlicher Protest gegen die Sünden und Irrtümer einer Diplomatie, die wesentlich zur Förderung des Krieges beitrug. Auch dies Buch wäre wert, in Deutschland und anderwärts grössere Verbreitung zu finden. Der Verfasser legt darin dar, wie sehr damals die englische und französische öffentliche Meinung von ihren Regierungen zuungunsten Deutschlands getäuscht wurde, und er fühlte in banger Ahnung die verhängnisvollen Folgen dieser Irreführung; am 29. Februar 1912 schrieb er in der Einleitung zu seinem Marokkobuche diese Schlusssätze nieder: „Das Marokko-Problem ist noch nicht erledigt. In gewissem Sinne kann man sagen, dass es erst anfängt. Es wird während der Lebenszeit der jetzigen Generation düster den Horizont verdunkeln." — Wie rasch sollten diese wahrhaft prophetischen Worte in Erfüllung gehen!

Bei Kriegsausbruch hatte Herr Morel, abgesehen von den an erster Stelle führenden Berufspolitikern, von allen Privatmännern vielleicht den weitestverbreiteten Anhang im englischen Volke; er war Parlamentskandidat und Mitglied einer Regierungskommission über afrikanische Fragen — und das alles warf er unbedenklich in den Wind, weil er fühlte, dass seine Landsleute irregeleitet worden waren und ihnen d a s gesagt werden müsse, was er für die Wahrheit über den Krieg hielt. So entstanden die Aufsätze von „Truth and the War". Herr Morel sollte aber bald die bitteren Folgen zu spüren bekommen: man schalt ihn nicht nur „Deutschfreund", „Vaterlandsverräter" und dergl., sondern er wurde auch mit besonderem Hass angegriffen, weil er allein, oder doch fast allein, von Anfang an auf seinem Haupt-Argument bestand, dass der Krieg ein Krieg der g e t e i l t e n Verantwortung sei, der Deutschland allein nicht zur Last gelegt werden könne. Und weil nur er allein das bis ins Einzelnste ausgearbeitete Beweismaterial zur Stützung seiner Ueberzeugung aufbaute, wurde er mit einer Gehässigkeit verfolgt, die sich sogar zu der Behauptung verstieg, dass er in Verbindung mit der deutschen Regierung und in ihrem Solde stünde. Auch heute noch spricht ein gewisser Teil der Festlandspresse von ihm als einem „Agenten" Deutschlands. Aber Herrn Morel war noch Schlimmeres beschieden. Im Jahre 1917 hatte sich die bekannte Schriftstellerin Fräulein Sidgwick (durch Heirat Nichte A. J. Balfour's, des ehemaligen Sekretärs des Auswärtigen) aus eigenem Antrieb erboten, einige Druckschriften des Herrn Morel dem auch bei uns sehr geschätzten Romain Rolland persönlich zu überbringen. Diese Schriften waren in England nicht verboten und ihr Versand in die verbündeten Länder war erlaubt. Aber Romain Rolland hielt sich damals in der Schweiz auf, was Herrn Morel nicht bekannt war, und in die neutralen Länder durften nach dem „Reichs-Schutz-Gesetz" Drucksachen nur durch die Post befördert werden. Man ergriff sofort die Gelegenheit, Herrn Morel wegen dieser technischen Verletzung des Gesetzes im August 1917 wie einen gewöhnlichen Verbrecher zu sechs Monaten Gefängnis zu verurteilen, was im Unterhaus und im ganzen Lande zahlreiche —

allerdings vergebliche — Proteste hervorrief, sogar seitens vieler hervorragender Männer, die Herrn Morel's Ansichten über den Krieg nicht teilten. Verhandlung und Urteil stellen einen der schändlichsten Justizmorde dar; die unerhörte Strafe, mit Dieben und Kinderschändern zu Nachbarn, war die Rache der englischen Regierung in einem ihr besonders gefährlichen Augenblick, als die Politik eines Verständigungsfriedens in England wirklichen Boden zu gewinnen begann. —

Gleich in den ersten Augusttagen 1914 gründete Herr Morel mit einigen wenigen gleichgesinnten Männern*) die „Union of Democratic Control", die unerschrocken für die reinen demokratischen Grundsätze, für die wirkliche Völkerversöhnung und einen wahren Verständigungsfrieden kämpfte. Trotzdem die Regierung während des Krieges der „U. D. C." alle erdenklichen Hindernisse in den Weg legte, wuchs sie ständig an Einfluss und Ansehen, und bis zum Sommer 1919 gehörten ihr schon eine bedeutende Anzahl der besten Männer und Frauen Englands, darunter mehrere Parlamentsmitglieder, und etwa 300 Arbeiterorganisationen an. Die „Union für demokratische Kontrolle" erblickt nach dem Scheitern des erhofften Rechtsfriedens „ihr erste Aufgabe darin, unermüdlich auf die Revision des Friedensvertrages hinzuarbeiten;"**) und ihr Programm kann also kurz zusammengefasst werden: 1. Abschaffung der Geheim-Diplomatie und Kontrolle der auswärtigen Politik durch die Nation. 2. Errichtung des wahren Völkerbundes. 3. Allgemeine Abrüstung und Abschaffung der Wehrpflicht. 4. Allen Völkern „offene Türe" für Handel und Industrie; Aufhebung aller Privilegien und Monopole. 5. Wirkliches Selbstbestimmungsrecht der Völker.

Herr Morel ist Sekretär der „U. D. C." und Herausgeber ihres Organs „Foreign Affairs", einer „Zeitschrift für internationale Verständigung". Nicht im geringsten durch ʿdie ihm zugefügten Leiden abgeschreckt, ist er unermüdlich für seine Schöpfung und im Kampf um die Wahrheit tätig. In schlichter Bescheidenheit erwartet er dafür keine Lobpreisungen: was er tut, geschieht aus innerem Zwang. Aber welch ein Glück, dass es noch Leute gibt,

---

*) Norman Angell, Ramsay Macdonald, Arthur Ponsonby, Charles Trevelyan.

**) Aus einem Briefe des Herrn Morel.

deren Veranlagung es ihnen verbietet, dem Betrug und den Irrtümern anderer ruhig zuzusehen. Dank einer untadeligen Vergangenheit ist Herrn Morels Stellung unantastbar, und vornehmlich aus diesem Grunde übt er eine grosse, ständig zunehmende Wirkung in England aus. Trotz allen Anfeindungen ist „Truth and the War" schon in drei Auflagen von insgesamt 20 000 Exemplaren verbreitet und erfreut sich andauernd eines regen Absatzes, namentlich auch in Amerika. Eine französische Ausgabe ist in Vorbereitung.

Herr Morel vertritt in seinem Buche die Ansicht, die einst alle Wahrheitsfreunde der Welt teilen werden, „dass sich der Krieg nicht durch die Ereignisse der sechs Wochen vor seinem Ausbruch erklären lässt". Von den Marokko-Krisen ausgehend, behandelt er daher ganz überwiegend die tieferen, vor Jahrzehnten aufkeimenden Kriegsursachen in seinen Aufsätzen, weshalb sie auch, obwohl in der Hauptsache gleich zu Beginn des Krieges niedergeschrieben, noch nicht das Mindeste an Aktualität verloren haben. Ja, manche seiner Argumente erfahren durch die neuesten Enthüllungen oft die überraschendste Bestätigung. Der Leser wird in Herrn Morel einen politisch ausserordentlich erfahrenen Mann von der lautersten Gesinnung und von unbestechlicher Wahrheitsliebe kennen lernen, einen äusserst hellsichtigen Kopf, der die Gabe hat, mit seltenem Scharfsinn die Psychologie anderer Völker zu erfassen, und der mit unerbittlicher, zwingender Logik in erschöpfenden und überzeugenden Darlegungen die hauptsächlichsten Ursachen der Weltkatastrophe blosslegt. Das Parlaments-Mitglied Philip Snowden schrieb 1916 in seiner Einleitung zu „Wahrheit und der Krieg": „Von den Männern, die sich in den furchtbaren Tagen seit August 1914 ihr unparteiisches Urteilsvermögen bewahrt haben, hat keiner der Zukunft des Friedens und dem Internationalismus einen grösseren Dienst erwiesen als der Verfasser dieses Buches. Ich erwarte nicht, dass seine Stellungnahme jetzt allgemein anerkannt oder der Wert seines Buches gewürdigt werden kann. Aber die Zeit wird beidem Gerechtigkeit widerfahren lassen ... Das Buch wurde nicht im Interesse des Feindes, sondern im Interesse Grossbritanniens geschrieben. Es behandelt Dinge von ungeheurer Bedeutung ... Soviel ich weiss, sind die hier geschilderten Tatsachen nie widerlegt worden. Ohne ihre Kenntnis aber wird es den Engländern nicht möglich sein, einen vernünftigen Anteil an der Lösung der Friedensfrage zu nehmen ..."

Das hat die Masse der Engländer nicht vermocht. Doch, wie

das Motto zu dem letzten hier aufgenommenen Kapitel lautet: „Die Wahrheit ist auf dem Marsch. Nichts wird sie aufhalten." Dies letzte Kapitel, sowie das 16., sind mir Anfang Oktober 1919 von Herrn Morel zwecks Aufnahme in diese deutsche Ausgabe zugegangen. Davon ist das letzte besonders wertvoll, da Herr Morel darin die ihm bis Ende September 1919 zugänglich gewesenen neueren Enthüllungen behandelt, namentlich die von der bolschewistischen Regierung in der „Pravda" und die von Dr. M. Boghitschewitsch veröffentlichten serbischen Dokumente, wodurch diese deutsche Ausgabe von „Truth and the War" eine noch erhöhte Bedeutung erhält, da hier der Verfasser seinen neuesten Standpunkt in der Schuldfrage darlegt.

―――――――

Dem einen Satze aus dem oben mitgeteilten Briefe des Herrn Morel, worin er „von der künftigen Zusammenarbeit der liberaldenkenden Männer aller Länder" spricht, möchte ich — ganz von mir aus — eine ernste Mahnung beifügen. Es ist nur zu bekannt, dass seit dem Zusammenbruch Deutschlands viele früher rechts-, allzuweit rechtsstehende Männer „umgelernt" haben und in dem nicht unnatürlichen Wunsche: „Rette, was zu retten ist", „überzeugte" Anhänger der Völkerbundsidee geworden sind. Diese würden sich selbstverständlich nicht für eine Zusammenarbeit eignen, auch die nicht unter ihnen, die wirklich einen innerlichen Gesinnungswechsel vorgenommen haben. Sie alle — von den unentwegt Alldeutschen usw. ganz zu schweigen — könnten sonst der „U. D. C."-Bewegung grossen Schaden bringen. Diese Absicht aber wird, wer sein Vaterland wirklich liebt, nicht haben, auch wer der „Union für demokratische Kontrolle" fremd oder feindlich gegenübersteht. Ich habe nicht umsonst hier betont, wie unantastbar die Stellung des Herrn Morel in England ist; sie durch nichts zu schwächen, ist unser aller Pflicht. Dies bitte ich auch alle Pazifisten, alle durch ihre Vergangenheit politisch nicht Kompromittierten, stets im Auge zu behalten. Zudem liegt es ja auf der Hand, dass wir Deutschen vorerst aus eigener Kraft nur wenig für die Revision des Friedensvertrages zu tun vermögen; die Hilfe muss uns von aussen kommen, und daher nochmals: übt taktvolle Zurückhaltung!

Aber es drängt mich, auch ein ebenso ernstes Mahnwort an d i e Pazifisten zu richten, die bisher — zu meinem tiefsten Schmerz und meines Erachtens zum schwersten Schaden Deutschlands — unsere Alleinschuld in alle Welt verkündet haben. Ich will damit nicht im geringsten die Ehrlichkeit dieser Leute in Zweifel ziehen; sie sahen eben die Dinge bisher anders. Aber so sehr ich aus den Köpfen meiner Landsleute den Wahn der deutschen Unschuld verjagt sehen möchte, so sehr hoffe und wünsche ich, dass sich so viele unserer Pazifisten endlich von dem Wahne befreiten, Deutschland sei allein schuldig. Wäre es wahr — gut, dann müssten wir es bekennen, denn nur die lauterste Aufrichtigkeit vermag das Vertrauen zu uns wieder zu festigen und die Völkerversöhnung anzubahnen (auch unsere Feinde müssen natürlich erst beweisen, dass wir zu ihrer Rechtlichkeit wieder Vertrauen gewinnen können). Doch die Alleinschuld Deutschlands ist ebenso unrichtig wie seine Schuldlosigkeit. Auch meine ich, dass der Glaube, wir wären von der Entente gnädiger behandelt worden, hätten wir einstimmig „peccavi" gesagt, ich meine, dass auch dieser Wahn durch die Heuchler von Versailles widerlegt worden ist. So hört denn, ihr Allein-Schuld-Pazifisten, hört diesen unbestechlich wahrhaftigen Engländer an und lasst euch von ihm wenigstens überzeugen. Seine beste Waffe gegen den Friedensvertrag ist seine seit 1914 trotz aller Drangsal mutigst geäusserte und mit Beweisen belegte Ueberzeugung, dass Deutschland keineswegs die ganze Verantwortung treffen kann, und ihr reisst ihm diese Waffe aus den Händen und zerfleischt euer Vaterland selbst! Und das tut ihr, die ihr an sich die geeignetsten Förderer einer Bewegung wäret, die den Völkerfrieden anstrebt!

Wahrlich: Deutschland ist n i c h t alleinschuldig! Diese Erkenntnis wird sich auch bei unseren verblendetsten Feinden allmählich Bahn brechen, u n d d a n n w i r d d e r W e g f r e i s e i n z u r A n b a h n u n g d e r V ö l k e r v e r s ö h n u n g u n d z u r W i e d e r g u t m a c h u n g d e s a n D e u t s c h l a n d b e g a n g e n e n U n r e c h t s, nachdem dies in Belgien und anderwärts gesündigt hat. Und es müsste unser aller Bestreben sein, im neutralen und im feindlichen Ausland durch ein Buch wie dieses die Legende von der Alleinschuld Deutschlands zu zerstreuen. Damit werden wir uns draussen nicht die Achtung verscherzen, im Gegenteil, wir werden sie uns, im Bewusstsein unserer Wahrhaftigkeit, erzwingen.

In den qualvollsten Wochen Deutschlands, als in Versailles die Stimmen des Rechts und des Anstandes auf der ganzen Linie von der Unvernunft, der Rachsucht, der Machtgier und dem blinden Hasse der Pharisäer übertrumpft wurden, war mir die Beschäftigung mit diesem Buche eine Quelle erhebenden Trostes und der Zuversicht: solange noch solche Männer in Feindesland leben, wird sich der Schrei nach dem Weltfrieden nie ersticken lassen. Darum sage ich Herrn Morel auch hier nochmals herzlichen Dank. Sein Buch wird einst bei allen aufrichtigen Geschichtsforschern als eines der wertvollsten, weil unparteiischsten zeitgenössischen Dokumente des grossen Krieges gelten. Möchten auch recht viele meiner Landsleute daraus wieder Mut und neues Vertrauen in die schmählich verratenen Menschheitsideale schöpfen. Nicht in neuen hasserfüllten Schlachten, nicht in der alles vergiftenden Pflege der Vergeltungsidee, sondern in geistigem und sittlichem Kampfe heisst es, um unser heiliges Recht zu ringen. Und ich hege die unerschütterliche Zuversicht, dass uns — in nicht allzuweiter Ferne — dies Recht wird, wie ich ebenso unerschütterlich an die Zukunft meines Vaterlandes, an seine einstige allseits geachtete Gleichstellung im Bunde der Völker und an die meinem Deutschland innewohnenden guten Kräfte glaube, seine unverdient herben Schicksalsschläge zu überwinden.

M ü n c h e n , Oktober 1919.

Hermann Lutz.

Persönliches Vorwort E. D. Morels

zu „Truth and the War" vom Sommer 1916.

Während der letzten 12 Monate war ich einer der geschmähtesten Männer der britischen Inseln. Sogar mein Freund und Kollege J. Ramsay Macdonald hatte nicht solch böswillige Entstellungen zu erdulden. Es gibt keine noch so grosse Ehrlosigkeit, keinen noch so gemeinen Beweggrund, die mir nicht zugeschrieben worden wären.

Mein Vergehen ist zwiefacher Art. Ich habe an einer Bewegung teilgenommen, welche die öffentliche Meinung zugunsten einer Verständigung, die auf einen Dauerfrieden hinzielt, zu beeinflussen sucht und nicht zugunsten eines typischen Flick-Friedens, der keine der allen kriegführenden Staaten in ihren Beziehungen untereinander eigentümlichen nationalen Probleme löst, eines Flick-Friedens, wie ihn die Diplomatie in der Vergangenheit geschlossen hat. Und ich habe vor und seit dem Kriegsausbruch in meiner persönlichen Eigenschaft versucht, mit unseren gegenwärtigen Feinden nach Recht und Anstand zu verfahren, und habe im Interesse meines Vaterlandes hervorgehoben, dass ihnen die alleinige Verantwortung für den Krieg gerechterweise nicht ganz aufgebürdet werden kann. Beider Vergehen bekenne ich mich ohne jede Einschränkung schuldig. Ich habe mit Vorbedacht so gehandelt und werde es auch weiterhin mit Vorbedacht tun.

Von meinen Gegnern wurde meine Familiengeschichte durchstöbert, und sie haben, ohne Zweifel in der Enttäuschung, keine Spur deutschen Einflusses, weder durch Blutsverwandtschaft noch durch Verbindungen irgend welcher Art, zu

finden, zu ihrer eigenen Befriedigung so etwas wie ein Brandmal in dem Umstand entdeckt, dass ich der Sohn eines
französischen Vaters und einer englischen Mutter bin und
dass ich vor 20 Jahren den zweiten Teil eines Doppel-
Familien-Namens, unter Beibehaltung des ersten, fallen liess
— ein Umstand, der ausser mich und meine Verwandten
niemand auf der Welt was angeht. Beide Tatsachen ohne
jede öffentliche Bedeutung waren seit vielen Jahren allgemein zugänglich (siehe „Who's Who"). Ich möchte dies hin-
zufügen: Eben weil ich halb französischer Abstammung bin[1])
und ich daher eine sehr tiefe natürliche Sympathie für das
französische Volk hege, habe ich seit Jahren die Tendenz
der in Frankreich, Russland und Grossbritannien tätigen gewaltigen Kräfte getadelt, die darauf hinarbeiteten, die kriegerischen und reaktionären Einflüsse im französischen politischen Leben zu stärken und im gleichen Verhältnisse d i e
Elemente zu schwächen, die in Frankreich die Anknüpfung
freundlicher Beziehungen mit Deutschland anstrebten. Denn
ich glaubte unbedingt an die vor 17 Jahren von dem grossen
russischen Gelehrten Bloch[2]) verkündete Wahrheit, dass vor
allen anderen Staaten Frankreich, teils infolge seiner besonderen wirtschaftlichen Lage, namentlich aber wegen seiner
stockenden Bevölkerung, die Verwicklung in einen grossen
Krieg vermeiden müsse. Ich glaubte mit Bloch, dass für
Frankreich ein grosser Krieg unter modernen Bedingungen,
der den Verlust der Blüte seiner Jugend mit sich brächte,
„nicht bloss eine nationale Gefahr, sondern den vollkommenen
Ruin" bedeuten würde. In dieser Ueberzeugung war ich der
Meinung, dass d i e Partei Frankreichs, die eine dauernde
Verständigung mit Deutschland anstrebte, die wahrsten Interessen Frankreichs im Herzen trug. Ich war der Meinung,
dass d i e Partei Russlands, die Frankreich finanziell und
politisch in handgreiflicher Weise für ihre eigenen Zwecke
gebrauchte, eine wirkliche Gefahr für das französische Volk

---

[1]) Mein Vater starb, als ich noch ein Kind war, und ich wurde in
England erzogen.

[2]) „Modern Weapons and Modern War".

bedeutete. Ich teilte hierin die Ansicht des grössten Russen seiner Zeit[1]), dessen Befürchtungen, das franco-russische Bündnis „werde Frankreich zum grossen Schaden gereichen", mir nur zu wahrscheinlich in Erfüllung zu gehen schienen. Ich glaubte, dass die einflussreiche britische Diplomaten- und Journalisten-Welt, die einer dauernden Besserung der französisch-deutschen Beziehungen feindlich gesinnt war, „damit Frankreich nicht in Deutschlands Klauen falle", grausam ungerecht gegen Frankreich und erstaunlich kurzsichtig vom Standpunkt der englischen nationalen Interessen aus war. Kurz, mein Glaube, dass die nationalen Interessen Grossbritanniens auf einer gründlichen Verständigung mit Deutschland nach dem Grundsatz von leben und leben lassen und eher auf der Förderung als dem Verhindern einer franco-deutschen Annäherung beruhten, wurde durch die meinem persönlichen Empfinden zusagende Ueberzeugung bestärkt, dass Frankreich mangels einer solchen Verständigung unter dem bestehenden System von Bündnissen das Hauptopfer eines allgemeinen europäischen Krieges sein werde. Seit Beendigung meiner Kongo-Arbeit im Jahre 1911 habe ich bis zum Kriegsausbruch diese Ueberzeugung nach bestem Vermögen und bei jeder Gelegenheit gepredigt....

Die persönlichen Angriffe liess ich unbeachtet. Ich begnüge mich zu warten. Da aber meine schriftstellerischen Arbeiten seit Kriegsausbruch falsch angeführt und verdreht wurden, lege ich sie in diesem Bande gesammelt vor. Ich denke, sie enthalten eine Anzahl Tatsachen und Schlussfolgerungen, die über kurz oder lang von der Oeffentlichkeit Grossbritanniens als der in ehrlicher Absicht vorgebrachte Ausdruck der Wahrheit anerkannt werden....

[Der Verfasser] bespricht sodann seine Kongo-Tätigkeit (siehe Vorwort des Herausgebers)]. Im Verlaufe dieser (12jährigen Kongo-)Aufgabe kam ich mit den Methoden der internationalen Diplomatie und dem Verfahren der Diplomaten in enge Berührung ... und diese Erfahrung gewährte mir

---

[1]) Leo Tolstoi.

einen Einblick in die Arbeitsart der sogenannten „Diplomatie", wie er meiner Ansicht nach nur wenigen Männern ausserhalb und nicht allen innerhalb des diplomatischen Ringes gegönnt ist.

Diese Erfahrung lehrte mich vielerlei. Ich hatte vorausgesetzt, dass, sobald einmal als das Ergebnis öffentlich erhobener Forderungen die Tatsachen amtlich festgestellt seien, dann der „Fetzen Papier", auf dem die Grossmächte ihr feierliches Gelöbnis, die Rechte und Freiheiten der Kongo-Bevölkerung zu beschützen, niedergeschrieben hatten, wenigstens von einigen der Unterzeichner voll geachtet würde. Aber es dauerte nicht lange und ich entdeckte, dass die anerkannte Wahrheit nicht der entscheidende Faktor in des Problemes Lösung sein sollte, die, wie ich merkte, nicht von dem verpfändeten Worte der Regierungen, noch von dem nachgewiesenen Martyrium von Millionen Männern, Frauen und Kindern abhing, sondern von dem Ehrgeiz, den Intrigen, der Eifersucht, der Furcht und dem Argwohn der Nebenbuhler-Diplomaten. Ich fand, dass die Vernichtung menschlichen Lebens in Afrika, selbst in diesem noch nicht dagewesenen Umfange, lediglich als eine Figur auf dem diplomatischen Schachbrette Europas benützt wurde, dass der Appell an die Menschheit, Gerechtigkeit und Vernunft innerlich als wertlos betrachtet und dass ein gemeinsames Handeln zur Einlösung der Ehre Europas von Erwägungen, die weit entfernt von dem in Frage stehenden Ziele waren, gelähmt wurde.

Es war mir vergönnt, hinter den Schleier zu blicken und zu erkennen, wie nicht nur die Völker Afrikas, sondern auch die Europas der Gnade einer im Dunkeln und Geheimen arbeitenden Bürokratie vollkommen ausgeliefert waren, einer in veralteten Ueberlieferungen wurzelnden Bürokratie, die, schlecht unterrichtet, ohne Berührung mit dem menschlichen Pulsschlag und äusserst gleichgültig dagegen, zynisch und moralische Führung offen verachtend, die Kunst, erfolgreich zu lügen, als die höchste Kunst betrachtete, die in einer von engen Vorurteilen umringten Welt lebte und ganz von der Verfolgung von Eifersüchteleien zur Erreichung von Dingen in Anspruch genommen war, die nicht die entfernteste Beziehung zu dem Wohlergehen oder den Grund-Bedürfnissen der Massen hatten, deren Schicksal diese Bürokratie in der hohlen Hand hielt.

Dies war meine Lehre in der Sphäre der internationalen Diplomatie. Und ich gestehe gerne, dass mir der berühmte Ausspruch des deutschen Kanzlers über den „Fetzen Papier[1])", als ich ihn im September 1914 mit der übrigen Welt las, damals und auch jetzt, weniger wegen seiner Immoralität als wegen seiner Ehrlichkeit Eindruck machte. Es ist vielleicht in der ganzen amtlichen Sammlung von Dokumenten die einzige Erklärung, auf die das Wort ehrlich vollständig angewendet werden kann: der Berufs-Diplomat ruft in der entscheidenden Stunde und von der Gemütsbewegung überwältigt die Unredlichkeit der Diplomatie aus, nicht allein der deutschen Diplomatie, sondern der „Diplomatie" an sich, die in keinem Lande, unter keiner Regierung, zu keiner Zeit ihr geschriebenes Wort geachtet hat, wenn ihre eigene willkürliche Auslegung des Begriffes „Staats-Interesse" eine Verleugnung ratsam erscheinen liess.

Doch darf dieser Eindruck, den ich hier wiedergebe, nicht missverstanden werden. Die deutsche Diplomatie war gerade so unsittlich, so kurzsichtig und treulos, wie jede andere. Und sie hat diesen der Diplomatie an sich anhaftenden Fehlern eine ihr besonders eigentümliche Rohheit der Kundgebung hinzugefügt, verbunden mit einer beinahe phäno-

---

[1]) Deutsche Blätter schreiben vielfach auch heute noch „Stück Papier". Da aber Bethmann Hollweg selber in seiner Behandlung des Vorfalles auf S. 179—180 der „Betrachtungen zum Weltkriege" 1. Teil von einem „Fetzen Papier, a scrap of paper" spricht, muss dieser Ausdruck als zu Recht bestehen. Zum besseren Verständnis ist aber hervorzuheben, dass in diesem rein privaten und persönlichen Gespräch mit Sir Goschen Bethmann Hollwegs „Blut kochte ob der wiederholten hypokritischen Betonung der belgischen Neutralität, die es eben nicht war, was England zum Kriege trieb, und ob des gänzlichen Mangels an Empfindung dafür, dass die englische Kriegserklärung Weltwerte vernichten musste, gegen die selbst die belgische Neutralitätsverletzung leicht wog". Und B. H. fährt fort: „Dass Privatgespräche amtlich ausgebeutet werden, ist mir als ungewöhnlicher diplomatischer Brauch erschienen". (D. Uebers.)

menalen Unfähigkeit, die Psychologie der Völker, mit denen sie zu tun hatte, zu verstehen und noch weniger sie zu würdigen. Doch ein jedes Volk hat die Aufgabe, seinen eigenen Augias-Stall zu reinigen. Es ist billig genug, den Splitter in eines Nachbarn Auge zu verkünden, aber das verleitet dazu, nicht nur die Entdeckung des Splitters in deinem eigenen Auge zu verhindern, sondern auch den Glauben zu erwecken, als sei kein Splitter in deinem Auge. Das ist die Krankheit, an der jetzt jede kriegführende Nation leidet und die sie mit Blut und Tränen bezahlt.

... Kurz nach meiner Rückkehr von Afrika, im Frühjahr 1911, wurden Grossbritannien, Frankreich und Deutschland plötzlich in die zweite Marokko-Krise gestürzt und standen während mehrerer Wochen am Abgrunde des Krieges. Es war ein weiterer Fall der Verletzung eines internationalen Vertrages, ein anderer „Fetzen Papier", von den Signatarmächten — wie der Kongo-Vertrag — dem „Allmächtigen Gott" gewidmet. Aber die Verhältnisse lagen anders. Der internationale Kongo-Vertrag wurde vom Hauptbeteiligten auf Kosten der anderen Unterzeichner und der Eingeborenen gebrochen. Da jedoch keiner der andern wirkliche Interessen im Kongo hatte und die einzigen tatsächlichen Opfer die Eingeborenen waren, hatten die übrigen Unterzeichner von einer Einsprache abgesehen. An dem internationalen Marokko-Vertrag waren vier europäische Mächte unmittelbar interessiert. Drei davon — Frankreich, England und Spanien — waren in ihrem Zynismus so weit gegangen, einen geheimen Pakt abzuschliessen, der die politische und wirtschaftliche Teilung Marokkos vorsah und ihre Unterschriften am Fusse des internationalen, die Unabhängigkeit und Integrität Marokkos verkündenden Vertrages zu einer ungewöhnlich unehrlichen Posse machte. Sie hatten diesen Pakt nicht nur der vierten interessierten Partei — Deutschland —, sondern auch ihren eigenen Parlamenten und Völkern verheimlicht. Als Deutschland intervenierte, betrachtete daher die öffentliche Meinung Frankreichs und Englands, in Unkenntnis der Tatsachen und geschickt von der amtlich inspirierten Presse bearbeitet, ganz ehrlich das ›Vorgehen Deutschlands als böswillig herausfordernd und auf Entfesselung eines Krieges oder zum mindesten die Zerreissung der sogenannten „Entente" berechnet.

Eine unverdrossene Untersuchung der ganzen diplomatischen Geschichte Marokkos enthüllte einen Rekord von Verräterei und Betrug seitens des französischen und britischen Auswärtigen Amtes am englischen und französischen Volke, an Marokko und der übrigen Welt, wie er sogar in den Annalen der Diplomatie wenige Parallelen aufzuweisen hat. Die einzelnen dabei beteiligten Diplomaten waren ohne Zweifel in ihrem privaten Leben die achtbarsten und aufrichtigsten Menschen. Aber das Unglück ist, wie es Arthur Ponsonby irgendwo ausdrückt, dass das abscheuliche System von Intrige und Geheimhaltung, in dem die Diplomaten leben, sich bewegen und amtlich tätig sind, vollständig falsche ethische Werte aufstellt und eine Regel der Moral prägt, die unter anständigen Männern im gesellschaftlichen Leben keinen Augenblick geduldet würde ... In ihren gesellschaftlichen Beziehungen ehrliche Menschen vermögen in dieser Luft die Ehre ihres Landes und die internationale Gerechtigkeit zu verraten, Geheimurkunden zu verfassen, die im Falle der Veröffentlichung vom Volke zurückgewiesen würden, und die Interessen der Nation durch Verstrickung in Verbindlichkeiten zu opfern, die für des Volkes Zukunft und die Zukunft seiner Kinder eine Lebensfrage sind, und sie vermögen es, auf Befragen diese Verbindlichkeiten öffentlich abzuleugnen.

Auch erbrachte die Untersuchung, dem Forscher wenigstens, die Gewissheit, dass nach den Worten, die gefallen, und den Tatsachen, die durchgesickert waren, ein europäischer Krieg, der das englische Volk mitreissen würde, in der nahen Zukunft so gut wie unvermeidlich war, wenn sich nicht gewisse Dinge ereigneten. Der einzig mögliche Weg zur Rettung der Lage schien mir, dem britischen Volke die nackten Tatsachen in der Hoffnung bekannt zu geben, dass ihre Veröffentlichung zu einem Umschwung der Gefühle und einem besseren Verständnis des deutschen Standpunktes führen möge, und um dadurch eine erschöpfende und freie Aussprache im Parlament bezüglich des wahren Charakters unserer amtlichen Beziehungen zu Frankreich herauszufordern und daher auch zu Russland, an dessen Regierung das amtliche Frankreich durch ein militärisches und politisches Bündnis gefesselt war.

Zu diesem Zwecke arbeitete ich, ohne von irgend einer Seite beeinflusst zu sein, allein und ganz unabhängig und veröffentlichte, einer Reihe von Aufsätzen in englischen und französischen Zeitschriften und Zeitungen folgend, 4 Monate nach Beilegung des betreffenden Streitfalles zwischen Frankreich und Deutschland mein Buch „Morocco in Diplomacy". Seine Widmung[1]) zeigt die Absicht des Buches an, und ich war beim Niederschreiben des Glaubens, eine nützliche und patriotische, wenn auch etwas schmerzliche Aufgabe zu erfüllen. Meine Ziele wurden damals nicht falsch ausgelegt, nicht einmal von denen, die mit meinen Folgerungen aus der Zusammenstellung der bis auf den heutigen Tag vollkommen unwiderlegt gebliebenen Tatsachen[2]) nicht einverstanden waren. Die Mehrzahl der Zeitungen äusserte sich durchaus günstig — natürlich mit Ausnahme der Blätter, die bei der Irreführung des Publikums die Hauptrolle gespielt hatten. Es ist bemerkenswert, dass keines dieser Blätter versuchte, die Genauigkeit der geschilderten Tatsachen zu bestreiten.

Verschiedene Anzeichen deuten darauf hin, dass das Buch nicht unbeträchtlich auf einflussreiche Kreise eingewirkt hat, und es mag zu den später unternommenen Versuchen, einen modus vivendi zu erreichen, beigetragen haben. Das Parlament reagierte jedoch nicht darauf. Man liess der Sache

---

[1]) Denen, die glauben, dass die Herstellung von freundschaftlicheren Beziehungen zwischen Grossbritannien und Deutschland sehr wesentlich für das Gedeihen und Wohlergehn des englischen und deutschen Volkes und für die Erhaltung des Weltfriedens ist, und denen, die überzeugt sind, dass das Eingehen nationaler Verpflichtungen gegen fremde Mächte durch geheime, dem britischen Volke vorenthaltene Abmachungen eine Bedrohung der Sicherheit des Staates und einen Verrat am Vertrauen der Nation bedeutet, ist dies Buch ehrerbietig gewidmet.

[2]) Dies gilt bis zu dieser Stunde; ja das Buch findet — auch in England — mehr und mehr Anerkennung. (D. Uebers.)

ihren Lauf. Die ursprünglichen Fehler und Entstellungen fassten Wurzel und werden bis auf diesen Tag fortwährend wiederholt. Es gab keine genügend organisierte und den Ernst der Lage erfassende öffentliche Meinung ausserhalb des Parlaments und noch viel weniger darin. Die Krise hatte England, Frankreich und Deutschland an den Rand des Abgrunds gebracht. In Frankreich wurde ein Gelbbuch herausgegeben, und in der Kammer der Abgeordneten und im Senat fand eine erschöpfende, mehrere Tage andauernde Debatte statt. In England wurde eine schüchterne Bitte nach amtlichen Dokumenten kurz abgeschlagen und nie je ein Versuch zu einer parlamentarischen Aussprache unternommen. Es ist mir eine wenn auch betrübliche Genugtuung, dass seit Kriegsausbruch eine beträchtliche Nachfrage nach meinem Marokko-Buch entstanden ist, und dass jeder eifrige Wahrheitssucher entweder die Richtigkeit meiner Darlegungen oder doch ihren Wert anerkannt hat. Bertrand Russell bemerkt in „The Policy of the Entente: 1904—1914" bei Behandlung der Marokkofrage über mein Buch: „jede neue Schilderung, die nicht einfach dazu bestimmt ist, die englische und französische Regierung reinzuwaschen, kann seinen Inhalt nur wiederholen, selbst wenn er, wie dies wohl der Fall sein dürfte, aus ganz anderen Quellen geschöpft wird." Charles W. Hayward macht sich in seinem Werke „What is Diplomacy?" mein Buch ohne Einschränkung zu eigen. Er verurteilt die anglo-französische Diplomatie in kräftigeren Ausdrücken als ich. Nach ihm war die Krise von 1911 „schändlich provoziert" und in dem Streit „gebührt Deutschland allein die Ehre". G. Lowes Dickinson glaubt nicht, dass „ein unterrichteter und unparteiischer Forscher die offenbar in England vorherrschende Auffassung annehmen wird, dass die Haltung Deutschlands in dieser Episode lediglich grundlos herausfordernd gewesen sei und die anderen Mächte durchaus gerecht, ehrlich und aufrichtig gehandelt hätten"[1]). George Armstrongs Urteil[2]) lautet noch

---

[1]) „The European Anarchy".
[2]) „Our Ultimate Aim in the War".

schärfer. Nachdem er einleitend festgestellt, dass „trotz den eingehenden Forschungen und Enthüllungen E. D. Morels die Kenntnis dieses aussergewöhnlichen Kapitels unserer diplomatischen Geschichte bei weitem noch nicht allgemein verbreitet ist", und nachdem er hinzugefügt, dass die Veröffentlichungen der britischen, französischen und belgischen Auswärtigen Aemter „die Genauigkeit meiner Darlegungen vollkommen bestätigt" haben, verurteilt er die Haltung unseres Auswärtigen Amtes erbarmungslos und schliesst mit der Frage: „Kann man sich ein verdammenswerteres Beispiel von den Möglichkeiten der Geheimdiplomatie als eines Werkzeuges vorstellen, die Völker in Streitigkeiten zu verstricken, an denen sie kein Interesse haben?"

G. P. Gooch[1]) gestattet mir, es als seine geschätzte Meinung anzuführen, dass „meine kritische Untersuchung der europäischen Marokko-Diplomatie das sorgfältigste Studium verdient; es ist nicht nur eines der wenigen Hauptwerke über unsere neuere auswärtige Politik, sondern es liefert auch mehrere wichtige Glieder in der Kette von Ereignissen, die zum Kriege geführt haben."

Und obgleich es einige Intellektuelle gibt, die als Geschichtschreiber posieren und geflissentlich fortfahren, meinen Beitrag zu dieser internationalen Tragödie, die einen der Hauptbrennstoffe für die grosse Feuersbrunst abgeben sollte, zu ignorieren, da sie ihn nicht widerlegen können, begnüge ich mich damit, dass die Zustimmung in den erwähnten Werken erst das Vorspiel zu weiterer Anerkennung, dass, was ich schrieb, im Wesen und in den Tatsachen wahr ist und dass ich bei Abfassung meines Buches keinen anderen Beweggrund haben konnte, als den Interessen des britischen und französischen Volkes und der internationalen Verständigung zu dienen.

Seither hat sich ergeben, dass zur selben Zeit, als ich die Nachforschungen für das Werk „Marokko in der Diplomatie" anstellte, die belgischen diplomatischen Vertreter in

---

[1]) Verfasser zahlreicher geschichtlicher Werke.

Berlin, London und Paris ihrer Regierung bezüglich des Charakters der anglo-französischen Marokko-Diplomatie genau die gleichen Ansichten ausdrückten, zu denen ich mich geführt sah; dass sie von derselben Furcht wie ich vor den Folgen beseelt und sie durch das blosse Gewicht des Beweismaterials zu den gleichen Schlüssen wie ich gegen meinen Willen gelangt waren. Es ist zu beachten, dass ihre Berichte geschrieben wurden, während sich die von mir untersuchten und zusammengestellten Ereignisse abspielten. Man kann wohl ruhig behaupten, dass noch niemals die Ausführungen eines Schriftstellers, der sich ohne Beziehung zu irgendwelchen der Allgemeinheit nicht zugänglichen Nachrichten-Quellen mit einem verwickelten und schwierigen internationalen Problem beschäftigte, zur Lebenszeit des Verfassers eine solch auffallende und unerwartete Bestätigung durch zeitgenössische diplomatische Dokumente erfahren haben[1]).

Dies war meine zweite Einmischung in öffentliche, mit internationaler Diplomatie verquickte Angelegenheiten. Der Beweggrund war beide Male der gleiche. Im Fall Kongo versuchte ich mit Hilfe anderer, eine versklavte Rasse zu befreien, indem ich die Tatsachen ermittelte, sie veröffentlichte und der Beachtung meiner Landsleute und der Welt aufzwang. Auch nährte ich die Hoffnung, dass, wenn das internationale Gewissen genügend geweckt werden konnte, um die intrigierenden Regierungen in dieser urmenschlichen, die Ehre aller grossen Nationen (ausser Russland) berührenden Sache zu vereinigen, dass dann die solcherweise erlangte Zusammenarbeit eine Art Verständigung unter den Regierungen zeitigen werde betreffs einer, hinsichtlich Verwaltung, Wirtschaft und Politik, internationalen Behandlung von Problemen, die mit der Zukunft afrikanischer und asiatischer Gebiete in Zusammenhang standen. Ich fühlte, dass im Falle

---

[1]) „Belgische Aktenstücke 1905—1914". Berlin 1915. Aus einer Fussnote des Herrn Morel geht hervor, dass — bis zum Sommer 1916 wenigstens — diese Berichte bei ihrem Erscheinen nur von der „Times" ganz kurz erwähnt, sie sonst aber in der englischen Presse unterdrückt wurden, sodass „der breiten Masse des britischen Volkes ihre Existenz vollkommen unbekannt ist".

des Gelingens die Interessen der Eingeborenen grössere Rücksicht erfahren und sich die Gelegenheiten zu kritischen Streitigkeiten zwischen den europäischen Mächten angesichts der Tatsache verringern würden, dass alle ernsten europäischen Krisen der letzten zwei Jahrzehnte mit e i n e r Ausnahme ihren Ursprung im Hader über die Verfügung oder Ausbeutung afrikanischer und asiatischer Landstriche hatten. Das erste dieser Ziele ward endlich erreicht. Dagegen hat sich unglücklicherweise die Hoffnung nicht erfüllt, dass die aus dem Kongo-Experiment entsprungene Gefahr und Schande die Mächte dazu bringen werde, die Möglichkeit einer bezüglich Asiens und Afrikas gemeinsamen Politik ernstlich in Betracht zu ziehen.

Im Fall Marokko versuchte ich allgemein darzutun, wie hilflos sich die Völker Europas einer geheimen und unmoralischen Diplomatie gegenüber befanden, aus der in jedem Augenblick eine zu einer Massenschlächterei unzähliger Mengen führende Lage entstehen konnte. Im vorliegenden Bande unterbreite ich eine Anzahl Tatsachen und Argumente, die darlegen sollen, dass die alleinige Verantwortung für diesen Krieg nicht ausschliesslich einem Lande zuzuschreiben ist, sondern dem Egoismus, dem Ehrgeiz und der Dummheit der herrschenden Klassen aller Länder, sowie dem üblichen System des internationalen Verkehrs zwischen den Staaten, das es den Völkern, die weder einen Krieg wünschen noch ihn hervorrufen, unmöglich macht, diesen Egoismus und Ehrgeiz davon abzuhalten, sie in einen brudermörderischen und sinnlosen Kampf zu stürzen. Zwischen der Versklavung und Ausbeutung afrikanischer Völker durch einen schlechten König und seine Leibgarde von Finanz-Vampyren und der Versklavung und Ausbeutung europäischer Völker, für welche die Frage von Leben und Tod, durch einen Missbrauch von Gewalt, der Sport einer Handvoll öffentlicher Beamter geworden ist, die kein erträgliches Regierungssystem mit einer solchen Vollmacht ausstatten sollte, besteht kein grundsätzlicher Unterschied, sondern nur ein solcher der Form und Ausdrucksweise. Ich half, das schlimmste Beispiel des ersten

Falles, das sich in den letzten 120 Jahren ereignet hat, beseitigen. Ich hoffe, selbst wenn nur ein klein wenig, dazu beizutragen, auch d e n Strom des öffentlichen Willens zum Anschwellen zu bringen, der den zweiten Fall mit sich fortreisst. Mein Standpunkt stimmt in beiden Fällen überein. Leopolds Kongo-Herrschaft war ein an einem Teil des Menschengeschlechts begangenes hässliches und verruchtes Unrecht. Der gegenwärtige Krieg ist eine abscheuliche Schmach am gesamten Menschengeschlecht.

Und wenn mir vorgehalten wird, dass ich der „nationalen Sache" schade, indem ich eine Sammlung von Studien herausgebe, die feststellt, dass das Recht nicht bloss auf der einen und das Unrecht allein auf der anderen Seite, sondern dass die Verantwortung für diesen schrecklichen Krieg viel allgemeiner ist, als die Volksmeinung in den kriegführenden Ländern bislang zuzugeben bereit ist, so antworte ich darauf:

Das Einzige, was ich als „national" anerkenne, wird durch meine oder irgend welche andere, aus ähnlichen Beweggründen entstandene Bemühungen gefördert und nicht geschädigt. Es ist das Wohlergehen der Massen des englischen Volkes, die das Gebäude des britischen Gemeinwesens unterhalten; es sind die Millionen, die zu Lande und auf der See leiden und sterben; die Millionen, die in den Fabriken, in der Werkstatt, im „Slum" arbeiten und leiden; die Männer und Knaben in den Schützengräben; die Frauen, die mit zusammengeschnürten Herzen warten und wachen; die Kinder und die Ungeborenen. Ihr Anspruch auf Glück, ihr Anspruch auf Erleichterung, ihr Anspruch auf eine erträgliche Zukunft ist der einzige Anspruch, der mich im nationalen Sinne bewegt. Und mit ihnen sind im gleichen Recht und im gleichen Unrecht die verbunden, die in den anderen Ländern ebenso leiden und zugrundegehen — alle zusammen Opfer der sinnlosen Phrase, des leeren Pompes, der giftigen Prahlerei des Krieges; alle zusammen Opfer der barbarischen Staatskunst, der verderbten Religion, der selbstsüchtigen Ausbeutung der Kasten, Opfer des Glaubens und des Kapitals.

1. Kapitel.

Die Marokko-Intrige.

Jean Jaurès in einer Rede in Vaise, zwei Wochen vor Kriegsausbruch und seiner Ermordung: „In einer solch ernsten Stunde, die so voll Gefahr für uns alle, für alle unsere Länder ist, will ich mich auf keine ausführliche Untersuchung der Verantwortlichkeiten einlassen. Auch wir sind mit welchen belastet, und ich beanspruche vor der Geschichte, dass wir (Jaurès und die französische Sozialisten-Partei) sie vorausgesehen und verkündigt haben. Als wir sagten, dass mit Waffengewalt in Marokko einzudringen eine Zeit des Ehrgeizes, der Habsucht und der Konflikte einleiten werde, wurden wir als schlechte Franzosen gebrandmarkt; doch w i r waren um Frankreich besorgt. Dort aber liegt — ach! — unseres Volkes Anteil an der Verantwortung.“

Aus „die Politik der Entente: 1904—1914“ von Bertrand Russell: „Der Zusammenstoss der Entente mit den Mittelmächten erfolgte durch eine Anzahl — grosser und kleiner — Schritte. Einige wurden von dieser, einige von der anderen Seite gemacht. In der Agadirkrise, die in der Kriegsrede Lloyd Georges im Mansionhaus gipfelte, tat die britische Regierung einen der längsten Schritte dem Kriege entgegen.“

Aus „Was ist Diplomatie?“ von Charles Hayward: „Aber diese lange Kette der Zweideutigkeiten und verwerflichen Unternehmungen verbitterte Deutschland natürlich gegen Frankreich und England. Man möchte daran verzweifeln, dass sich die Menschheit je so weit entwickle, um sich — durch ehrlichen Gebrauch — ihre höchste Gabe der Vernunft zu verdienen und zu gewahren, wie eine blinde tierische Leidenschaft immer noch die Mehrzahl unfähig macht, auch nur die Elemente der Gerechtigkeit zu erkennen, wenn eines Gegners Lage in Betracht kommt.“

*　　　*　　　*

Den Streit, der 1905, und in verschärftem Masse 1911, zwischen Grossbritannien und Deutschland wegen Marokko entstand, werden kommende Geschlechter als eine jener Episoden betrachten, die unauslöschliche Spuren im Schicksal eines Volkes zurücklassen. Solche Zwischenfälle schmieden Glieder miteinander zusammenhängender Umstände, die noch auf eine entfernte Nachkommenschaft einwirken. Engländer, werden dieser Episode einst mit Erstaunen, Aerger und Scham gedenken. .

Das britische Volk war sich der Bedeutung dieses Ereignisses nur vorübergehend bewusst, und der hartnäckige Versuch gewisser, doch nicht aller englischer Geschichtschreiber und Journalisten, sogar jetzt noch den heranwachsenden Geschlechtern eine äusserst entstellte Darlegung der Tatsachen von 1911 und 1912 zu überliefern, ist ein ungeheuerlicher Auswuchs von Patriotismus.

Denn der Marokko-Streit war ein Wendepunkt in der britischen Geschichte: Marokko veranlasste jene geheimen französisch-englischen „Besprechungen" über Marine- und Heeresfragen, die uns in unmerklichen Graden, und ohne dass das Kabinett, vom Parlament und dem Volke ganz zu schweigen, darum wusste, zu einer politischen Richtung verpflichtete, welche die Gefahren eines europäischen Krieges ungeheuer steigerte und unsere Teilnahme daran praktisch unabwendbar machte.

Marokko gab unseren Beziehungen mit Deutschland einen entschieden feindseligen Charakter.

Marokko gab den auf einen Krieg mit Deutschland gerichteten Einflüssen in Grossbritannien die willkommene Gelegenheit und das Signal, die öffentliche Stimmung gegen Deutschland aufzureizen — und das durch Vorenthaltung von Tatsachen wesentlicher Bedeutung.

Marokko schlug, wie Ramsay Macdonald richtig sagte[1]), „die Türe vor der Nase der Friedensfreunde Europas zu".

---

[1]) Vorwort zu „Zehn Jahre Geheim-Diplomatie".

Marokko weihte die im Einfall Belgiens gipfelnde, wahrhaftige Epidemie von Vertragsbrüchen ein. Es unterliegt keinem Zweifel, dass die lange Freiheit, deren sich Leopold II. bei Verletzung des Kongo-Vertrages erfreute, das erste unmoralische Beispiel lieferte. Doch da handelte es sich um eine Einzelperson und nicht um eine europäische Regierung, die dem Völkerrecht Europas trotzte.

Es kann nicht oft genug hervorgehoben werden, dass die Verletzungen von Ehren - Verbindlichkeiten, die Europa im Jahrzehnt vor dem Kriege entehrt haben und jetzt zur Vernichtung Europas beitragen, mit dem Versuch der Auswärtigen Aemter Frankreichs und Englands begannen, im Marokko-Handel das Völkerrecht Europas beiseite zu schieben. Der Versuch ward von Erfolg gekrönt, indem man die Macht, die sich dagegen auflehnte, mit Krieg bedrohte.

Der Verletzung der Algeciras-Akte folgte die des Berliner Vertrags durch Oesterreich; sie wurde auf die gleiche Weise erfolgreich durchgeführt. Oesterreichs Vergehen war zwar moralisch tadelnswert, ethisch im Vergleich aber gering; denn Oesterreich hatte Jahrzehnte lang die unrechtmässig angeeigneten Gebiete verwaltet und leistete der Türkei für die Annexion eine bedeutende Geld - Entschädigung, während die Marokkaner bloss Kugeln erhielten. Auf Bosnien folgte Tripolis. In diesem Falle wurden die Verträge von Paris und Berlin verletzt. Nach Tripolis Persien. Endlich Belgien. Ein ganzer Korb voll „Fetzen Papiere". -

Die lange Geschichte der Marokko - Intrige kann nur, wenn sie ins Einzelne verfolgt wird, ganz verstanden werden. Keine Uebersicht vermag all ihre Verwicklungen zu kennzeichnen. Die genaue Geschichte ist in meinem Buche dargestellt. Ich werde hier nur die Umrisse wiedergeben. Um den Verlauf verständlich zu machen, muss zuerst der internationale Rahmen, in dem die Intrige in Szene gesetzt wurde, geschildert werden.

Im letzten Viertel des 19. Jahrhunderts lenkten eine Anzahl Ereignisse die Aufmerksamkeit vier europäischer Mächte auf Marokko: Grossbritanniens, Frankreichs, Spaniens und

Deutschlands. Zwischen Spanien und Marokko bestand natürlich eine sehr alte historische Verbindung. England hatte ein Handels- und strategisches Interesse an dem Lande, das darin bestand, die Fussfassung einer Grossmacht an der Mittelmeer-Küste Marokkos zu verhindern, damit die beherrschende Lage Gibraltars nicht neutralisiert werde. England strebte keine politischen Rechte in Marokko an. Anders Frankreich. Sein Interesse war rein imperialistisch. Die ehrgeizigen Pläne der französischen Imperialisten waren zu Beginn des hier behandelten Zeitraums erst im Entstehen. Aber sie waren nicht zu verkennen und vom imperialistischen Gesichtspunkt aus begreiflich; der französische Imperialismus begehrte Tunis im Osten Algiers und Marokko im Westen zur Errichtung eines grossen nordafrikanischen Reiches unter französischer Flagge. Spaniens Interesse war Gefühlssache, das Deutschlands rein wirtschaftlicher Art. Deutschlands Industrie begann sich zu entwickeln; deutsche Forscher hatten verschiedene Teile Inner-Marokkos besucht und darin ein reiches Feld für Handel und industrielle Unternehmungen erkannt.

Im Jahre 1880 kamen diese vier Mächte nebst einigen anderen mittelbar daran beteiligten zu dem Schlusse, dass eine internationale Konferenz im allgemeinen Interesse der Beziehungen Europas zu diesem halb barbarischen afrikanischen Staate einberufen werden solle. Sie fand in Madrid statt. Vertreter des Sultans nahmen daran teil, und unter ihrer Mitwirkung wurden verschiedene Beschlüsse gefasst, deren wichtigster war, dass in Zukunft alle Nationen gleiche Handelsfreiheit in Marokko geniessen sollten — während Grossbritannien bis dahin die „meistbegünstigte Nation" gewesen war.

In den nächsten zwei Jahrzehnten — 1880 bis 1900 — hielt sich die Politik der vier interessierten Mächte an diese Abmachungen. Ein Versuch Lord Salisbury's, die marokkanische Regierung zu einigen sehr notwendigen Reformen zu veranlassen, scheiterte an dem örtlichen Widerstand der französischen, ihren Pariser Weisungen folgenden Vertreter, wogegen die deutschen die britische Mission unterstützten. Der

Traum eines französischen nordafrikanischen Reiches hatte sich zum Teil verwirklicht. Die französische Vorherrschaft war in Tunis errichtet, aber um den Preis eines erbitterten Streites mit Italien, der beinahe zum Krieg geführt hätte und Italiens Beitritt zum Zweibund veranlasste; so entstand der Dreibund. Nach der Einverleibung von Tunis suchte der französische Imperialismus geschäftig nach Vorwänden, um in Marokko zu intervenieren, und eine lange, durch wilde Gebiete und Wüsten führende und nicht genau feststehende Grenze mit Algier gab reichliche Gelegenheit zu diplomatischen und militärischen Interventionen. Deutschland entwickelte seinen Handel mit Marokko; seinem Konsul in Fez glückte ein Handels-Vertrag mit dem Sultan, und eine marokkanische Gesandtschaft wurde in Berlin empfangen. Die deutsche Regierung weigerte sich aber, den Vertrag zu ratifizieren, ehe nicht die Signatar-Mächte der Madrider Konferenz ihre Einwilligung dazu gegeben hatten.

Der Anfang des neuen Jahrhunderts sah die Geburt der Intrige.

Die französische auswärtige Politik lag damals in den Händen Delcassés, eines ehrgeizigen, impulsiven Mannes und wahren Sturmvogels der internationalen Politik, der im einen Augenblick heftiger Anglophobe war und Germanophobe im nächsten. Seine Persönlichkeit war eine der unruhvollsten Einflüsse in Europa. Delcassé suchte auf zwei Seiten die Annäherungswege nach Marokko freizumachen. Er schloss ein Geschäft mit Italien ab und wollte ein gleiches mit Spanien tun. Von Tunis verdrängt, wandte sich der italienische Imperialismus Tripolis zu, und Frankreich versicherte Italien, es werde sich einer etwaigen italienischen Besitzergreifung von Tripolis nicht widersetzen, falls Italien Frankreich in Marokko keine Hindernisse in den Weg lege. Delcassé machte Spanien den Vorschlag einer französisch-spanischen Teilung Marokkos. Die Verhandlungen zogen sich lange hin und waren dem Abschluss nahe, als offenbar das englische Auswärtige Amt Wind davon bekam. Das Ende war, dass die spanische Regierung die Ratifikation ablehnte.

Inzwischen zielten die Ereignisse auf eine Neu-Mischung in dem ewigen Spiel „Uebervorteil' deinen Nachbarn" hin, das die Diplomaten das „Gleichgewicht der Mächte" nennen. Die langandauernde Reibung zwischen Grossbritannien und Frankreich machte einer Annäherung Platz, nur um an ihre Stelle eine noch tödlichere Reibung zwischen England und Deutschland treten zu lassen.

Im Jahre 1904 kamen die britische und französische Regierung überein, ihre über die ganze Erde zerstreuten Zwistigkeiten beizulegen, deren keine die Gebeine eines einzigen englischen oder französischen Soldaten oder die Tränen einer einzigen englischen oder französischen Witwe wert waren. Dennoch hatte der eine oder andere Streitfall beide Nationen dem Kriege wiederholt sehr nahe gebracht... Als daher der Durchschnitts-Engländer und der Durchschnitts-Franzose hörten, ihre Regierungen hätten endlich den Weg der Vernunft beschritten, waren sie aufrichtig erfreut. Und der naive Engländer nahm rasch genug die neue Lehre an, die ihm zu glauben empfahl, dass der Franzose, auch ohne sich „durch Blut und Dreck gewälzt" zu haben, ein besserer Charakter werden könne, ebenso wie sich der naive Franzose gleichermassen von der Meinung befriedigt zeigte, dass die Perfidie Albions übertrieben worden sei.

Beides naive Seelen. Denn unter der Hülle einer freundschaftlichen Verständigung ward die Saat des mächtigsten Krieges aller Zeiten gesät. —

In einer der veröffentlichten Vereinbarungen erklärte sich die französische Regierung bereit, uns in Aegypten freie Hand zu lassen. Dagegen erkannte die britische Regierung Frankreichs besondere Interessen in Marokko wegen des angrenzenden Algier an. Der Hinweis auf Marokko war zweideutig abgefasst, ausser in einem Punkte: beide Regierungen erklärten, sie hätten nicht die Absicht, den „politischen Bestand" des Landes zu ändern.

Das war „Diplomatie".

Kurz darauf veröffentlichten die französische und spanische Regierung eine gemeinsame Erklärung, dass sie

„unentwegt" an der Integrität und Unabhängigkeit Marokkos festhalten.

Auch das war „Diplomatie". —

Sowohl der anglo-französischen Vereinbarung wie der französisch-spanischen Erklärung wurden Geheimartikel angefügt.

. Diese sahen in Wahrheit die Verwirklichung der ehrgeizigen Pläne Delcassés und der französischen Imperialisten vor. Endlich war Marokko in Reichweite. Frankreich und Spanien sollten es unter sich aufteilen. Auf einem wichtigen Vorbehalt hatte jedoch die britische Regierung gemäss ihrer schon erwähnten traditionellen strategischen Politik bestanden: Frankreich wurde von der an Spanien fallenden Mittelmeer-Küste ausgeschlossen. Dies war vom französischen imperialistischen Gesichtspunkt aus ein Haar in der Suppe und ohne Zweifel der Grund, weshalb Delcassé die Geheimklauseln sogar vor einigen seiner Kabinetts-Kollegen verborgen hielt. Während all der folgenden Jahre liess sich die französische öffentliche Meinung von ihren Imperialisten in dem Glauben wiegen, Frankreich erhalte nicht „ein verstümmeltes Marokko", wie sich später herausstellte, s o n d e r n g a n z M a - r o k k o. Und dies ist nicht die geringste der Täuschungen, die das französische Auswärtige Amt unter dem Mitwissen des britischen am französischen Volke beging.

Ausser den territorialen Rechten, die sich die französische und spanische Regierung so ruhig angeeignet hatten, war auch die Teilung des wirtschaftlichen Raubes zwischen ihnen vereinbart worden. Da Spanien kein Geld hatte, verschaffte diese Abmachung Frankreich tatsächlich die Vorhand über jedes mit der wirtschaftlichen Entwicklung des Landes verbundene Unternehmen.

Diese unredliche „dreieckige" Räuberei auf Kosten eines schwachen Eingeborenenlandes und der übrigen Welt wurde natürlich vor den Parlamenten und den Völkern Grossbritanniens, Frankreichs und Spaniens geheim gehalten. Spanien war in der Tat der Lockvogel.

Mit Deutschland aber war zu rechnen. —

Die deutsche Regierung hatte zuerst erklärt, sie erblicke in der veröffentlichten anglo-französischen Vereinbarung nichts, was den deutschen Interessen zuwiderlaufe. Diese Feststellung erfolgte einige Tage nach der Bekanntgabe des anglo-französischen Vertrags und 6 Monate, ehe dieser durch die ergänzenden Geheim-Abmachungen zwischen Frankreich und Spanien seine Vollendung erhielt. Als dann die französisch-spanische „Erklärung" herauskam, sah Deutschland, das schon Delcassés Bruch der diplomatischen Etikette übelgenommen hatte, weil die anglo-französische Vereinbarung offiziell nicht mitgeteilt worden war, in dieser weiteren Ankündigung eine anscheinend wohlerwogene Absicht, Deutschland vollständig von den marokkanischen Angelegenheiten auszuschliessen, über die es als Teilnehmer an der Madrider Konferenz und vermöge seiner Interessen ein Mitbestimmungsrecht hatte. Es begann den Charakter des Abkommens zu beargwöhnen. Der Verdacht wurde zur Gewissheit, als Pariser Indiskretionen die Existenz von „Geheim-Artikeln" und ihre Kenntnis seitens der britischen Regierung andeuteten, und als Delcassé dem Sultan plötzlich eine ganze Ladung von Reformen an den Kopf warf und in bestimmter Weise sofortige Einwilligung verlangte. Auf dies hin entschloss sich die deutsche Regierung klar zu machen, dass sie nicht die Absicht habe, sich ausschliessen zu lassen. Der Kaiser fuhr nach Tanger und erklärte einer Abordnung des Sultans, dass er in diesem einen vollkommen unabhängigen Herrscher erblicke. Gleichzeitig sandte der Sultan, ohne Zweifel von Deutschland dazu angeregt, an alle Signatar-Mächte der Madrider Konvention eine Note mit dem Vorschlag einer weiteren internationalen Konferenz hinsichtlich seines Landes· und Europas Beziehungen dazu. Die deutsche Regierung ging unverzüglich darauf ein.

Die Haltung der deutschen Regierung war gesetzlich unantastbar. Ihre Stellungnahme kann dahin zusammengefasst werden: „Die Zukunft Marokkos ist eine internationale und nicht eine französisch-britische Angelegenheit. Frankreich und England sind unter sich zu einer Verständigung über Marokko

gelangt. Dies aber erledigt nicht die Frage, soweit wir in
Betracht kommen. Unter dem Schutz dieser Abmachung erhebt Frankreich Ansprüche an den Sultan in einem Tone,
der auf die Behauptung eines Mandats hinausläuft, sich
ständig in die Regierung Marokkos einzumischen. Solch ein
Mandat kann Frankreich nur von den Signatarmächten der
Madrider Konvention erhalten. Wir haben ihm solch ein
Mandat nicht gegeben. Unsere Interessen in Marokko sind
wichtig und im Wachsen. Aber auch ohne das könnten wir
uns nicht in dieser groben Weise aus dem Wege drängen
lassen. Wir haben ein Recht, über Marokko befragt zu werden, und nicht die Absicht, uns einfach deswegen darum
prellen zu lassen, weil es England und Frankreich in ihrem
Interesse gefallen hat, ein Geschäft über ein Land abzuschliessen, das in Wahrheit keinem von beiden gehört." —
Der „Mann in der Strasse" wird vielleicht sagen: „Warum hat
die deutsche Regierung ihre volle Kenntnis der Geheim-Abkommen nicht eingestanden und diese vor dem Richterstuhl
der europäischen öffentlichen Meinung enthüllt?" Der Grund
ist nicht weit zu suchen. Regierungen handeln so nicht; sie
können es gar nicht. Solch ein Vorgehen Deutschlands hätte
einen offenen Bruch mit Frankreich und England bedeutet,
und wenn sich diese Länder bereit erklärt hätten, für ihre
Handlung voll einzustehen, so wäre Deutschland bloss die
Wahl zwischen Krieg und einem schimpflichen Rückzug geblieben, obwohl es moralisch und gesetzlich im Recht war.
Die oberste Lehre der Diplomatie ist: du sollst niemals die
Wahrheit sagen. Du musst mit Ausflüchten vorgehen. Du
musst so tun, als wüsstest du nichts, wenn du es doch die
ganze Zeit schon weisst. Du musst zu glauben vorgeben, dass
dein Gegner offenes Spiel treibt, und dass die einzige Mei-
nungs-Verschiedenheit zwischen dir und ihm eine Sache der
Auslegung ist, während du sehr wohl gewahr bist, dass er
dir einen Streich gespielt hat; so hintergehst du ihn, indem
du ihn glauben machst, dass du nicht ahnst, von ihm hinter-
gangen zu sein. All dies gehört zum Wesen der
„Diplomatie".

So hatte man wieder einmal das englische und das französische Volk getäuscht. Die Haltung der deutschen Regierung wurde von den inspirierten Organen des britischen und französischen Auswärtigen Amtes als grob herausfordernd und als darauf angelegt verschrien, die Festigkeit der anglo-französischen Entente zu erproben. Die „Times" übertrumpfte alles mit Leichtigkeit. Besonders heftig waren ihre persönlichen Angriffe auf den Kaiser. Nachdem die britische und französische Regierung anfangs von einer Konferenz nichts hatten wissen wollen, gingen sie endlich darauf ein. In der Tat war die französische Regierung, nachdem sie sich Herrn Delcassés entledigt hatte, eifrig bemüht, die Dinge so weit als möglich zu glätten. Die Konferenz trat in Algeciras zusammen. Sie dauerte lange und war stürmisch. Schliesslich beschloss sie Reformpläne, übertrug Frankreich und Spanien gewisse genau begrenzte polizeiliche Befugnisse, traf Vorsorge für die internationale Kapitalisierung bestimmter europäischer Unternehmungen in Marokko u n d b e s t ä t i g t e n o c h m a l s d i e I n t e g r i t ä t u n d U n a b h ä n g i g k e i t d e s S u l t a n s. —

Hier war Sir E. Greys Gelegenheit. Er war für die Geheim-Abkommen nicht verantwortlich. Die Algeciras-Akte konnte und hätte ein vollständig neues Kapitel einleiten sollen. Sir E. Grey hätte Frankreich sagen können: „Die Algeciras-Akte macht die Geheim-Verträge null und nichtig. Aber du hast Fuss gefasst. Wenn du deine Karten mit Deutschland taktvoll spielst, wird es im Wandel der Zeit dein Protektorat anerkennen. Unsere Diplomatie wird dir helfen. Doch wenn du die Sache überstürzt und vorgehst, als bestände gar keine Algeciras-Akte, dann werden wir dich nicht unterstützen. Es ist eine internationale Akte, die bestimmt, dass der Sultan von Marokko unabhängig ist und der Bestand seines Landes geachtet werden muss. Die Akte trägt unsere Unterschrift, und wir können dir nicht in Ehren helfen, sie zu verletzen. Aber gehe langsam vor, mache dir die Deutschen geneigt und wir werden unser Möglichstes zur Erleichterung deines Weges tun." — Dies wäre nicht streng moralisch — gegen

Marokko — doch unendlich besser gewesen als der tatsächlich eingeschlagene Weg.

Statt dessen zog es das britische Auswärtige Amt vor, die Algeciras-Akte als eine diplomatische Niederlage zu betrachten, und stürzte sich tiefer in den Sumpf. Während der Konferenz oder unmittelbar darauf ging der französische Botschafter in London Sir E. Grey an und dieser gab seine Einwilligung zu dem Beginn jener geheimen militärischen, und maritimen Besprechungen, die eine solch verhängnisvolle Folge haben sollten[1]).

Das Ergebnis der Intrige bis dahin (1906) war dies: Man hatte das britische, nichts ahnende Volk zu diplomatischen Unterstützung der geheimen ehrgeizigen Absichten des französischen Auswärtigen Amtes verpflichtet, d. h. zu einem wirklichen französischen Protektorat über Marokko.

Das britische Volk unterstützte, ohne es zu wissen, einen unredlichen Vertrag, der etwas ganz anderes meinte, als er ausdrückte.

Es war verpflichtet, den Streit seiner Regierung mit Deutschland zu unterstützen, aber da ihm wesentliche Tatsachen vorenthalten wurden, gründete sich sein Beistand auf ein vollkommenes Missverstehen des deutschen Falles.

Die diplomatische Unterstützung Frankreichs war daran, sich in eine materielle zu verwandeln, d. h. das britische Volk befand sich ahnungslos auf dem Wege, sich Frankreichs wegen auf einen Krieg mit Deutschland einzulassen.

Nebenbei sei hier festgestellt, dass fünf Jahre vergingen, ehe das britische Volk — aus den Spalten einiger Pariser Zeitungen — von dem Bestehen des geheimen Marokko-Abkommens überhaupt Kenntnis erhielt; und acht Jahre vergingen, ehe es erfuhr, dass es infolge dieses Geheim-Abkommens moralisch verpflichtet war, Frankreich in einem europäischen Kriege Hilfe zu leisten. —

---

[1]) Siehe 2. und 8. Kapitel.

Die fünf auf die Akte von Algeciras folgenden Jahre sahen die Intrige den Lauf ihrer logischen Entwicklung nehmen: um die ursprüngliche Lüge sammelte sich ein Labyrinth anderer Lügen; die geheimen Verpflichtungen drängten das Land näher und näher an den Abgrund; uneingestandene und nicht bekennbare Verbindlichkeiten lähmten unser diplomatisches Handeln und brachten jeden Versuch zur Besserung der englisch-deutschen Beziehungen zum Scheitern; man lenkte unsere nationale Politik in alle möglichen unnatürlichen Kanäle, und die diplomatischen Brunnen Europas wurden vergiftet.

Die französischen Imperialisten behandelten die Algeciras-Akte wie Abfall-Papier. Sie gingen systematisch ans Werk, Marokko zu erobern und aufzusaugen, durch unmittelbares militärisches Vorgehen und stückweise Besetzung, durch Erregung innerer Unruhen und durch finanzielle, die Einkünfte der marokkanischen Regierung einschnürende Machenschaften. Die amtliche und inspirierte britische Presse zollte jedem dieser Schritte Beifall und missbilligte jede deutsche Kritik darüber. Den Höhepunkt des Vorgehens der französischen Imperialisten, den Marsch nach Fez beeilte sich Sir E. Grey im Parlament offiziell gutzuheissen. Während dieses ganzen Verlaufs hob die französische, über die Wendung der Dinge tief beunruhigte Kammer wieder und wieder den Entschluss Frankreichs hervor, die Algeciras-Akte aufrecht zu erhalten. Aber damals folgte in Frankreich ein kurz-lebiges Kabinett dem andern in Zwischenräumen von sechs Monaten oder weniger, und so war die Kammer gegen die stetig auf das ersehnte Ziel lossteuernden Militaristen und Imperialisten machtlos und vermochte den Fortgang der Ereignisse weder zum Stehen zu bringen, noch ihn aufzuhalten. —

Die deutsche Regierung war gereizt und wünschte Genugtuung, aber sie befand sich in Verlegenheit. Sie suchte ständig einen Bruch zu vermeiden, und schien, mit Frankreich in anderen Richtungen erfolgreich unterhandelnd, auf einen Zustand hinzuarbeiten, der ihr die Anerkennung eines französischen Protektorates unter der Voraussetzung ermöglicht hätte, dass ihr die französische Regierung erlauben würde, ihr Ansehen der deutschen Oeffentlichkeit gegenüber zu wahren und ihre eigenen Imperialisten abzuspeisen. Aber dies wollte oder konnte die französische Regierung, zum Teil wegen des fortwährenden Wechsels im Personal der Minister, nicht tun. —

Die laufenden Berichte eines neutralen Diplomaten bieten über die während jener Jahre in Berlin sich zutragenden Ereignisse ein solch wahres allgemeines Bild, wie wir es echter kaum je werden erhalten können, obwohl die besonderen Bemühungen, zu einem gütlichen Ausgleich zu gelangen, in meinem Marokkobuch eingehend behandelt sind. Die folgenden Auszüge entstammen den Berichten des belgischen Gesandten in Berlin, Baron Greindl:

· 6. Mai 1908. „Das Interessanteste an dem Weissbuch, das ich die Ehre hatte, Ihnen mit meinem gestrigen Bericht vorzulegen, ist die Langmut, mit der sich die deutsche Regierung den Anschein gibt, als übersehe sie den offenkundigen Widerspruch zwischen den vollkommen einwandfreien Erklärungen der französischen Regierung und der Eroberung Marokkos, zu der Frankreich kraft eines angeblichen europäischen Mandates schreitet, das ihm niemand gegeben hat. Frankreich gibt vor, hierzu durch Umstände, die es als zufällige bezeichnet, gezwungen zu sein, die es aber im Gegenteil geflissentlich heraufbeschworen hat... Deutschland lässt es geschehen. Es kann nicht anders. Die Zeit der diplomatischen Verhandlungen ist vorbei. Es kann nur noch zwischen absichtlichem Ignorieren und dem Kriege wählen, den der Kaiser nicht will und den die deutsche öffentliche Meinung verurteilen würde."

21. April 1911. „Ich glaube nicht, dass man hier den geringsten Wunsch hegt, in die Marokko-Angelegenheit aktiv einzugreifen. Man muss hier über den Wert der Algeciras-Akte, die Frankreich in der festen Absicht, sie nie zu beobachten, unterzeichnete, seit langem alle Illusionen verloren haben, wenn überhaupt jemals solche bestanden... Indes hängt es nicht einzig und allein von der Kaiserlichen Regie-

rung ab, sich Zurückhaltung aufzuerlegen. Man muss ihr von aussen zu Hilfe kommen. Es ist vollkommen richtig, dass die öffentliche Meinung erregt ist. Der Kaiserlichen Regierung wurde mehr als einmal zu grosse Nachgiebigkeit gegen Frankreich in der Marokko-Angelegenheit vorgeworfen. Wenn der französischen Regierung wirklich daran liegt, die Möglichkeit eines Konfliktes auszuschalten, so ist es an ihr, genügend Klugheit und erheuchelte Mässigung an den Tag zu legen, um Deutschland nicht zu zwingen, aus seiner passiven Haltung herauszutreten."

1. Mai 1911. „Die deutsche öffentliche Meinung ist tatsächlich erregt und macht es der Kaiserlichen Regierung seit langem zum Vorwurf, dass sie der methodischen Nichtbeachtung der Algeciras-Akte ... gegenüber die Augen verschliesse.... Welches ist wohl die Tragweite der nach Paris gerichteten halbamtlichen Warnung? Will Herr von Kiderlen-Wächter[1]), der weit energischer ist als sein Vorgänger, damit zu verstehen geben, dass er keine weiteren französischen Uebergriffe mehr dulden wird?... Ungeachtet der in dem offiziösen Artikel dargelegten Absichten bleibt die Lage heikel. Irgend eine Ungeschicklichkeit kann Deutschland zwingen, aus seiner Untätigkeit herauszutreten. Viel hängt auch von der Presse ab. Französische Zeitungen zeigen viel zu deutlich, dass es sich darum handelt, aus Marokko ein zweites Tunis zu machen. Die deutsche Presse zeigt sich im allgemeinen sehr zurückhaltend, aber die unter alldeutschem Einfluss stehenden Blätter stellen Forderungen auf, die für die Kaiserliche Politik äusserst unbequem sind."

Als die französische Presse die Absicht, Fez zu besetzen, offen besprach, drückten derselbe belgische Diplomat sowie sein Londoner Kollege, der Graf von Lalaing, die Befürchtung aus, Deutschland möchte sich in diesem Falle zur Intervention gezwungen sehen, da alsdann die Verletzung der Algeciras-Akte zu sehr in die Augen springe, um unbeachtet zu bleiben.

---

[1]) Damals Sekretär des Auswärtigen (D. Uebers.).

Baron Greindl schreibt unterm 10. Mai 1911:

„Die Frage begann mit den im Jahre 1904 zwischen England, Frankreich und Spanien getroffenen Vereinbarungen, wobei man sich nicht die Mühe genommen hatte, die übrigen interessierten Mächte zu befragen oder sie auch' nur zu verständigen. Bis zu dem Augenblick, da Deutschland seine Einwendungen vorbrachte, sprach man ganz offen davon, dass Marokko ein zweites Tunis würde. Neben dem veröffentlichten Abkommen schloss Frankreich mit Spanien einen Geheimvertrag (ein recht schlecht gehütetes Geheimnis) über die Teilung des Scherifischen Reiches. Die Akte von Algeciras änderte nichts an den französischen Plänen. Man wurde nur gezwungen, langsam und Schritt für Schritt das zu verwirklichen, was man mit einem Schlag zu erreichen gehofft hatte.... Seitdem hat man nicht aufgehört, mit der allmählichen Durchdringung Marokkos methodisch fortzufahren.... Ich bleibe weiter 'überzeugt, dass Deutschland es zu vermeiden trachtet, zu einem ernstlichen Eingreifen in die marokkanische Angelegenheit genötigt 'zu werden, aber ich muss wiederholen, was ich in meinem Bericht vom 1. Mai schrieb, dass die Frage trotzdem sehr heikel ist. Sie wird es sogar immer mehr. Damit die Kaiserliche Regierung ihre Zurückhaltung vor der deutschen öffentlichen Meinung rechtfertigen kann, wird man 'in Frankreich recht geschickt operieren und Mässigung heucheln müssen, um sie nicht 'zur Aufgabe ihrer Haltung zu zwingen."

17. Juni 1911. „Die Kaiserliche Regierung verharrt also auf ihrem ursprünglichen Standpunkt. Sie spielt die Rolle eines einfachen Zuschauers und behält sich ihre Handlungsfreiheit für den Fall vor, dass infolge der französischen Intervention die grundlegenden Bestimmungen der Algeciras-Akte, nämlich die Souveränität des Sultans und die Integrität Marokkos, zu bestehen aufhören. Schon heute bleibt nichts mehr davon übrig. Wann wird Deutschland den Augenblick für gekommen erachten, dies auszusprechen, und welchen Gebrauch wird es von seiner wiedererlangten Freiheit machen? Ich bin nach wie vor der Ueberzeugung, dass es Deutsch-

lands Hauptsorge ist, einen Krieg zu vermeiden, den Marokko nicht wert ist und den Frankreich Europa dadurch ersparen kann, dass es bei der Eroberung Marokkos mit d e r Heuchelei zu Werke geht, die nötig ist, um die deutsche öffentliche. Meinung nicht in Aufruhr zu versetzen. Meine Ansicht wird nicht von jedem geteilt; einige meiner Kollegen sind über die Langmut Deutschlands erstaunt." —

Als es offenbar wurde, dass die französischen Truppen nach der „Befreiung" von Fez nicht die Absicht hatten, die Stadt wieder zu verlassen, schickte Deutschland ein Kanonenboot nach Agadir, um damit zu verstehen zu geben, dass es am Ende seiner Geduld angelangt sei, und dass die marokkanische Frage nicht ohne Deutschland geregelt werden solle. Seine moralisch bedeutsame Handlung war sachlich unbedeutend. Der „Panther" hatte nur eine Besatzung von 125 Mann. Ausserdem war dem Schritte Deutschlands eine viel kräftigere Demonstration Spaniens vorausgegangen, dessen Regierung an dem ihrer Auffassung nach äusserst rücksichtslosen Vorgehen Frankreichs Anstoss nahm. Im Glauben, Spanien solle seiner Vorteile des Geheim-Abkommens beraubt worden, schickte es eine beträchtliche Zahl Truppen zur Besetzung des ihm vertraglich zugesprochenen Gebietes aus. Als das kleine deutsche Kanonenboot vor Agadir Anker warf, standen 100 000 französische und spanische Truppen in Marokko, Frankreich hielt einen bedeutenden Teil des Landes militärisch besetzt, die Autorität der marokkanischen Regierung war vollkommen verschwunden und die Akte von Algeciras bestand nur noch in der Erinnerung. —

Was darauf folgte, ist in die Geschichte übergegangen und hat eine unauslöschliche Spur hinterlassen. Sir E. Grey verhielt sich französischer als die Franzosen, er war „päpstlicher als der Papst". Er erklärte, in Deutschlands Vorgehen eine Bedrohung b r i t i s c h e r Interessen und mirabile dictu, ein „Wiederaufwerfen" der marokkanischen Frage zu erblicken! Das Auswärtige Amt sah natürlich in Deutschlands Schritt eine Verwahrung gegen das Geheim-Abkommen mit Frankreich, das nun trotz der Algeciras - Akte seine

Früchte trug. Sir E. Grey bestand auf der Beteiligung Englands an den deutsch-französischen Verhandlungen. Sie begannen aber zwischen den beiden Regierungen ohne englische Beteiligung. Die „Times" tobte täglich. Das Blatt, dessen Leitartikel und Pariser Berichte von beinahe unglaublicher Heftigkeit waren, verbreitete plötzlich inmitten der Verhandlungen am 20. Juli 1911 die Nachricht, Deutschland stelle schimpfliche „Forderungen" an Frankreich, die einzeln aufgeführt wurden. D i e „T i m e s" e r k l ä r t e, d a s s k e i n e b r i t i s c h e R e g i e r u n g d i e s e F o r d e r u n g e n d u l d e n w e r d e, s e l b s t w e n n e i n e f r a n z ö s i s c h e R e g i e r u n g s c h w a c h g e n u g w ä r e, a u f s i e e i n z u g e h e n! Und die „Times" verlangte ungestüm die Absendung von Kriegsschiffen nach Agadir. Am andern Tag liess Sir E. Grey den deutschen Botschafter zu sich kommen. Er machte sich den Ton der „Times" und ihre „Tatsachen" zu eigen und deutete die eventuelle Notwendigkeit an, Schritte zum Schutze der britischen Interessen zu tun. Der deutsche Botschafter legte dagegen ärgerlich Verwahrung ein. Am selben Abend wurde Lloyd George durch das Auswärtige Amt zu seiner Rede im Mansion-Haus veranlasst, die tatsächlich auf eine Kriegsdrohung hinauslief, falls Deutschland auf seinen „Forderungen" bestünde. Die „Times" begrüsste in ihrem Leitartikel am andern Morgen Lloyd George als eine Art Retter der Nation, betonte in beleidigenden Ausdrücken die Bedeutung der Rede und verglich Deutschland mit Dick Turpin[1]). Die öffentliche Meinung wallte in allen drei Ländern zur Siedehitze auf und während einiger Tage schien der Krieg unmittelbar bevorzustehen.

Er wurde vermieden durch die friedlichen Elemente in der französischen Regierung, allen voran Caillaux, den Premierminister, der in dieser Krise ungefähr die gleiche Rolle spielte wie Rouvier, der damalige Minister-Präsident, in der Krise von 1905; durch den deutschen Kaiser und durch die

---

[1]) Die in England geläufige Bezeichnung für einen Strassenräuber (D. Uebers.).

friedlichen Elemente seiner Regierung. Gerüchtweise verlautet, Lord Morley sei im britischen Kabinetts-Rat tatkräftig für den Frieden eingetreten. Die deutsche und französische Regierung ermutigten, ja forderten ihre Sozialdemokraten geradezu auf, in Paris und Berlin ungeheure Friedens-Demonstrationen abzuhalten.

Inzwischen gingen die deutsch-französischen Verhandlungen weiter und gelangten im November 1911 zu einer Lösung. Deutschland erkannte ein französisches Protektorat über Marokko an, aber es verpflichtete Frankreich, die Bedingung der offenen Türe betreffs Handel und Kapital-Anlagen in Marokko zu beachten; Deutschland erhielt einen Teil französisch Aequatorial-Afrikas und gab dagegen ein Stückchen deutschen afrikanischen Besitzes in Tausch.

Die ganze Geschichte der Intrige wurde später durch eine Anzahl Debatten in der französischen Kammer und im Senat ans Licht gezerrt. Die Geheimverträge wurden in unbarmherzigen Ausdrücken verurteilt und die darauffolgende Doppelzüngigkeit der Politik von einigen der ausgezeichnetsten öffentlichen Männern Frankreichs verworfen.

Aus den Debatten ergab sich, dass mehrere Monate vor dem Marsch nach Fez die Pariser und Berliner Regierung Verhandlungen über ein grosses gemeinsames Interessen-Gebiet in Afrika gepflogen hatten. Sie waren, namentlich infolge der fortgesetzten Kabinettswechsel in Frankreich, ergebnislos verlaufen. Es wurde bekannt, dass die deutsche Regierung der französischen anlässlich der Besetzung von Fez die unzweideutigste Warnung hatte zugehen lassen, sie könne sich angesichts der nach deutscher Auffassung vollendeten Vernichtung der Algeciras-Akte nicht länger untätig verhalten; und sie hatte gleichzeitig ihre Bereitwilligkeit zu erkennen gegeben, auf der Grundlage einer deutschen Anerkennung eines französischen Protektorates zu verhandeln, vorausgesetzt, dass Deutschland irgendwo anders Kompensationen erhalte, ebenso wie Grossbritannien, Spanien und Italien solche bekommen hatten. Die Darstellung des französischen

Ministers des Aeussern in der Kammer zerstreute vollkommen die Ansicht — welche die Ursache aller britischen Presseangriffe auf Deutschland war, und die sogar heute noch in erstaunlicher Unkenntnis oder absichtlicher Verdrehung wiederholt wird —, dass die deutsche Regierung durch Entsendung eines Kanonenbootes von 1000 Tonnen und 125 Mann in den gottverlassensten Winkel der atlantischen Küste Marokkos beabsichtigt habe, von einem Stück des Landes selbst Besitz zu ergreifen.

Ebenso kategorisch sprach sich der französische Minister des Aeussern über die sogenannten „Forderungen" an Frankreich aus, wie sie in der „Times" vom 20. Juli wiedergegeben waren, und die Sir E. Grey so überstürzt angenommen hatte. Deutschland hatte niemals „Forderungen" in dem von der „Times" angedeuteten Sinne erhoben, und die Behauptung dieser Zeitung, Deutschland habe u. a. die Abtretung des französischen Vorkaufsrechts auf den belgischen Kongo verlangt, war eine Erfindung.

Kurz, die Enthüllungen des französischen Aussenministers zerstreuten das ganze von Sir E. Grey im November 1911 errichtete Gebilde, als er im Unterhause seine Haltung vom Juli rechtfertigte. Sie zerstreuten auch die böswilligen Anklagen der „Times". Unglücklicherweise kamen diese Enthüllungen einen Monat zu spät, um die Debatte im Unterhaus zu beeinflussen. Das erst viel später veröffentlichte französische Gelbbuch legte dar, dass sich der berühmte „Times"-Artikel nur auf einen entstellten Bericht über eine vertrauliche Besprechung gegründet haben konnte, die zwischen dem deutschen Sekretär des Auswärtigen und dem französischen Botschafter stattgefunden hatte. —

Die Wirkung des von unserem Auswärtigen Amte eingeschlagenen Weges und der Rede Lloyd Georges war in Deutschland und Frankreich im Hinblick auf die Erhaltung des europäischen Friedens unheilvoll. Sie stärkte die Stellung der französischen Imperialisten und Jingoes und allgemein der Einflüsse in Frankreich, die zur „Revanche"-Schule gehörten. Sie überzeugte, in den Worten Ramsay Macdonalds

(Vorwort zu „Zehn Jahre Geheim-Diplomatie"), sogar den friedfertigsten deutschen Sozialdemokraten, dass „Deutschland das Opfer einer heimtückischen Verschwörung geworden und dass Englands Freundschaft nur geheuchelt war." Auf die deutschen Chauvinisten wirkte der Fall wie Schaumwein. Die Wirkung auf die deutschen regierenden Kreise und den Kaiser war tief, wie dies im französischen Gelbbuch über den Krieg zugegeben wird, augenscheinlich ohne dass ihre Verfasser die ganze Bedeutung ihres Geständnisses erfasst hätten. Wenn die Behauptung des Gelbbuches wahr ist, dass der Kaiser seitdem von der Unvermeidlichkeit eines Krieges überzeugt war: wie viele der, diese Ansicht teilenden Leute haben dann die Umstände zu ergründen versucht, die diese Ueberzeugung veranlassten?

Besonders wenn man die drohende Wendung, die das Balkanproblem damals nahm[1]), im Auge behält, kann unmöglich daran gezweifelt werden, dass v o n d i e s e m A u g e n-b l i c k a n die Militärpartei in Deutschland zu ungeheurer Macht gelangte, und dass der militärische Gesichtspunkt im Rate des Deutschen Reiches zunehmendes Gewicht erhielt. Auch kann man darüber keineswegs erstaunt sein.

Was war denn die oberste Lehre dieser Episode? Dass Grossbritannien bereit war, Frankreich durch dick und dünn in einer Angelegenheit zu unterstützen, in der sich — wie ehrenvolle Franzosen zugaben und beklagten — die französische Diplomatie unredlich benommen hatte, unredlich dem französischen Volke und Europa gegenüber, indem sie zwecks Sicherung eigener Vorteile eine internationale Abmachung mit Füssen trat. —

Wir vermögen die deutschen Gefühle nach Agadir besser zu verstehen, wenn wir den Eindruck betrachten, den die britische Diplomatie und die Auslassungen der einflussreichsten englischen Blätter auf die neutralen Diplomaten in den verschiedenen Hauptstädten Europas machten. Wir können diese Eindrücke als schlecht begründet ansehen, aber nicht

---

[1]) Siehe 12. und 17. Kapitel.

die Tatsache ausser acht lassen, dass sie sich diese Eindrücke bildeten.

In einem Berliner Bericht vom 23. September 1905 nimmt Baron Greindl Bezug auf die „unerhörten Anstrengungen der englischen Presse, einen friedlichen Ausgang der Marokko-Angelegenheit zu vereiteln..." Er sieht dies als Beweis an, „wie sehr die öffentliche Meinung in Grossbritannien bereit ist, eine jede deutsch-feindliche Kombination zubegrüssen."

In einem langen Bericht vom 24. Oktober 1905 erörtert Leghait, der belgische Gesandte in Paris, in ernsten Ausdrücken die europäische Lage und namentlich die Frankreichs. Er glaubt zwar, dass Grossbritannien „einen Konflikt zu vermeiden wünscht", aber er zweifelt, „ob seine selbstsüchtigen Bestrebungen uns nicht einem solchen entgegenführen." — Am 14. Januar 1906 stellt M. E. van Grootven, der belgische Geschäftsträger in London, fest: „In letzter Zeit sagte der Minister des Aeussern den verschiedenen in London beglaubigten Botschaftern zu wiederholten Malen, dass Grossbritannien Frankreich gegenüber bezüglich Marokkos Verpflichtungen eingegangen sei, denen es bis zum Aeussersten nachkommen werde, selbst im Falle eines deutschfranzösischen Krieges und auf alle Gefahr hin."

Baron Greindl am 5. April 1906: „Die englische Presse hat alles Erdenkliche getan, um zu verhindern, dass die Konferenz von Algeciras zum Ziele führe. Sie hat sich unversöhnlicher als die französischen Zeitungen gezeigt, und hat keinen Augenblick aufgehört, angebliche deutsche Angriffs-Pläne zu verbreiten, die niemals bestanden haben. Augenscheinlich hat der englische Botschafter in Algeciras nicht die geringsten Anstrengungen gemacht, um eine für Deutschland und Frankreich gleich annehmbare Lösung zu finden. Man war sicher darauf gefasst, dass England die französische Politik unterstützen würde, aber die eingegangenen Verpflichtungen verhinderten es keineswegs, mässigend einzuwirken."

Graf Lalaing, der belgische Gesandte in London, am 23. Juni 1906 in bezug auf die Anstrengungen des Lords

Avebury und anderer, eine Besserung der deutsch-englischen
Beziehungen herbeizuführen: „Die tatsächliche Wirkung ist
ungefähr gleich Null. Die öffentliche Meinung steht nun einmal fest. Die englische Presse hat mit den Angriffen gegen
den Kaiser, seine Regierung und das Volk derartigen Missbrauch getrieben, dass das Publikum argwöhnisch bleibt."
      In einem Bericht aus Paris vom 10. Februar 1907 drückt
Leghait die Befürchtung aus, Deutschland möchte alles wagen,
„um sich der Umklammerung durch die englische Politik-
zu entziehen". Der Gesandtschaftssekretär Cartier in London schreibt am 28. März 1907 beinahe gleichlautend von der
„britischen Diplomatie, deren Massnahmen sämtlich auf die
Isolierung Deutschlands gerichtet sind". — Zahlreich sind
in den folgenden Berichten die Bemerkungen über die bösen
Folgen der englischen Presse-Angriffe auf Deutschland. Graf
de Lalaing tadelt am 24. Mai 1907 besonders die Northcliffe-
Presse. Er beschuldigt sie, „die Meinung eines ganzen Volkes
zu vergiften", und fügt hinzu: „Es ist klar, dass das amtliche
England im Stillen eine feindselige Politik betreibt, die auf
die Isolierung Deutschlands abzielt..., aber es liegt eine
augenfällige Gefahr darin, die öffentliche Meinung in so
offenkundiger Weise zu vergiften, wie es die erwähnte un-
verantwortliche Presse tut."
      In einem Berliner Bericht vom 30. Mai 1907 zollt Baron
Greindl den von Sir Frank Lascelles, dem damaligen englischen Botschafter in Berlin, gemachten Anstrengungen, bessere Beziehungen zwischen den beiden Mächten herbeizuführen, den lebhaftesten Beifall, er zweifelt aber an ihrem
Ergebnis.
      Es ist aufreizend und niederdrückend, jahrein jahraus,
in einem Bericht nach dem andern die gleiche, das gesamte
belgische diplomatische Korps beherrschende Ueberzeugung
vom Charakter der englischen Diplomatie zu lesen. Würde
sich die Ansicht auf die belgische Gesandtschaft in Berlin
beschränken, so könnte man sie als deutsch-freundliches
Vorurteil abtun. Aber genau derselbe Eindruck herrscht
bei den belgischen Gesandtschaften in Paris und London

vor. Wenn diese belgischen Diplomaten in ihren Folgerungen hoffnungslos fehlgingen, wie unzulänglich muss dann unsere Diplomatie. gewesen sein, dass sie diese Eindrücke hervorrufen konnte[1]). Aus blossen Auszügen kann man die Gesamt-Bedeutung der belgischen Urteile nicht erfassen. Auszüge steigern nicht das widrige Urteil, sie verringern sein nachdrückliches Gewicht. Und doch hatten die Belgier in einem europäischen Kriege von den Deutschen offenbar am meisten zu befürchten. —

Wenn wir zu den Ereignissen von 1911 übergehen, finden wir ein Schreiben des Barons Guillaume, des belgischen Gesandten in Paris, vom 29. April 1911, worin er bemerkt: „England, das Frankreich in den marokkanischen Sumpf geritten hat, betrachtet sein Werk mit Wohlgefallen." — Dagegen glaubt Graf de Lalaing in einem Londoner Brief vom 9. Mai 1911, dass englische amtliche Kreise besorgt seien, „Frankreich möchte eine Unklugheit begehen, die Deutschland eine Handhabe zum Einspruch geben könnte." Und er weist auf die häufigen Besuche des französischen Botschafters im englischen Auswärtigen Amte hin. Am 22. Mai 1911 bestätigt er den ausgezeichneten Eindruck, den in England der Besuch des deutschen Kaiserpaares gemacht hat, das dort einfach und ohne jedes Gepränge auftrat. Dieser Eindruck war nur von kurzer Dauer.

Wir kommen nun zur Besetzung von Fez, der Absendung grosser spanischer Truppenmassen nach Marokko und der Ankunft des „Panther" in Agadir. Ein Pariser Bericht des Barons Guillaume vom 8. Juli 1911 hilft die Angriffe der britischen, amtlich inspirierten Presse gegen den französischen Premierminister Caillaux erklären. Nachdem er das Durcheinander in den französischen amtlichen Kreisen beschrieben und erwähnt hat, dass man britischen Rat eingeholt, schreibt er: „Ich habe Grund zur Annahme, dass

---

[1]) Es ist vollkommen ausgeschlossen, dass diese Berichte derart einstimmig fehlgingen, wenn nicht die belgischen Diplomaten schwerwiegende Gründe für ihre Ansichten gehabt hätten. Siehe „Belgische Aktenstücke 1905–1914". Berlin 1915 (D. Uebers.).

Herr Caillaux vielleicht jetzt schon dahin gelangt ist, den Nachdruck, mit dem man diesen Schritt getan, und die vom britischen Kabinett eingenommene Haltung zu bedauern. Man hat viel geringere Aussichten, sich mit Deutschland zu verständigen, wenn England an der Besprechung teilnimmt, und meiner festen Ueberzeugung nach bedauern die Herren Caillaux und de Selves[1]) die Wendung, die ihre Vorgänger der Marokko-Angelegenheit gegeben haben. Sie hätten gerne nachgegeben, wenn sie es nur ohne Demütigung tun könnten."

Graf de Lalaing weist in seinem Londoner Bericht vom 24. Juli 1911 besonders auf Lloyd Georges Drohrede hin. Baron Guillaume fasst die Lage zusammen, wie sie sich ihm von Paris aus am 28. Juli 1911 darbot. Er glaubt, dass Frankreich gegen einen endgültigen Bruch ist, und drückt grosses Vertrauen in die friedliche Gesinnung des deutschen Kaisers aus, „trotz gewisser ziemlich häufiger Uebertreibungen in seinem Auftreten". Er fügt hinzu: „Im allgemeinen hege ich geringeres Vertrauen in die friedlichen Absichten Grossbritanniens, das nicht ungern sieht, wenn sich die andern gegenseitig verschlingen. Aber in diesem Falle würde es für England schwierig — ich möchte beinahe sagen unmöglich —. sein, nicht mit den Waffen einzugreifen.... Wie ich vom ersten Tag an glaubte, liegt der Schwerpunkt der Lage in London. Nur dort kann sie ernst werden." —

Nach Ueberwindung der Krise vollzog sich in der britischen öffentlichen Meinung ein bemerkenswerter Umschwung. Sogar in Kreisen, die dem Kabinett nahestanden, gewann man den Eindruck, dass die Leitung des Auswärtigen Amtes nicht sehr klug gewesen sei; und diese Auffassung verbreitete sich allgemein, obwohl damals die nackten Tatsachen noch nicht bekannt waren. Lord Haldanes Mission war ohne Zweifel die Folge dieses Gefühls. Auf beiden Seiten der Nordsee unternahmen es uneigennützige und ausgezeichnete Männer, den Riss zu heilen.

---

[1]) Minister des Aeussern.

Warum diese verschiedenen Anstrengungen scheiterten und scheitern mussten, ist in den folgenden beiden Kapiteln dargestellt.

***

2. Kapitel.

Der Verrat an der (englischen) Nation 1906—1911.

„The Candid Quarterly Review", November 1915: „Die grosse Gefahr Englands ist das Auswärtige Amt — und weit mehr das Auswärtige Amt als der Minister des Aeussern."

„Morning Post" vom 24. Mai 1916: „Praktisch lenken das Auswärtige Amt und die Hauptminister der Krone unsere auswärtige Politik. Es gibt zwar eine neue und modische Lehre, dass sich das Parlament die Kontrolle angeeignet habe, aber kein vernünftiger Mensch glaubt es. Sir E. Grey tat so, als befrage er das Parlament, als sich das Land der Entente-Politik und in Wahrheit dem Kriege schon vermacht hatte."

Aus „Nelson's History of the War" von John Buchan: „Verbündete Heere hatten gewöhnlich Schwierigkeiten im Feld, denn die Gedankenrichtungen verschiedener Völker können nicht auf einen Schlag miteinander in Einklang gebracht werden. Aber im Falle Frankreichs und Englands begann die Waffenbrüderschaft unter glücklichen Vorzeichen. Schon seit Jahren pflegten die beiden Generalstäbe gewisse Probleme gemeinsam zu erwägen, und englische Offiziere hatten regelmässig den französischen Manövern als Gäste beigewohnt."

* * *

Ich bin tief davon durchdrungen, und ich glaube, die grosse Masse der Engländer wird innerhalb ganz weniger Jahre der gleichen Ueberzeugung sein, dass sich niemals die Lage, die alle europäischen Grossmächte in einen allgemeinen Krieg verwickelte, ergeben hätte, wenn unsere auswärtige Politik im letzten Jahrzehnt vom Volk kontrolliert worden wäre. Hätte die liberale Regierung die Nation ehrlich und aufrichtig behandelt, dann wäre unsere nationale Zukunft nach meiner Ueberzeugung unendlich sicherer gewesen, als sie es heute (1916) ist, und Hunderttausende der Blüte britischer Männer, die nun tot oder verkrüppelt sind, würden wohlauf sein und sich ihres Lebens erfreuen.

Wäre die englische auswärtige Politik offen und nicht gebunden gewesen, so hätte nach meiner Ueberzeugung der Einfluss Grossbritanniens im Rate der Völker sicherlich West-Europa und sehr wahrscheinlich ganz Europa von der durch gegenseitige Furcht und Eifersucht vorbereiteten Katastrophe gerettet.

Ich bin überzeugt, dass zu keiner Zeit in unserer Geschichte liberale Staatsmänner solch eine Gelegenheit, wie sie im Jahrzehnt vor dem Kriege geboten war, hatten, die Welt auf dem Wege internationaler Vernunft zu führen; dass die Gelegenheit nicht ergriffen wurde, weil sich diese Staatsmänner beinahe sofort nach Antritt ihrer Gewalt in den kontinentalen Irrgarten der Gruppierungen und Bündnisse verwickeln liessen, und dass dies nie vorgekommen wäre, hätte sich die Nation wirklicher demokratischer Macht erfreut. Hohe und ehrliche Staatskunst war vonnöten, aber nicht schlechte und verstohlene Diplomatie.

Ich behaupte, dass die Geheimhaltung, mit der unsere auswärtige Politik seit 1904 betrieben wurde, und die einem solchen System anhaftenden erschreckenden Gefahren die obersten nationalen Fragen sind, die anzupacken uns dieser Krieg zwingt.

Es wäre unserer Grösse als Volk unwürdig und würde unseren Söhnen eine schwere Ungerechtigkeit aufladen, wollten wir über diese Fragen hinweggleiten, damit wir nicht durch ihre aufrichtige und durch ihre in unserem eigenen höchst offensichtlichen Interesse gelegene Erörterung gezwungen sind, den Mantel der Schuldlosigkeit an allem, was den Ursprung dieses Krieges und unseren Anteil daran betrifft, fallen zu lassen, diesen Mantel, den unsere Machthaber um ihre Schultern geworfen haben.

Es ist ein Unglück, dass Kritik an unserer auswärtigen Politik von deren Verteidigern nur oder doch in der Hauptsache als der offenbare Wunsch des Kritikers ausgelegt wird, den betreffenden, nominell für die Leitung verantwortlichen Minister anzugreifen; er ist unausbleiblich in die Kritik einbezogen. Aber das Uebel, an dem England leidet, das seine grösste Gefahr ist und, wenn es ungeheilt bleibt, Grossbritannien zu Grunde richten wird, sitzt viel tiefer als die Fehlerhaftigkeit eines Ministers, der wie alle menschlichen Wesen, und zwar in bester Absicht, irren kann. Das Uebel ist, dass das von der englischen Nation geduldete System der auswärtigen Politik an einem fundamentalen Widerspruch krankt: es räumt diesem Minister und allen seinen Kollegen, mit denen er sich zu beraten für gut hält, eine t a t s ä c h l i c h uneingeschränkte Gewalt ein, das Schicksal des Landes zu kompromittieren, während ihm ö f f e n t l i c h eine solche Macht nicht zusteht. Als das Ergebnis dieses Gegensatzes von Theorie und Praxis wird in der Leitung unserer auswärtigen Angelegenheiten eine Autokratie geschaffen, die noch über die vom Zaren oder Kaiser ausgeübte hinausgeht, jedoch ungleich fruchtloser ist, weil sie keine Vollzugsgewalten hat. So kann der Aussenminister — ohne seine Unterschrift auf ein besonderes Papier zu setzen, das vom Kabinett und schliesslich dem Parlament bestätigt werden muss — Grossbritannien eine Richtschnur geben, die bei gewissen Ereignissen einen Krieg einschliesst, ohne Kabinett oder Parlament davon zu unterrichten. Jedoch vermag er, ohne Inkenntnissetzung des Kabinetts und Parlaments, nicht die nötigenfalls erforderlichen Massnahmen auszuführen, um die von ihm befolgte Politik praktisch wirksam zu machen. Wenn er das Kabinett benachrichtigt, dann spaltet es sich vielleicht. Gelingt ihm die Gewinnung des Kabinetts, so sind die Schwierigkeiten noch nicht beseitigt. Er hat es noch mit dem Parlament und dem Lande zu tun. Er ist daher gleichzeitig verantwortlich und wieder nicht verantwortlich. Ein derartiges System ist ein ständig über dem Kopfe der Nation schwebendes Damokles-Schwert. Ihm haften alle Mängel einer Autokratie an, ohne eine ihrer Vorzüge. Es macht eine „demokratische" Regierung ganz unmöglich und ist abscheulich ungerecht gegen die Demokratie. Dies System hat England eine tiefe Wunde geschlagen. Soll sie nicht tödlich sein, dann muss das Volk die Augen darüber öffnen, wie das System gewirkt hat und wie die Wunde geschlagen wurde. „Mein Land, recht oder unrecht", ist ein Wort voll guter Absichten Der Weg zur Hölle ist, wie man sagt, mit guten Absichten gepflastert. Es war, glaube ich, einer der Ratgeber Lincolns, der die ergänzende Verbesserung hinzufügte: „Mein Land, recht oder unrecht! Wenn recht, soll's so bleiben. Wenn unrecht, muss es recht werden!"

Als die unionistische Regierung im Dezember 1905 die Geschäfte niederlegte, hatte sie die Aufgabe erfolgreich gelöst, das Ansehen des Landes wiederherzustellen, das während des Burenkrieges ohne einen wohlwollenden Freund in Europa geblieben war. Sie hatte eine Reihe alter schon lange andauernder Streitigkeiten mit Frankreich beigelegt und unsere Beziehungen mit Russland etwas verbessert. Andererseits waren die anglo-deutschen Beziehungen gegenseitig argwöhnisch und unfreundlich geworden. Die Krügerdepesche des Kaisers; Deutschlands Entschluss, eine mächtige Flotte zu bauen, und seine Art, dies anzukündigen; Chamberlains Zolltarif-Feldzug, in dem das Anwachsen des deutschen Handels eine solch hervorragende Rolle spielte; die persönliche Reibung zwischen König Eduard und seinem Neffen, dem Kaiser; der scheinbare Ausschluss Deutschlands von den internationalen Abmachungen über China[1]); Grossbritanniens Widerstand gegen die geplante Bagdad-Eisenbahn: dies waren mit einer Ausnahme wahrscheinlich die Hauptursachen, die den Wechsel hervorgerufen haben. Die Aus-

---

[1] „Diese drei Abmachungen schlossen praktisch den Ring um China zum ausschlie-slichen Nutzen des sogenannten chinesischen Pool-Syndikats, das aus Grossbritannien, Japan, Russland und Frankreich bestand, und Deutschland, sowie die Vereinigten Staaten ausschloss". (Baron Hayashi's „Memoirs".).

nahme war Marokko. ... Die englische liberale Regierung gelangte im Jahre 1906 ans Ruder, als in Algeciras eine zweite internationale Konferenz über Marokko tagte, eine vom Sultan eingeladene und von Deutschland geforderte Konferenz, der sich das britische und französische Auswärtige Amt bis zum letzten Augenblick widersetzt hatten. In diesem Stadium, dem eigentlichen Ausgangspunkt, der zur schliesslichen Teilnahme Englands am Weltkrieg führte, zeigt sich das System, unter dem das britische Volk seine auswärtigen Angelegenheiten leiten lässt, für eine Erläuterung geeignet; sie kann, denke ich, am passendsten in der Form eines kurzen chronologischen Abrisses gegeben werden.

Erste Etappe 1906. (Erste Marokko-Krise.)

Sir E. Grey drückt dem französischen und deutschen Botschafter seinen persönlichen Glauben aus, dass in einem, wegen Marokko zwischen Frankreich und Deutschland entstehenden Kriege die britische öffentliche Meinung geschlossen für die „materielle" Unterstützung Frankreichs eintreten werde[1]).

Der französische Botschafter drängt auf eine Erleichterung der eventuellen Zusammenarbeit der englischen und französischen Heere und Flotten, zu welchem Zwecke die beiderseitigen Armee- und Marine-Stäbe ermächtigt werden sollen, in gewissen Zeiträumen gemeinsame Beratungen abzuhalten[1]).

Sir E. Grey bespricht sich darüber mit Sir Henry Campbell Bannermann[2]), Lord Haldane und Asquith und entspricht dem Vorschlag des französischen Botschafters[1]). Die Hände der Regierung sollen aber dabei frei bleiben.

Das Kabinett wird von diesem Schritt erst „sehr viel später" unterrichtet. Anzeichen sprechen dafür, dass dies

---

[1]) Sir E. Grey am 3. August 1914 im Unterhaus.

[2]) Es erscheint mir nicht glaubhaft, dass Sir H. C. B. die Sache in einer Weise dargelegt wurde, die es ihm ermöglichte, sie in ihrer vollen Bedeutung zu erfassen.

nicht vor dem Auftauchen der zweiten Marokko-Krise geschah — also nach 5½ Jahren.

Das Parlament erfährt natürlich überhaupt nichts davon. Es liegen Anzeichen vor, dass den offiziellen Führern der Opposition wenigstens eine Andeutung des Geschehenen gemacht wurde (ob 1911 oder früher, bleibt eine Sache der Vermutung), und dass die Beratungen der Armee- und Marine-Stäbe ein dauernder Bestandteil unserer geheimen Beziehungen zu Frankreich wurden.

Zweite Etappe 1911. (Zweite Marokko-Krise.)

Sir E. Grey schlägt genau dieselbe Richtung wie im Jahre 1906 ein[1]).

Lloyd George hält, offenbar im Einverständnis mit dem Auswärtigen Amt, im Mansion-Haus eine 'Drohrede gegen Deutschland, die von der „Times" am andern Morgen unterstrichen wird[2]).

Nach Beilegung der Krise gegen Ende des Jahres wird es in politischen, militärischen und maritimen Kreisen Grossbritanniens, Frankreichs und Deutschlands allgemein bekannt, dass England im Falle eines französisch-deutschen Bruches den Franzosen Hilfe gewährt hätte.

Dritte Etappe 1912.

Frühjahr. Englisch-deutsche Verhandlungen bezüglich Grossbritanniens Neutralität in einem europäischen Kriege scheitern[3]).

22. November. Auf Erörterungen im Kabinett hin schreibt Sir E. Grey dem französischen Botschafter (Cambon) einen „nicht offiziellen" Brief des Inhalts, dass die Beratungen der französischen und englischen Armee- und Marine-Stäbe „die

---

[1]) Sir E. Grey am 3. August 1914 im Unterhaus.
[2]) „Zehn Jahre Geheim-Diplomatie" S. 144.
[3]) Im Oktober 1914 durch Asquith das erstemal teilweise enthüllt Unterhandlungen ähnlicher Art hatten — anscheinend auf Deutschlands Anregung — 1909 und 1910 ohne Erfolg stattgefunden.

Freiheit der einen oder anderen Regierung nicht einschränken, sich zu irgend einer kommenden Zeit zu entscheiden, ob sie der anderen mit Waffengewalt beistehen will oder nicht[1])".

Vierte Etappe 1913.

10. März. Lord Hugh Cecil frägt den Premier-Minister, ob ein Grund für die allgemeine Ansicht bestehe, dass der Premier und der Sekretär des Auswärtigen „ein Uebereinkommen getroffen oder, um genauer zu sprechen, Versicherungen abgegeben haben, die im Falle eines allgemeinen europäischen Krieges England grosse militärische Verpflichtungen auferlegen würden?", und er stellt fest: „ein weitverbreiteter Glaube herrscht, Grossbritannien sei eine Verpflichtung eingegangen — keine vertragliche Verpflichtung, sondern eine Verpflichtung, die aus einer vom Ministerium im Verlaufe von diplomatischen Verhandlungen abgegebenen Zusicherung entstanden ist — eine sehr grosse Truppenmacht ausser Landes zu schicken, um in Europa zu operieren. Dies ist der allgemeine Glaube."

Darauf Asquith: „Ich muss sagen (I ought to say), dass es nicht wahr ist." Aehnliche Anfragen dementiert der Premier-Minister im Parlament in ähnlicher Weise am 24. März 1913, 28. April 1914 und 11. Juni 1914. —

Lasst uns diese Aufstellung untersuchen.

Im Frühjahr 1906 unternimmt der mit unseren auswärtigen Angelegenheiten betraute Minister im Einverständnis mit dreien seiner Kollegen einen Schritt, der die Nation in eine Frage von Leben und Tod verwickelt. Er ermächtigt die Heeres- und Marine-Sachverständigen Englands, für den Fall eines europäischen Krieges einen Feldzugsplan mit den entsprechenden Sachverständigen einer Macht auszuarbeiten, die einen Teil jener zwei grossen, Europa trennenden Nebenbuhler-Gruppen bildet. Er hebt dabei hervor, dass er die

---

[1]) Sir E. Grey am 3. August 1914 im Unterhaus.

Regierung, zu deren wichtigstem Gliede er neben dem Premier-Minister gehört, nicht dazu verpflichtet, in solch einem Kriege auf Seite der Macht zu treten, mit deren Heeres- und Marine-Sachverständigen diejenigen seines Landes in Zukunft zusammenarbeiten, und welche Macht selbst wiederum durch ein militärisches Bündnis an eine andere Grossmacht gebunden ist. Dies ist d e m W o r t e n a c h w a h r, da kein geschriebener Vertrag darüber besteht. Aber die blosse Wiedergabe der Tatsachen in einer anderen als der Diplomaten-Sprache zeigt, dass der damals gemachte (und sechs Jahre später schriftlich wiederholte) Vorbehalt der Natur des Falles gemäss prekär ist und dies um so mehr werden muss, je länger die Zusammenarbeit dauert. Das wird sogleich bei Prüfung der Umstände offenbar.

Dass eine solche Ermächtigung gegeben wurde, stellt eine ungeschriebene Verpflichtung moralischer, materieller und tatsächlicher Art dar, welche die Person des betreffenden Ministers und der Kollegen, die er um Rat frägt, einbezieht. Von da an ist der gesamte Kriegsmechanismus der beiden Mächte ineinander verkettet: unter den einflussreichen nationalen Elementen, die auf beiden Seiten des Kanals mit den kriegerischen Beschäftigungen zu tun haben, wird eine Gemeinsamkeit der Berufs-Interessen und -Gedanken erzeugt. Diese Elemente sind notwendigerweise selber enger mit den an der Herstellung von Kriegsmaterial interessierten Organisationen verbunden. Zwischen diesen und der Welt der Politik, der Presse und Finanz laufen Hunderte von Fäden. Schon die Zeit allein muss das auf diese Weise ursprünglich geschaffene Band allmählich kräftigen. Die Zeit wird der ungeschriebenen Verpflichtung durch die Beeinflussung politischer Ereignisse weitere Macht verleihen; und sie wird die verantwortlichen Minister immer tiefer in die logische Entwicklung ihrer Anfangs-Handlung führen, falls die von ihnen in Betracht gezogenen Ereignisse wirklich eintreten. Ausserdem werden gegenwärtige Vorfälle gezwungenermassen von dem Bestehen dieser geheimen und ungeschriebenen Verpflichtung beeinflusst. Ihr Bestehen wird und muss jene Vorfälle bewusst oder unbewusst formen und ihnen eine besondere Tendenz und Richtung geben. All dies in Frage zu stellen, ist doch gewiss kindisch? Wir wissen, dass das Bestehen der ungeschriebenen Verpflichtung diese Wirkungen hatte, und zwar aus dem Munde des in der Hauptsache dafür verantwortlichen Ministers.

Acht Jahre später, am 3. August 1914, sollte Sir E. Grey der Nation die wirksame Macht der ungeschriebenen Verpflichtung in moralischer wie materieller Hinsicht vollständig klar machen. In der Tat erklärte er dem Unterhaus, dass uns ihr Bestehen, obwohl es dem Hause bis zu diesem Augenblick unbekannt geblieben, nach seiner Meinung moralisch zur Unterstützung der Franzosen verpflichtet habe. Und er erklärte dem Hause weiter, dass k r a f t d i e s e r u n g e - s c h r i e b e n e n V e r p f l i c h t u n g F r a n k r e i c h g e m ä s s s e i n e m p a r t i e l l e n A n t e i l a n d e m g e b i l l i g t e n F e l d z u g s p l a n seine Flotte im Mittelländischen Meere vereinigt und seine West- und Nord-Küste unverteidigt und ganz der Gnade der deutschen Flotte ausgeliefert habe[1]).

Wir wollen unsere Untersuchung einen Schritt fortsetzen.

Auf die Krise von 1906 folgen unruhige Jahre. Das zwischen Grossbritannien und Deutschland herrschende böse Blut wird ein stets drohenderes Vorzeichen am Horizont. Zwei Bemühungen der beiden Länder, ihre gegenseitigen Beziehungen zu regeln, scheitern. Die bestehende Verbitterung wird durch

---

[1]) Es ist erstaunlich, dass der Argwohn des Hauses nicht früher im Jahr erwachte, als Churchill seinen Flotten-Etat einbrachte und seine Angaben über das Mittelländische Meer machte. Die dortige Verringerung der Flotte wurde von den Unionisten bekämpft und eine Interpellation über die politische und strategische Lage im Mittelländischen Meere eingebracht. Bei dieser Gelegenheit sagte Sir E. Grey in einer Rede, „er werde sehr leicht über die Frage der Flottenstärke im Mittelländischen Meere hinweggleiten", und meinte, die angegriffene Politik „könne nicht wohl so bezeichnet werden, als gäbe sie das Mittelländische Meer auf". Dass solch eine Neu-Ordnung das Ergebnis irgend eines strategischen quid pro quo mit Frankreich sein musste, scheint niemand ausser Lord Charles Beresford erkannt zu haben. Er bemerkte in der Tat: „Die Franzosen sollen nach unseren ungeheuren Interessen im Mittelländischen Meere sehen, weil wir dort keine Flotte unterhalten können. Was werden w i r also für Frankreich tun? Es mag sehr unangenehm sein, aber wir sind diesen Ententen und Bündnissen unterworfen." Doch anscheinend achtete das Haus nicht darauf.

eine Flotten-Panik verschärft, die von interessierten Kreisen Englands auf eine, wie schliesslich durchsickert, ungenaue Information hin inszeniert wird. Die reaktionäre Presse spielt auf beiden Seiten ihre unheilvolle Rolle. Ernster als alles andere — vom Gesichtspunkt der in dem ungeschriebenen Vertrag eingegangenen Verpflichtungen aus — ziehen sich die Marokko-Wolken immer finsterer zusammen. In Frankreich folgt ein Kabinett dem anderen, und jedes neue Ministerium sieht seine Fähigkeit immer schwächer werden, die Militaristen und Kolonie-Chauvinisten, die sich über der Asche der Algeciras-Akte die Eroberung Marokkos in den Kopf gesetzt haben, in Schach zu halten. Umsonst erklärt die, wie unser Parlament von den Geheim-Klauseln der englisch-französisch-spanischen Verträge in Unkenntnis gelassene französische Kammer wiederholt ihre Absicht, die Unabhängigkeit und Integrität Marokkos zu wahren. Während die Kammer redet, handeln die Militaristen. Deutschland schaut mit wachsender Ungeduld zu, da die mit dem einen französischen Kabinett begonnenen Verhandlungen durch ein anderes wieder abgeschnitten werden.

Und die ganze Zeit über führen ohne Wissen des Kabinetts, ohne Wissen des Parlaments, ohne Wissen der Nation englische und französische Armee- und Marine-Sachverständige ihre Aufträge aus und besprechen und vereinbaren in hingegebenem Eifer alle die wichtigeren Aufgaben der Strategie und jede Einzelheit der Organisation bezüglich eines, gegen einen gemeinsamen mächtigen Feind gemeinsam geführten Krieges.

Und jetzt bricht der Sturm los. Die Algeciras-Akte ist in den Augen aller nur ein „Fetzen Papier" geworden. Die Geheim-Verträge tragen, obschon ihre Existenz noch nicht enthüllt ist, ihre Früchte. Deutschland haut seine Faust auf den diplomatischen Tisch. Auf Ersuchen des Auswärtigen Amtes drückt der populärste Minister des Kabinetts in diplomatischer Sprache Worte nackter Drohung gegen Deutschland aus.

Eine lange schwälende Feindschaft ist aufgeflammt. Gross-britannien und Deutschland befinden sich auf der Schneide eines offenen Bruches. Diesmal noch zieht der Sturm vor-über, und während er vorüberzieht, werden englische politi-sche Kreise von einer Art Bestürzung über die Unmittelbar-keit der Gefahr erfasst. Noch einmal werden Unterhandlun-gen versucht, um zu einem modus vivendi zu gelangen. Sie scheitern wiederum. —

Wir wollen jetzt die Lage der damaligen Zeit (Som-mer 1912) nach dem Fehlschlag der anglo-deutschen Verhand-lungen betrachten, die auf die französisch-deutsche Verein-barung über Marokko folgten.[1])

Wir wollen die Lage vom Gesichtspunkt der furcht-baren Ungerechtigkeit und Gefahren aus betrachten, die dem britischen Volke durch das System auferlegt wurden, unter dem seine auswärtigen Beziehungen gehandhabt werden. Drei Mitglieder des Kabinetts[2]) haben Heeres- und Marine-Beratungen gebilligt, die auf der Annahme beruhen, dass in einem allgemeinen europäischen Kriege die Truppen der Krone zu Lande und zu Wasser mit einer der kontinentalen Grup-pen, deren Nebenbuhlerschaft Europa ständig unter Waffen hält, zusammenarbeiten werden. Ich sage wohlüberlegt: mit einer der beiden G r u p p e n; denn Zusammenarbeit mit Frankreich muss Zusammenarbeit mit dessen Teilhaber Russ-land bedeuten und verwickelt uns daher auch in Verpflich-tungen gegen Russland. Offenbar haben diese Beratungen der beiderseitigen verantwortlichen Sachverständigen zur An-nahme strategischer Massnahmen geführt, dazu bestimmt, den Beratungen praktische Wirksamkeit zu geben; sonst wären sie ja eine reine Posse gewesen[3]). Hier ist nun wirklich ein bestimmter Faktor in die Erscheinung getreten, der not-wendigerweise einen beherrschenden Einfluss auf unsere ge-samten internationalen Beziehungen ausüben musste. Er be-

---

[1]) Der Fehlschlag wurde d a m a l s nicht zugegeben, im Gegenteil (siehe nächstes Kapitel).
[2]) Sir H. C. Bannermann war inzwischen gestorben (D. Uebers).
[3]) Siehe 17. Kapitel (D. Uebers.).

deutet unsererseits eine endgültige Vorbereitung auf den Krieg. Im Sommer 1911 wird seine Bedeutung durch die Tatsache verzehnfacht, dass unsere Diplomatie offen die Partei derjenigen Macht nimmt, mit der wir die beruflichen Beratungen gepflogen haben, und sogar bis zu einer verschleierten Kriegsdrohung an den Rivalen dieser Macht geht, falls der Streit mit gezogenen Schwertern enden sollte. Aber bis zu diesem Ereignis, also bis zum Sommer 1911, haben die drei verantwortlichen Minister diesen verhängnisvollen Schritt nicht nur vor dem Parlament, sondern auch vor ihren Kabinetts-Kollegen verborgen gehalten. Was war die Folge davon? Dass andere Mitglieder des Kabinetts während des von diesen Beratungen ausgefüllten Zeitraumes Reden im Lande hielten, welche die Nation glauben machen mussten, dass ihre Beziehungen zu Deutschland nicht wirklich gefährdet sind, da sie doch tatsächlich im Falle eines europäischen Krieges im voraus und in Wahrheit rettungslos kompromittiert waren und die Teilnahme Englands an solch einem Krieg, wenn nicht ein Wunder geschah, ein im voraus feststehender Beschluss geworden war. Man hat den anderen Mitgliedern des Kabinetts nicht nur in dieser optimistischen Weise zu sprechen erlaubt, sondern ihre drei Kollegen haben selber genau die gleiche Art Reden gehalten.

Am 2. März 1908 hören wir Asquith im Unterhaus feststellen, dass Grossbritannien und Deutschland „einem vollkommenen Einverständnis jedes Jahr näher und näher kommen"; hören wir Churchill behaupten, dass „gar kein wirklicher Grund zu Differenzen zwischen ihnen besteht, dass sie um nichts, um keinen Preis miteinander zu kämpfen, überhaupt keinen Kampfplatz haben"[1]), und Harcourt „im Bewusstsein und mit einem Gefühl tiefer Verantwortlichkeit" erklären, dass ihre Beziehungen, „wirtschaftlich, kolonial, politisch und dynastisch zu keiner Zeit während der letzten

---

[1]) 15. August 1908.

zehn oder fünfzehn Jahre auf einer festeren und freundschaftlicheren Grundlage geruht haben als heute," wir hören ihn
diejenigen, die Zwietracht zwischen ihnen zu säen trachten,
als „Schleichdiebe der Politik und Feinde der Menschheit,"
als „Paria-Köter, welche die Hütte, in der sie leben, be-
schmutzen", an den Pranger stellen[1]). Noch interessanter
ist, dass wir Lloyd George entdecken, wie er Deutschlands
heikle strategische Lage in Europa betont und die damit zu-
sammenhängenden Besorgnisse Deutschlands und die Notwendigkeit erklärt, dass es seine Armee vermehre und ver-
vollkommne; er bezeichnet also das als natürlich, richtig und
passend für Deutschland, dessen er selbst es sechs Jahre
später, nachdem es all dies getan, anklagt. Im Jahre 1909
drücken sich Sir Rufus Isaacs, Churchill, Robertson, Oberst
Seely, Birrell und Lord Haldane alle in ähnlichem Sinne
aus. Lord Haldane versichert, dass er viele Freunde in
Deutschland hat und dass die Deutschen arg missverstanden
werden.[2]) Churchill erklärt mit grösstem Nachdruck, zwischen den beiden Ländern bestünden „keine Rassen-, territorialen, dynastischen oder religiösen Streitpunkte, wie sie
in der Vergangenheit die Welt verfeindet haben", während
„die Grundlagen des europäischen Friedens jedes Jahr breiter
gelegt werden[3])", und er ruft aus, es sei „ein ungeheuerlicher
Irrtum", von einem grossen Interessen-Gegensatz zwischen
der britischen und deutschen Nation zu sprechen, von „einem
Gegensatz, der nur durch eine höchste Kraftprobe, der uns
die Wogen des Schicksals unwiderstehlich entgegentragen,
entschieden werden kann... Wenn allmählich ein ernstlicher
Gegensatz zwischen den beiden Völkern geschaffen wird, so
würde das nicht auf die Tätigkeit irgendwelcher natürlicher
oder unpersönlicher Mächte zurückzuführen sein, sondern
auf die lasterhaften Umtriebe verhältnismässig weniger In-
dividuen in beiden Ländern und auf die strafbare Leicht-
gläubigkeit breiterer Klassen." — Im Jahre 1910 spielen As-

---

[1]) 2. Oktober 1908.
[2]) 14. Dezember 1909.
[3]) 14. April 1909.

quitli, Lloyd George und Mc Kenna eine Rolle auf den öffentlichen Brettern. Asquith behauptet, „ohne zu zögern", dass keine einzige Macht „ihre Berechnungen auf die Annahme eines zwischen Grossbritannien und Deutschland unvermeidlichen oder auch nur möglichen Krieges" gründe, und dass es auf keinem Fleck des politischen Horizontes „irgend einen mittelbaren oder unmittelbaren Streitpunkt zwischen uns und jener grossen, befreundeten Nation" gibt[1]). Lloyd George verlacht sogar den Gedanken eines „unvermeidlichen" Krieges mit Deutschland.[1]) Mc Kenna macht sich über die Schwarzscher lustig.[2])

Die Nation wurde glauben gemacht, dass ein anglo-deutscher Zusammenstoss undenkbar sei: und dieweil bereiten sich die Heeres- und Marine-Sachverständigen im Stillen mit ihren französischen Kollegen auf eben dies Ereignis vor. Die Nation liess sich von weiteren militärischen Ausgaben abhalten, und zwar nicht bloss von den nicht eingeweihten Kabinetts-Mitgliedern, was an sich natürlich genug ist, sondern auch, so unglaubhaft es klingen mag, von den Ministern, welche die geheimen Beratungen gebilligt hatten.

In eben dem Augenblick, in dem diese Beratungen beginnen, sehen wir den damaligen Kriegsminister Lord Haldane Massnahmen zur Verringerung der Heeresausgaben treffen. [Es folgen Aeusserungen verschiedener Männer über Einschränkungen im Heeres-Etat. Der Uebers.] ...Im Jahre 1910 ging Lord Haldane so weit, zu erklären: „In der Verteidigung zu Wasser und zu Lande sind wir voll und ganz gerüstet, um allen Ereignissen und Lagen gewachsen zu sein. Wer das bestreitet, ist ein höchst unvernünftiger Pessimist und sieht Gespenster."[3]) Diese Worte äussert ein Minister in Kenntnis der Tatsache, dass ein entscheidender Schritt auf dem Wege gemacht worden ist, England mit einer Expeditions-Armee von weniger als 200 000 Mann an einem Landkrieg gegen einen Staat teilnehmen zu lassen, von dem

---

[1]) 6. Januar 1910.
[2]) 20. Oktober 1910.
[3]) 28. Dezember 1910.

d a m a l s vollkommen bekannt war, dass er von allen Kon-
tinental-Mächten am furchtbarsten für den Krieg gerüstet und
organisiert ist, fähig, mehrere Millionen Mann ins Feld zu
stellen. —

So liess man in den fünf Jahren 1906—1911 das Volk
in einem Narren-Paradies leben, nicht weil die Minister,
wie sie seitdem glauben machen wollen, mitsamt der Nation
unschuldige Opfer der machiavellistischen List Deutschlands
waren, sondern weil einige Minister einen geheimen Kurs
steuerten, der all ihre schönen Worte und die ihrer Kollegen
zu leerem Geschwätz stempelte, einen geheimen Kurs, der
keine Verringerung der Heeres-Ausgaben, wohl aber eine
vollständige Umwälzung im ganzen Charakter der militärischen Strategie des Reiches und die Einführung der allgemeinen Wehrpflicht verlangte.

3. Kapitel.

Der Verrat an der (englischen) Nation 1912—1914.

Aus dem „Spectator" vom Dezember 1914 (einem hier nicht
wiedergegebenen Kapitel von „Truth and the War" entnommen):
„Falls Deutschland versucht hätte, Frankreich auf direktem Wege
statt über Belgien anzugreifen, wären wir doch tief verpflichtet
gewesen, Frankreich und Russland beizustehen. Es nützt nichts,
zu behaupten, dass wir uns nach Belieben und frei entscheiden
konnten ... Unser ganzes Verhalten gegen Frankreich; unser Einverständnis mit seiner politischen Richtung; unsere militärischen
Besprechungen mit seinem Generalstab; unsere endgültige Ver-
quickung mit den Unternehmungen seines Auswärtigen Amtes — all
das hatte uns der Sache Frankreichs so klar überliefert, als wäre
ein festes Bündnis zwischen uns geschlossen gewesen. Und was
bezüglich unserer Verständigung mit Frankreich wahr ist, ist bezüglich unserer Verständigung mit Russland kaum weniger wahr."

„The Candid Quarterly Review", Mai 1915: „Es ist kurz die Geschichte einer alten und besonders dem Kabinett verheimlichten Handlung, die 1906—1911 von den Dreien im Verborgenen unternommen wurde und England 1914 in den unvermeidlichen Krieg führte. Die Drei hatten sich während all der Jahre für den Krieg vorbereitet, den sie für so wahrscheinlich hielten, dass es eines detaillierten Operationsplanes bedurfte, und dennoch hielten sie die ganze Zeit über alles vor ihren vertrauten Kabinetts-Kollegen geheim. Die erschreckende Bedeutung der Geschichte liegt in dem erbrachten Beweis, dass wir unter einem politischen System leben, das die grösste aller Fragen den vollkommen unkontrollierten, Händen von einem, zwei oder drei Männern belässt, die insgeheim vorgehen, ohne dass ihre Handlungsweise einem derjenigen, deren Schultern die eigentliche Last tragen müssen, oder einem ihrer vertrautesten und ihnen vertrauenden Kollegen bekannt wäre. An Stelle der Weisheit vieler haben wir die Verschwörung der Wenigen gesetzt."

Lloyd George in einem Gespräch mit dem Herausgeber des „Il Secolo", 29. Januar 1916: „Wir alle wurden vollkommen unvorbereitet überrascht."

*　　*　　*

So weit diese schreckliche Geschichte, denn die Nachwelt wird sie schrecklich nennen. Doch es gibt noch viel darin aufzuklären, was ich in diesem Kapitel versuchen werde.

Zwei bemerkenswerte Ereignisse drückten dem Jahre 1912 ihren Stempel auf. Die öffentliche Meinung in Grossbritannien (und in Deutschland) hatte den unzweideutigen Beweis ihres Wunsches geliefert, den Riss zu heilen. Dieser Wunsch war unter den politischen Anhängern des Ministeriums gross und er wurde nachdrücklich geäussert; auch unter der Opposition fehlte es nicht an solchen Stimmen. Auf beiden Seiten der Nordsee wurden gerade um diese Zeit unoffizielle Gesellschaften ins Leben gerufen, die Aussöhnung und Verständigung zum Ziele hatten. Die Regierung schickte Lord Haldane nach Berlin. Es war eine unglückliche Wahl, obwohl sie damals von der öffentlichen Meinung — in Unkenntnis der ungeschriebenen Verpflichtung — als besonders glücklich betrachtet wurde. Denn Lord Haldane war dem Kaiser und den führenden Staatsmännern Deutschlands wohl bekannt, aber er war einer des, für den ungeschriebenen Vertrag verantwortlichen Triumvirats und er stand ausserdem an der Spitze der, die Ausführung des Vertrags überwachenden Abteilung: er stand also an der Spitze der Abteilung, die mit der entsprechenden Abteilung in Frankreich für den Fall eines europäischen Krieges einen gemeinsamen Aktionsplan ausarbeitete, und zwar einen Aktionsplan gegen Deutschland, mit dem Lord Haldane unterhandeln wollte. Und die entsprechende Abteilung in Frankreich arbeitete an dem gleichen Plane mit der betreffenden Abteilung in Russland — dessen hypothetische Absichten in diesem Augenblick Deutschland allgemein Furcht und Argwohn einflössten. Kein in einer solch falschen Lage befindlicher Minister hätte es fertig gebracht, die Kluft der englisch-deutschen Missverständnisse erfolgreich zu überbrücken. Die Oeffentlichkeit aber wusste nichts von all dem. Und bei der Rückkehr Lord Haldanes betrog man das Volk wiederum. Man machte ihm glauben, Lord Haldane habe den Weg geebnet und eine dauernde Besserung erzielt, während der Glättungs-Prozess wegen der ungeschriebenen Verpflichtung doch nur oberflächlich und vorübergehend sein konnte. Dennoch wurde nach Möglichkeit der Glaube verbreitet, Lord Haldanes Mission sei höchst erfolgreich gewesen. Dessen eigene blühende Bezugnahmen darauf können im Hinblick auf des Premier-Ministers klare und nachdrückliche Aeusserung ausser acht gelassen werden.

Asquith sagte am 25. Juli 1912 im Unterhaus: „Unsere Beziehungen mit dem grossen Deutschen Reich sind, wie ich mich freue, es sagen zu können, in diesem Augenblick die der Freundschaft und des Wohlwollens, u n d s i e w e r -d e n d i e s, i c h f ü h l e m i c h d e s s e n s i c h e r, w a h r -s c h e i n l i c h b l e i b e n. Lord Haldane machte anfangs dieses Jahres einen Besuch in Berlin; er ging auf Unterhaltungen und einen Meinungs-Austausch ein, die seither beiderseits in einem Geist vollkommener Offenheit und Freundschaft fortgesetzt wurden."

So Asquith 1912 über die Unterhandlungen Haldanes. Nun höre man Asquith über diese gleichen Unterhandlungen zwei Jahre später (3. Oktober 1914): „Sie (die deutsche Regierung) wollte uns absolut zur Neutralität verpflichten, falls Deutschland in einen Krieg verwickelt würde, und dies, beachten Sie es wohl!, zu einer Zeit, da Deutschland sowohl seine Angriffs- wie seine Verteidigungs-Mittel, und besonders die zur See, ungeheuer vermehrte. Deutschland bat uns — um es ganz offen zu sagen — es bat uns, so weit wir in Betracht kämen, um freie Hand, falls und wann es die Gelegenheit ergriffe, die europäische Welt zu überwältigen und zu beherrschen."

Im Jahre 1912 schickt also der Erste Minister Grossbritanniens einen seiner vertrautesten Kollegen auf eine heikle Mission zum Herrscher und zur Regierung eines der mächtigsten Staaten der Christenheit, eines mit dem unsern durch Bande königlichen Blutes und durch Jahrhunderte der Zusammenarbeit verbundenen Staates, aber über dessen Verhältnis zu uns kürzlich ein unheilvoller Schatten des Misstrauens und Argwohns gefallen war. Diese Mission ist für die beiden Völker von ungeheurer Bedeutung. Denn hält man sich die Ereignisse des vorhergegangenen Jahres und die allgemeine Lage Europas vor Augen, so bildet diese Mission den Prüfstein der Zukunft. Im Falle des Gelingens können beide Nationen wieder frei atmen; scheitert sie, dann sieht sich England einer der schwersten Krisen seiner Geschichte gegenüber. Selbst „der Mann auf der Strasse" fühlt dies dunkel. Dem Ersten Minister Grossbritanniens, der weiss, wie sehr die Nation in den Banden einer Ehren-Verpflichtung gegen die mächtigen Feinde desjenigen Staates gefesselt liegt, zu dem dieser vertrauliche Bote gesandt wird, muss es in scharfer Weise klar sein, was alles von der Mission abhängt. Der Bote kehrt zurück, und die von ihm eingeleiteten Verhandlungen werden darauf fortgesetzt. Die öffentliche Meinung durchschwirren widerspruchsvolle Gerüchte. Endlich hält der Premier-Minister die Zeit der Aufklärung für gekommen. Er benachrichtigt das Parlament feierlich, dass die Unterhandlungen beiderseits durchaus „einen Geist vollkommener Offenheit und Freundschaft" atmeten, und dass die Beziehungen zu unserem mächtigen Nachbarn um diese Zeit nicht bloss ausgezeichnet sind, sondern dies, wie er sich dessen sicher fühlt, wahrscheinlich bleiben werden... Zwei Jahre vergehen. Das britische und deutsche Volk bekriegen sich zum ersten Male seit tausend Jahren. Und wie betrachtet der Premier-Minister Grossbritanniens jetzt die Vorgänge, die er vordem in der angegebenen Weise geschildert hat? Er versichert nun empört, dass sie einen Versuch der deutschen Regierung offenbarten, Grossbritannien eine schmachvolle Neutralität aufzuerlegen. Die „vollkommene Offenheit und Freundschaft" haben sich in eine Art bramarbasierender Erpressung verwandelt. Jener Staat, mit dem wir, nach der Versicherung Asquiths, wahrscheinlich weiterhin „Beziehungen der Freundschaft und des Wohlwollens" aufrecht erhalten werden, hatte uns trotzdem mit einem ebenso unbedachtsamen wie brutalen Zynismus klar gemacht, dass er sich zur gegebenen Zeit vornehme, „die europäische Welt zu beherrschen".

Ein Kommentar wäre überflüssig. —

Ob Asquiths zweite — im Mai 1916 von Sir E. Grey kräftig unterstrichene — Darstellung die damalige Haltung Deutschlands offen, aufrichtig und genau schildert: über diese Frage müssen die Forscher der englischen und deutschen Darstellungen ihr eigenes Urteil fällen. Lowes Dickinson hat die Sache mit viel Einsicht und Scharfsinn in diese Worte gefasst:[1]) „Der Dreibund stand der Triple-Entente gegenüber. Auf beiden Seiten herrschten Furcht und Argwohn. Jeder glaubte an die Möglichkeit, dass ihn der andere mit Krieg überfallen werde. Jeder verdächtigte den andern, er wolle ihn in eine falsche Sicherheit einschläfern und ihn dann un-

---

[1]) „Die europäische Anarchie".

versehens angreifen. Welche Hoffnung auf erfolgreiche Unterhandlungen konnte in solch einer Atmosphäre aufkeimen? Dazu fehlte die wesentlichste Bedingung — das gegenseitige Vertrauen. Was finden wir also demgemäss? Zuerst erklären sich die Deutschen bereit, ihr Flotten-Programm einzuschränken, wenn England unbedingte Neutralität verspricht; dann nachdem dies abgelehnt, wenn England in einem Deutschland „aufgezwungenen" Kriege Neutralität verspricht. Darin wittert das englische Auswärtige Amt eine Falle. Deutschland möchte Oesterreich zur Provozierung eines Krieges bringen und würde die Sache so darstellen, als wäre der Krieg von Russland heraufbeschworen; es wird dann seinem Bündnis mit Oesterreich getreu auch eingreifen, Frankreich niederwerfen und verlangen, dass England unter dem Neutralitäts-Abkommen untätig zusähe. „Nein, danke schön!" Sir E. Grey macht daher einen Gegenvorschlag. England wird weder einen unprovozierten Angriff auf Deutschland unternehmen, noch sich an einem solchen beteiligen. Diesmal will der deutsche Kanzler nicht recht anbeissen. „Unprovoziert! Hm! Was heisst das? Angenommen, Russland überzieht Oesterreich mit Krieg, während es Oesterreich als Angreifer hinstellt. Frankreich tritt auf die Seite Russlands. Und England? Wird es zugeben, dass der Krieg „unprovoziert" war, und neutral bleiben? Doch wohl kaum, denke ich!" Der Kanzler frägt daher: „England wird natürlich neutral bleiben, falls der Krieg Deutschland aufgezwungen ist? Das ist doch die Folgerung, wie ich vermute?" „Nein!" aus dem britischen Auswärtigen Amt. Grund wie zuvor. Und die Verhandlungen scheitern. Wie sollten sie es unter diesen Bedingungen nicht? Es konnte zu gar keiner Verständigung kommen, weil das Vertrauen fehlte. Es konnte kein Vertrauen geben, weil gegenseitige Furcht herrschte. Diese herrschte, weil der Dreibund der Triple-Entente in Waffen gegenüberstand. Wer, was war schuld? Deutschland? England? Nein! Die europäische Tradition und das System."

Ein vortrefflicher Abschnitt; er macht der kühl abwägenden Urteilskraft und dem gesunden Geiste Ehre, die sich einer unserer wenigen ausgezeichneten Intellektuellen in dem allgemeinen Verfall bewahrt hat.

Ich kann die Sätze aber nicht vollständig unterschreiben. Es wäre meines Erachtens genauer gewesen, zu sagen: Der teutonische Verband und der franko-russische Verband standen einander gegenüber — denn der Dreibund war damals schon eine Mythe: Italien hielt sich beiseite und näherte sich reissend schnell dem franko-russischen Verband. Diese beiden Verbände also standen einander gegenüber. Aber wo trat nun England hinzu? Seine Staatsmänner leugneten ab, dass es an den franko-russischen Verband geknüpft sei. Und doch hatte England erst im Jahre vorher klar gemacht, dass es Frankreich — sogar in einem Kriege über Marokko — beistehen werde, einem Streitfall, in dem Deutschlands Sache auf internationalem Recht, die Frankreichs jedoch auf der Verletzung des internationalen Rechts zugunsten französischer Interessen beruhte. Was war die wirkliche Lage? Würde England seine Karten offen auf den Tisch legen? War Englands Unterstützung Frankreichs in der Marokko-Angelegenheit durch die besonderen Umstände des Falles bedingt, oder war seine Unterstützung dauernd und bedingungslos? Würde England seine Absichten zu erkennen geben für den Fall, dass Russland wegen eines Balkan-Zwistes Frankreich, kraft seines Bündnisses mit ihm, in einen Krieg hineinzöge? —

Die Unterhandlungen von 1912 scheiterten und mussten scheitern, nicht weil irgend eine Partei den Krieg wollte, sondern weil die Verpflichtungen zwar auf der einen Seite zugegeben, auf der andern aber verheimlicht wurden. Der Hauptgrund des Scheiterns bestand nicht auf einem Mangel an gutem Willen, sondern auf der Unmöglichkeit, in der sich die britischen, die Verhandlungen leitenden Minister befanden, eine Formel der Neutralität zu ersinnen, die mit den eingegangenen Verpflichtungen in Einklang gebracht werden konnte. Es ist eine nackte Tatsache, dass die englische Neutralität für den Fall eines Krieges zwischen dem teutonischen und dem franko-russischen Verband moralisch verhandelt worden war. Für diesen einzig in Frage kommenden Fall war die britische Neutralität zur Zeit der Verhandlungen schon eine nicht mehr vorhandene Quantität. Sie war, moralisch gesprochen, mit Beginn der geheimen anglo-französischen Heeres- und Marine-Beratungen im Frühjahr 1906 verschwunden. Sie war in esse verschwunden, als die britische Regierung auf Grund jener von 1906 an fortgesetzten Beratungen und auf Grund der dadurch auferlegten zunehmenden moralischen Verpflichtungen im Sommer 1911 durch Lloyd George und die „Times" ihre Absicht verkündete, Frankreich, das die Algeciras-Akte mit Füssen trat, materielle Hilfe zu leisten. Mit dieser ihre Erwägungen verdunkelnden Tatsache trafen sich die Unterhändler. Unter solchen Umständen waren die Verhandlungen im Voraus zur Unfruchtbarkeit verurteilt. England glitt ahnungslos und rasend schnell in einen gewaltigen Landkrieg, für den die Minister keine angemessenen Vorbereitungen treffen konnten, ohne das Volk von dem, was sie getan, zu unterrichten und die Lage erkennen zu geben, in die das Land manöveriert worden war. Das wagten sie nicht zu tun, denn es hätte die liberale Partei von oben bis unten zerrissen und alle Minister wahrscheinlich in die Wüste geschickt. Ohne Zweifel glaubten sie ehrlich, solch ein Doppel-Ereignis würde schlimm für das Land sein. Aber in jeder, von ihnen seither erhobenen Anklage gegen die Vorkriegsrüstungen der deutschen Regierung verurteilen sie sich selbst, sowie das System, dem sie angehören. D e n n s i e w u s s t e n u m d i e s e R ü s t u n g e n. Sie kannten ihre Wirksamkeit, ihren Umfang, ihre Gründlichkeit. Sie verkündeten ihre Kenntnis. —

Hat nicht z. B. Lord Haldane gelegentlich von „dem grossen Vorteil" gesprochen, der ihm durch häufige Besuche Berlins und dadurch zuteil geworden, dass er „dort das deutsche Kriegsministerium und das deutsche Armee-System studieren" konnte? Drückte er nicht seine Dankbarkeit aus für die ihm bereitwillig gewährten Gelegenheiten zum Studium „dieses wundervollen, auf die Tage Moltkes und Bismarcks zurückführenden Systems, mit seinen Lehren klaren

'Denkens und seiner Unterweisung, wie Wirksamkeit in der Organisation zu erzielen ist"?

Ueberdies bezeugten Minister, sogar bis zum Vorabend des Krieges, die Unvermeidbarkeit dieser Rüstungen und ihre Berechtigung. Hat nicht z. B. Lloyd George am 1. Januar 1914 einer Londoner Zeitung also sein Herz ausgeschüttet?: „Das deutsche Heer ist nicht nur für das Bestehen des Deutschen Reiches, sondern auch für das Leben und die Unabhängigkeit der Nation selbst von allergrösster Bedeutung, da Deutschland von anderen Staaten umringt ist, deren jeder eine, der deutschen beinahe ebenbürtige Armee besitzt."

Hat er nicht, wie er das schon 1908 getan, dargelegt, dass Deutschland infolge seiner geographischen und strategischen Lage genötigt sei, der starke Mann in Waffen zu sein? Hat er nicht hervorgehoben, dass, während wir für unsere eigene nationale Sicherheit eine 60prozentige Flotten-Uebermacht forderten, Deutschland kein auch nur entfernt ähnliches militärisches Uebergewicht über Frankreich allein habe? Und hat er nicht Grossbritannien daran erinnert, dass Deutschland „ausserdem natürlich noch mit Russland an seiner Ostgrenze zu rechnen habe"? Hat er nicht Deutschlands ungeheure Heeresverstärkungen angesichts der „jüngsten Vorkommnisse" (wachsende Spannung zwischen Oesterreich und Russland wegen des Balkan) als berechtigt anerkannt und sie als natürlich und unvermeidlich verteidigt? —

In ähnlicher Weise verurteilen sich Minister selber, wenn sie zur Verschleierung ihres eigenen Verhaltens gegen die Nation die Legende eines Deutschland verbreiten, das gierig auf die „Unterjochung Europas" ausgeht und vierzig Jahre lang auf dies Ziel hingearbeitet hat — eine Darstellung, die zu jeder Zeit ausser der Gegenwart genügt hätte, seinen Urheber für ein Irrenhaus reif zu erklären. Wenn dies das Deutschland war, das Lord Haldane in seine Karten schauen liess, warum war dann Asquith 1912 so zuversichtlich, dass man mit einem solch verabscheuungswürdigen Nachbarn in Beziehungen der Freundschaft und des Wohlwollens verbleiben werde?

Schon bei früheren Gelegenheiten haben andere Minister — mit mehr Berechtigung vielleicht — diese Art Gewand, das ihre Misserfolge und Inkonsequenzen verhüllen soll, bis zur Fadenscheinigkeit aufgetragen. Wurde nicht der Krim-Krieg Russlands Streben nach einer „Weltherrschaft", seiner „anmassenden Haltung", der in Russland bestehenden „bedrohlichen Militär-Autokratie" zugeschrieben?[1]) Wurde Russland damals nicht als eine Macht verschrien, „welche die Treue der Verträge gebrochen hat und die Meinung der zivilisierten Welt missachtet?"[2]) Aber die Völker haben all dies 1854 geschluckt, wie sie heut alles schlucken. Denn anscheinend bleibt sich die Kriegs-Psychose stets gleich.

Es gab damals Russen (wie es deren jetzt gibt), die unvernünftig bramarbasierten, indem sie die Ergüsse Peters des Grossen auf ihre Weise nachschwälzten. Es gab Deutsche (und gibt ihrer heute = 1916), die in gleicher Weise faselten. Derartiges kann immer mit Leichtigkeit aus der chauvinistischen Literatur einer jeden Nation ausgewählt werden, um die Massen mit einer fixen Idee zu hypnotisieren. Doch niemals zuvor wurde dieser Kunstgriff so systematisch mit der Zustimmung jener angewendet, für deren politische Rettung die Verankerung dieser Legende in der öffentlichen Meinung von wesentlicher Bedeutung ist. Niemals vorher hat sich eine Beamtenschaft zu solch grotesker Geschichts-Fälschung erniedrigt, um ihre eigenen Geschichtstafeln zu reinigen. Niemals zuvor liess man ein paar von einer Handvoll Jingoes geschriebener Bücher, die in Feindesland kaum gelesen waren, derart in billigen Ausgaben auf die Buchhandlungen niederregnen, um zu beweisen, dass ein Volk, dessen Blut unsere eigenen Einrichtungen befruchtet, das uns unser jetziges Herrscherhaus und viele jener Männer gegeben hat, die am hervorragendsten am Aufbau unseres eigenen Reiches beteiligt waren, dass dies Volk faul bis ins Mark ist. Niemals vorher ist, wenigstens in England, die Einimpfung des Hasses, die

---

[1]) „The Life of Granville". Lord E. Fitzmaurice.
[2]) Königliche Erklärung vom 28. März 1854.

öffentliche Verbreitung brutaler Handlungen einer verrückt gewordenen Soldateska, die Aufpeitschung der Leidenschaften der Rache und Unvernunft unter Mithilfe der Regierung so als eine schöne Kunst gepflegt worden. Niemals zuvor haben unsere führenden Männer ihren Schutz solch einer niedrigen Litanei gegen einen Feind geliehen, der zwar viele Brutalitäten begangen hat, dem aber unsere Soldaten wenigstens nicht die Eigenschaft der Tapferkeit oder die Ausübung vieler Handlungen der Güte und Ritterlichkeit absprechen. Niemals vorher haben sich unsere Zeitungen — wieder unter Ermutigung von oben — zu einer solch gehässigen Begeiferung eines Monarchen erniedrigt, dessen Fehler ohne Zweifel in die Augen springen, der aber, wie die herrschenden Klassen aller Länder Europas, und nicht zum wenigsten unseres eigenen Landes sehr wohl wissen, während des grössten Teiles seiner Regierung als ein Bollwerk des europäischen Friedens hervorragte, eines Monarchen, der, wenn er gewollt hätte, mehr als ein halbes Dutzend Mal in den vergangenen Jahren einen Krieg, und zwar einen vom militärischen Gesichtspunkt aus erfolgreichen Krieg hätte entfesseln können. Wir pflegten stolz darauf zu sein, über derlei Dingen zu stehen.

Die aber gegen diese Verirrungen, die uns unter allen neutralen Völkern unschätzbaren Schaden zugefügt haben, Verwahrung einlegen, werden als „unpatriotisch" gebrandmarkt. Unpatriotisch fürwahr!

Es ist „patriotisch", euer Land mit einer militärischen Rüstung, die ausreicht, um mit einigen Tausend südafrikanischer Holländer fertig zu werden, in einen allgemeinen europäischen Krieg zu stürzen, aber es ist unpatriotisch, nach fast zweijähriger Schlächterei und Verwüstung zu empfehlen, dass euer Land mit Ehren dem Gemetzel entzogen werde. —

Es steht also unerschütterlich fest, dass die Unterhandlungen Haldanes im Frühjahr 1912 zwar die allgemeinen atmosphärischen Bedingungen verbesserten, aber den Angelpunkt der Schwierigkeiten zwischen Grossbritannien und Deutschland unberührt liessen, nämlich das wahre Verhältnis der britischen Regierung zum franko-russischen Bündnis. Die Unterhandlungen ebneten den Weg für eine Verständigung in weniger wichtigen Dingen, für die unter günstigeren Bedingungen stattfindende Wiederaufnahme gewisser afrikanischer und asiatischer Probleme, die schon den Gegenstand gemeinsamer Erörterungen gebildet hatten, wie die Zukunft der portugiesischen Besitzungen, die Bagdad-Eisenbahn, die Oel-Felder Mesopotamiens usw. Die Unterhandlungen müssen auch die englisch-deutsche Zusammenarbeit, die sich während der durch den Balkankrieg 1912 hervorgerufenen kritischen Lage geltend machte, sowie die Lösung dieses Konfliktes 1913 in sehr beträchtlichem Masse beeinflusst haben.

Im Grunde jedoch blieb die Lage genau die gleiche, wie sie es seit der ungeschriebenen Verpflichtung im Jahre 1906 gewesen war. Die Gefahren dieser Lage hatten ungeheuer zugenommen. Die Pan-Slawisten, deren Hohepriester auf dem Balkan von Hartwig[1]) und deren treibende Kraft im Hintergrunde Iswolski[2]) war, tobten aus vollem Halse über den angeblichen Mangel an Kraft der russischen amtlichen Diplomatie und erlangten im Rate des Zarenreiches äusserst rasch Geltung. Auf Seiten der Pan-Slawisten standen alle Kräfte der reaktionären Beamtenschaft. Ihre Prototypen in Oesterreich-Ungarn rührten dieselbe Suppe an. Unterstützt wurde deren wachsender Einfluss durch die ununterbrochene, von Belgrad aus geleitete und von Hartwig genährte anti-österreichische Propaganda in Bosnien und durch die fortgesetzten von inoffiziellen russischen Agenten in Galizien gesponnenen Intrigen. All dies war allgemein bekannt. 1912 war eine Explosion dank dem französischen und englischen Drucke auf Russland und dem deutschen Drucke auf Oesterreich verhütet worden. Aber die österreichisch-russischen Beziehungen hatten sich bis zum Zerreissen gespannt. Sie waren der Tücke irgend eines widrigen Zufalles preisgegeben. Und wenn sie rissen, kam die Trennung Europas sogleich ins Spiel —

---

[1]) Russischer Gesandter in Belgrad.
[2]) Der Vorgänger Sasonoffs.

neben Oesterreich stand Deutschland, Frankreich neben Russland: u n d z w i s c h e n F r a n k r e i c h u n d G r o s s b r i t a n n i e n l a g d e r u n g e s c h r i e b e n e V e r t r a g, der, wie es Lord Lansdowne später im Oberhaus beschrieb, „nicht weniger heilige Verpflichtungen auferlegt, weil sie nicht in einem unterzeichneten und gesiegelten Dokument verkörpert sind".[1]

Daher war 1912, oder sogar 1911, Grossbritanniens zweideutige Stellung dem Lande selbst unendlich gefahrvoller als 1906. Und das englische Volk ging, im Glauben, seine Regierung sei frei und ungebunden, fröhlich seinen Geschäften nach. —

Unter diesen Umständen trat der ausgezeichnetste der lebenden britischen Soldaten hervor.[2] Er wusste, dass sein Land, ohne dass diesem es bekannt war, an die Seite des einen der beiden grossen Verbände gefesselt, dass es mit lächerlich unzulänglichen Mitteln moralisch zur Teilnahme an dem fürchterlichsten Landkriege verpflichtet war. Er stürzte sich in hohem Alter in einen öffentlichen Feldzug zugunsten allgemeiner militärischer Ausbildung, wofür er schon mehrere Jahre vorher eingetreten war. Seine Bemühungen scheiterten, wie dies 1912 mit den anglo-deutschen Verhandlungen der Fall war, und zwar im wesentlichen aus den gleichen Gründen: weil die Wahrheit nicht enthüllt werden konnte. Die britischen Ueberlieferungen des öffentlichen Lebens hinderten Lord Roberts zu sagen, was er wusste. Alles, was er tun konnte, war der Versuch, die Gefahr durch die einzigen ihm zu Gebote stehenden Mittel abzuwenden. Dass er dabei von den Militaristen und Jingo-Elementen der Nation unterstützt wurde, war selbstverständlich genug; ebenso, dass er von denen bekämpft wurde, deren Auffassung über die internationalen Pflichten und nationalen Interessen Grossbritanniens sich von der der Jingoes unterschied. Dass er aber von eben den Männern, die das britische Volk insgeheim in eine Lage gebracht hatten, in der die Zukunft von Nation

---

[1] 6. August 1914.
[2] Lord Roberts ist inzwischen gestorben (Der Uebers.).

und Reich ohne Wissen des Volkes und daher ohne ausreichende Vorbereitung in Gefahr stand, dass er von eben diesen Männern nicht bloss bekämpft, sondern sogar angegriffen wurde — das wird sicherlich von künftigen Historikern als einer der erstaunlichsten Vorfälle in unserer nationalen Geschichte betrachtet werden.

Muss ich daran erinnern, wie namentlich Lord Haldane den Feldzug Lord Roberts' im ganzen Lande eifrig bekämpfte, sowohl auf Grund der Politik, d. h. dem Fehlen jeder Notwendigkeit, als auch der Sparsamkeit? Dies wäre unglaublich, wenn es nicht schwarz auf weiss verzeichnet stünde.

Während des ganzen Jahres 1913 und im Frühjahr 1914 „wirbelten die Trommeln von Armageddon immer lauter für einen Kampf, der nicht mehr lange auf sich warten lassen sollte".[1]) Der teutonische Verband und der franko-russische Verband wappneten sich bis an die Zähne, wobei jeder den andern als die Ursache davon anklagte. Der internationale Kriegsrüstungs-Ring, an dem britisches Kapital und viele einflussreiche Personen des englischen amtlichen und höheren beruflichen Lebens beteiligt waren, erzielte ungeheure Gewinne. Unsere Rüstungs-Firmen erzeugten in wahnsinniger Hast und mit erhabener Unparteilichkeit alle Arten von Todes-Maschinen für Freund und Feind zugleich. Die Hetzpresse Deutschlands, Frankreichs, Russlands, Oesterreichs und Grossbritanniens reizte die öffentliche Meinung auf und vergiftete sie — wobei keine eine solch unheilvolle und einflussreiche Rolle spielte wie die Northcliffe-Presse.

Doch in diesem ganzen Zeitraum liess man, während sich die Gewitterwolken zusammenballten, das britische Volk in dem gleichen Narrenparadiese verbleiben, in dem es seit 1906 gelebt hatte. Um diese Zeit waren wir, wie das gut ausgedrückt wurde,[2]) „unlöslich an Frankreich durch zahllose

---

[1]) Aus dem bemerkenswerten Buche Walton Newbolds, „How Europe Armed for War" („Wie sich Europa für den Krieg rüstete"). Es mag besonders jenen empfohlen sein, die Deutschland allein die Schuld an Europas Narrheiten aufbürden.

[2]) „The Candid Review", Mai 1915.

unsichtbare Fäden gefesselt, wie sie Gulliver fesselten, während er im Lande der Zwerge schlummerte". Der Vergleich ist in doppelter Hinsicht vollkommen. Und wie wir an Frankreich gebunden waren, so Frankreich an Russland. In seinem Falle jedoch waren die Fäden nur zu sichtbar. Die Minister aber, die uns so gebunden hatten, ihre Kollegen und die hervorragenden Oppositions-Führer, die bis dahin die Tatsachen kennen mussten, beharrten in ihrem unmoralischen Kurs und verheimlichten dem Lande die Wahrheit.

Minister leugneten im Parlament rund heraus, dass England irgend wie verpflichtet sei.

Sie leugneten es in öffentlichen Reden ab.

Sie betonten, dass unsere Beziehungen zu Deutschland befriedigend und auf dem Wege der Besserung seien.

Sie betonten, dass unsere Armee vollauf genüge, um den Anforderungen unserer auswärtigen Politik und unserer darauf beruhenden nationalen Strategie zu entsprechen.

Und sie drangen — bis zwei Wochen vor Kriegsausbruch — auf eine Herabsetzung der Marine-Ausgaben. —

Dann fiel der Streich. Die Kugel, die dem Leben des Erzherzogs Franz Ferdinand ein Ende machte, drang in das Gebäude ein, das die beiden europäischen Gruppen so lange und so eifrig mit Explosions-Stoffen angefüllt hatten. In diesem Gebäude liessen ein Dutzend Herren mittleren und höheren Alters, halb in blinder Panik und halb in verbrecherischer Geistesverwirrung, die Fackel fallen, die den Leichen-Scheiterhaufen der Jugend Europas in Brand steckte.

Aber die von den a n d e r n regierten Völker standen wenigstens in Waffen bereit. Unser Volk nicht.

Die Nemesis ihrer eigenen heimlichen Taten hielten unsere Minister an der Kehle gepackt. Sie lähmte ihre aufrichtigen und verzweifelten Anstrengungen zur Erhaltung des

Friedens.[1]) Sie säte Zwietracht unter sie. Die Minister vermochten keinen klaren oder folgerichtigen Kurs zu steuern. Sie waren nicht fähig, in dem Streitfall eine entschiedene Stellung einer der beiden Parteien gegenüber einzunehmen. Sie konnten weder mit dem britischen Volk noch mit der Welt ehrlich verfahren. Sie vermochten die Kriegshetzer Deutschlands nicht durch eine zeitige Erklärung der Solidarität mit Frankreich und Russland in Schach zu halten, obgleich sie moralisch Frankreich und daher auch Russland überliefert waren, damit sie nicht durch ein vorzeitiges, dem Parlament abgelegtes Bekenntnis ihrer seit langem gepflogenen geheimen Verhandlungen das Land in die äusserste Verwirrung stürzten und über ihre eigenen Köpfe Unglück brächten. Sie konnten die Kriegshetzer Frankreichs und Russlands nicht in Schach halten, weil der britische Armee- und Marine-Stab mit Ermächtigung der Minister schon seit langem alle Vereinbarungen für ein gemeinsames Vorgehen mit den Stäben Frankreichs und folglich auch Russlands getroffen hatte.

---

[1]) Heute noch a l l g e m e i n von den „aufrichtigen und verzweifelten Anstrengungen (der englischen Minister) zur Erhaltung des Friedens" zu reden, geht nach den Enthüllungen der bolschewistischen Regierung in der „Pravda" (siehe deutsches Weissbuch 1919) nicht mehr an. Darin wird erwiesen, dass Russland in den letzten Jahren vor dem Kriege unter Ausnützung der serbischen Aspirationen und der französischen Revanche auf die Zertrümmerung Oesterreich-Ungarns zwecks Besitzergreifung Konstantinopels eifrigst hinarbeitete, u n d d a s s E n g l a n d d i e s e n P l ä n e n d u r c h a u s n i c h t a b g e n e i g t w a r. So berichtete Sasonoff im September 1912 an den Zaren nach einem Besuch in London: „Grey erklärte ohne zu schwanken, dass, wenn die in Frage stehenden Umstände eingetreten sein würden, England alles daran setzen würde, um der deutschen Machtstellung den fühlbarsten Schlag zuzufügen. . . . Der König, der . . . mit mir dieselbe Frage berührte, sprach sich noch viel entschiedener als sein Minister aus. Mit sichtlicher Erregung erwähnte S M. das Streben Deutschlands nach Gleichstellung mit Grossbritannien in bezug auf die Seestreitkräfte und rief aus, dass im Falle eines Zusammenstosses dies verhängnisvolle Folgen nicht nur für die deutsche Flotte, sondern auch für den deutschen Handel haben müsse, denn die Engländer würden jedes deutsche Schiff, das ihnen in die Hände kommt, in den Grund bohren. Die letzteren Worte spiegeln augenscheinlich nicht nur persönliche Gefühle S. M. wider, sondern auch die in England herrschende Stimmung inbezug auf Deutschland." (Weissbuch 1919 S. 195).

M. Pokrowski, der Bearbeiter der russischen Dokumente, führt dazu aus: „Und nun kann man (nach Gewinnung Frankreichs) sich das Vergnügen der zarischen Diplomatie vorstellen, als es sich herausstellte, dass

„Vergebens flehten die Russen und Franzosen sie an, das Programm der britischen Politik bekannt zu geben, so lange noch Zeit sei. Das Kabinett konnte als Kabinett nichts dergleichen tun, weil das Kabinett es als Kabinett nicht eingestehen wollte, dass es und das Land an den franko-russischen Verband gefesselt war. Dem Kabinett als Ganzem erschienen. der Charakter und die Bedeutung, welche die achtjährige geheime militärische und maritime Zusammenarbeit allmählich in den Augen ihrer Urheber unter den Kabinetts-Mitgliedern angenommen hatte, wie eine verblüffende und erschreckende Aussicht.

Die kritischen Tage stürmten herbei. Der Partei-Kampf im Kabinett wurde scharf. Schliesslich siegte die Partei, die beschloss, dass wir — durch unsere Ehre an Frankreich und Russland gebunden — in den unvermeidlich gewordenen Krieg eingreifen müssten. Ihr standen die Führer der offiziellen Opposition tatkräftig zur Seite; diese drückten dem Premier-Minister am 2. August in einem Briefe — d e r k e i n e a u c h n o c h s o e n t f e r n t e A n s p i e l u n g a u f B e l - g i e n e n t h ä l t — ihre Meinung dahin aus, „dass es für

---

der Krieg mit Deutschland auch das beste Mittel bildete, das englische Eis zum Schmelzen zu bringen. England, selbstverständlich das offizielle England, war schwerhörig, wenn es sich um den Krieg Russlands mit der Türkei handelte, erwies sich aber als feinfühlig, als man begann, mit ihm vom Kriege Russlands mit Deutschland zu sprechen. (A. a. O. S. 194). Weiter: Im April 1914 „zeigte Sir E. Grey aber die klar ausgesprochene und bestimmte Bereitwilligkeit, gemeinsame Operationen englischer Streitkräfte nicht nur mit Frankreich, sondern auch mit Russland zu organisieren". (A. a. O S. 200). Und am 30 Juli 1914 telegraphierte Benckendorff, der russische Botschafter in London nach St. Petersburg: „ . . . Cambon (der franz. Botsch. in London) sagte, dass nach seiner Meinung die Lage si h in den Augen des Parlaments noch nicht genügend geklärt hat, damit Grey, ohne zu riskieren, noch heute offen auftreten könnte." (A. a. O. S. 20b). „damit Grey . . . ": Wieviel deuten doch diese Worte an!

Daher schreibt auch Pokrowski: „Alle diese Dokumente werfen ein überaus helles Licht auf die Vorbereitung des Krieges seitens der Entente und bezeugen unwiderleglich, dass der Platz auf der Anklagebank vor dem Antlitz der unparteiischen Geschichte nicht nur den Wilhelms und Bethmann Hollwegs, sondern auch den Georges, Greys, Poincarés und Sasonoffs gesichert ist." (A. a. O. S. 189). Diese Tatsachen waren Herrn Morel natürlich 1916 nicht bekannt. Siehe aber das 17. (Anhang)-Kapitel vom Herbst 1919 (D. Uebers).

die Ehre und Sicherheit des Vereinigten Königreichs verhängnisvoll wäre, im gegenwärtigen kritischen Augenblick in der Unterstützung Frankreichs und Russlands zu zögern".

Worauf eine Anzahl Mitglieder des Kabinetts zurücktrat.

Alle, mit Ausnahme Burns' und Lord Morleys, widerriefen ihren Entschluss, als Deutschland in Belgien einfiel. —

Lloyd George hat seitdem behauptet,[1]) ohne den Einfall in Belgien sei er nicht für eine Kriegserklärung an Deutschland gewesen. Und er fügte dieser bestimmten Aeusserung hinzu· „Wäre Deutschland klug gewesen, so hätte es seinen Fuss nicht auf belgischen Boden gesetzt. D i e l i b e - r a l e R e g i e r u n g h ä t t e d a n n n i c h t i n t e r v e n i e r t."

Das tut's nicht. Ramsay Macdonald wurde mit Beschimpfungen überschüttet, weil er von Anfang an die unehrliche Ausrede bekämpft hat, das liberale Kabinett habe den Krieg wegen Belgien beschlossen. Lloyd Georges Darstellung ist eine Legende. Unfraglich war der Einfall in Belgien der Haupt-Faktor, der die Masse unseres Volkes zur grössten freiwilligen Waffen-Anstrengung begeisterte, die je in der Weltgeschichte von einem Volke gemacht wurde; ebenso ist unfraglich, dass der Einfall in Belgien dem Kriege seine volkstümliche Rückenstärkung gab, wie es auch wahr ist, dass er die Dominions entflammte. Aber dass der Einfall in Belgien unseren amtlichen Eintritt in den Krieg veranlasste, ist einfach nicht wahr. Diese Unwahrheit ist folgerichtig nachweisbar. Auf diese Weise:

31. Juli 1914. Sir E. Grey unterrichtet den deutschen Botschafter, dass Grossbritannien, falls zwischen Frankreich und Deutschland ein Krieg ausbreche, hineingezogen werde (Weissbuch 119; Gelbbuch 110).

1. August 1914. Sir E. Grey weigert sich zu sagen, dass Grossbritannien neutral bleibe, wenn Deutschland die belgische Neutralität nicht verletzt, und weigert sich, vom deutschen Botschafter gedrängt, irgendwelche Bedingungen zu

---

[1]) „Pearsons Magazine", März 1915.

nennen, unter denen Grossbritannien neutral bleiben will (Weissbuch 123).

2. August 1914. Sir E. Grey verspricht Frankreich endgültig englische Flotten-Hilfe, falls Deutschland die französische Küste oder Schiffahrt angreift.

3. August 1914 (nachmittags). Sir E. Grey teilt dem Unterhaus dies endgültige Versprechen mit; nach seiner Meinung gebiete es unsere nationale Ehre, Frankreich zu unterstützen. Er enthüllt die seit 1906 im Gange befindlichen Heeres- und Marine-Beratungen und legt dar, dass Frankreich mit unserem Einverständnis seine Flotte im mittelländischen Meere zusammengezogen und seine anderen Küsten unverteidigt gelassen hat.

3. August 1914 (abends). Sir E. Grey gibt dem Unterhaus Deutschlands Drohung (datiert 2. August 7 Uhr Nm.), in Belgien einzumarschieren, bekannt und fügt hinzu, dass er noch nicht im Besitze dieser Nachricht war, als er dem Unterhaus am Nachmittag seine Erklärung abgab.

Der letzte und unwiderrufliche Akt hatte also stattgefunden, ehe Deutschland in Belgien eingefallen war; ehe es damit gedroht und ehe das Kabinett Nachricht von dieser Drohung hatte.

Und der letzte und unwiderrufliche Akt war die verhängnisvolle und notwendige Folge des ungeschriebenen Vertrags. . . .

Dies ist die Geschichte, wie das britische Volk in seliger Unkenntnis der Tatsachen Schritt für Schritt dazu gebracht wurde, einer der beiden grossen Nebenbuhler-Gruppen des europäischen Kontinents in einem Landkrieg von noch nicht dagewesenem Umfang Hilfe zu leisten, und das mit einem Expeditions-Heer (das für jeden etwaigen Bedarf genügte, wie man uns vorher gesagt hatte) von weniger als 200 000 Mann; — wie das britische Volk, als es allmählich, unmerklich und verstohlen so gebunden ward, trotzdem von den Urhebern seiner Fesseln in falsche Sicherheit gewiegt wurde; — wie ihm diejenigen, die es also gebunden, wiederholt versicherten, dass seine Beziehungen zu Deutschland ausgezeich-

net seien; — wie diejenigen, die das britische Volk also gebunden, ihm nicht nur das Misslingen der anglo-deutschen
Unterhandlungen 1912 verheimlichten, sondern im Gegenteil
den Glauben erweckten, als wären sie erfolgreich gewesen; —
wie diejenigen, die das britische Volk also gebunden, sich
jedem Versuch, die Heeresmacht zu verstärken, widersetzten
und sich die Verringerung der Heeres-Ausgaben hoch an-
rechneten; — wie diejenigen, die das britishe Volk also gebunden, ständig Hoffnungen auf Herabsetzung der Flotten-
Ausgaben nährten und sogar öffentlich auf eine Verminderung
drängten; — wie diejenigen, die das britische Volk also gebunden, und nachdem sie bei zahlreichen Gelegenheiten von
der Wirksamkeit, der Bereitschaft und Grösse der deutschen
militärischen Rüstungsquellen Zeugnis abgelegt und all dies
im Hinblick auf Deutschlands geographische und strategische
Lage erklärt und gerechtfertigt hatten, wie sie nun nach
Kriegsausbruch diese Wirksamkeit, Bereitschaft und Grösse
als Beweis hinstellten, dass die Herrscher Deutschlands insgeheim das Komplott eines verräterischen Ueberfalles auf
ahnungs- und arglose Nachbarn zur Unterjochung Europas
ausgeheckt hätten.

Die Moral ist klar, die Lehre einfach. Keine Demokratie,
die ein, solcher Ergebnisse fähiges System duldet, kann bestehen. —

[Zusatz des Uebersetzers: Leser der beiden letzten Kapitel,
bemüht, auch unseren Gegnern in weitestem Umfang Gerechtigkeit widerfahren zu lassen, werden sich vielleicht fragen, ob die Abrüstungs-Bestrebungen der ins Geheimnis eingeweihten Minister nicht — trotz allem — gerade als Beweis
ihrer Friedensliebe und ihres festen Glaubens zu gelten haben,
dass der Friede erhalten bleibe. Dies Argument aber wäre
— ausser im Hinblick auf die im Weissbuch 1919 veröffentlichten serbischen und russischen Dokumente — keineswegs
stichhaltig. Denn während der Marokko-Krisen, namentlich
der zweiten, hat die englische Regierung deutlich genug ihre
Bereitwilligkeit zu einem Waffengang gezeigt. Man wird in
kühler Sachlichkeit das Urteil dahin zusammenfassen kön-

uen: England selbst arbeitete nicht auf einen Krieg hin —
dies überliess es dem franko-russischen Verband — und es
liess ganz gerne das Schwert in der Scheide, s o l a n g e
sich D e u t s c h l a n d n i c h t d e n W ü n s c h e n G r o s s -
b r i t a n n i e n s u n d d e r E n t e n t e e n t g e g e n s t e l l t e.
Trat aber Deutschland, wie im Falle Marokko, für sein Recht
ein, dann wurde England drohend. — Auch wird kein vernünftiger Mensch annehmen, dass es die englischen Minister
angesichts der krisenschwangeren Jahre 1906—1912 in arg-
loser Unbefangenheit für geraten gehalten hätten, ihre Wehrkraft zu verringern, falls sie nicht anderwärts vollkommen be-
ruhigende Anhaltspunkte für die Sicherheit Englands erblick-
ten. Deren gab es genug. War doch England aufs genaueste
über die Schlagkraft der französischen und russischen Heere
unterrichtet; Frankreichs Armee stand der deutschen an Zahl
nicht viel nach (dreijährige Dienstzeit!); aus den Balkan-
kriegen glaubte man der artilleristischen Ueberlegenheit der
Entente über die Mittelmächte sicher zu sein; von Italien
wusste man, dass es nie gegen die Entente Krieg führen werde;
Oesterreich hatte mit seinen unzuverlässigen slawischen Elementen zu rechnen — kurz, wer die russische Dampfwalze
und den Elan der Franzosen, wer allein die ganz ungeheure
zahlenmässige Ueberlegenheit der Aussen- über die Mittel-
Mächte in Betracht zog: wie konnte der nur an einem lächerlich kurzen, glänzend siegreichen Feldzug der Entente zwei-
feln, namentlich wenn sich noch die englische, der deutschen
um 60% überlegene Flotte ins Mittel warf? Haben nicht
englische Minister bei Kriegsausbruch ihren diesbezüglichen
Hoffnungen öffentlich überschwenglichen Ausdruck verliehen?
U n d w e i l s i e v o n d i e s e n H o f f n u n g e n d u r c h -
d r u n g e n w a r e n, d e s h a l b g l a u b t e n s i e, i h r e
W e h r k r a f t i n a l l e r S e e l e n r u h e v e r r i n g e r n z u
k ö n n e n! Nicht aus Friedensliebe geschah dies sondern
aus Siegeszuversicht im Falle eines Krieges!

Andere Leser wiederum, die von der bei uns sprichwört-
lichen „Perfidie Albions" überzeugt sind, werden in Englands
Herabsetzung der Heeresstärke nichts weiter als einen

schlauen Trick vermuten, um Deutschland über die wahren Absichten Grossbritanniens einzulullen. Dazu möchte ich aus Bethmann Hollwegs „Betrachtungen zum Weltkriege", 1. Teil, Seite 58 ff., anführen: „Zu diesem Schlusse (dass England bei den Haldane-Verhandlungen es in erster Linie auf die Erhaltung seiner Mächtegruppe, mit Spitze gegen Deutschland, absah) muss kommen, auch wer sich die Auffassung nicht ohne weiteres zu eigen macht und jetzt durch den Krieg bestätigt findet, dass es den englischen Staatsmännern bei der Haldane-Mission lediglich um Scheinverhandlungen zu tun gewesen sei, um unsere Flottennovelle zu beseitigen. Dieser Auffassung ist neuerdings durch eine englische Darstellung Nahrung gegeben worden, die in der Verteidigung Haldanes gegen englische Angriffe ungefähr darauf hinauskommt, dass es Haldanes Aufgabe gewesen wäre, die Deutschen bei guter Laune zu erhalten, während England seine Rüstungen für den Kriegsfall vollendete.[1]) Gegen solche Deutung, die meinen persönlichen Eindrücken widersprechen würde, Stellung zu nehmen, ist um so weniger meine Aufgabe, als sie von einer dem ehemaligen ' englischen Kriegsminister offenbar nahestehenden Seite ausgegangen ist. Meinerseits neige ich noch heute zu der Ansicht, dass auch auf englischer Seite ein ehrlicher Verständigungsversuch vorlag." Soweit Bethmann Hollweg. Sehr bemerkenswert in diesem Zusammenhang ist der folgende Satz aus einem Briefe Iswolskis an Sasonoff, datiert Paris, den 29. Februar 1912: (Poincaré) „gab mir zu verstehen, dass er von unserer Seite eine ebensolche Inkenntnissetzung über unsere Verhandlungen mit Wien (bezgl. des Balkan) erwarte, wie er von dem Londoner Kabinett nach der Reise Lord Haldanes nach Berlin erhalten habe." (Weissbuch 1919, S. 139.) Wenn man sich auch, trotz dem angeführten englischen Zeugnis, noch heute Bethmann Hollwegs obigem Urteil anschliesst, so ist doch auffallend, wie sehr sich London beeilte, Poincaré über das Ergebnis der Mission Haldanes — er traf am

---

[1]) Harold Begbie, The Vindication of Great Britain. London 1916.

8. Februar in Berlin ein — zu unterrichten. Auf jeden Fall legt dies die überaus nahen Beziehungen der beiden Mächte dar.]

---

4. Kapitel.

Der Kriegsausbruch.[1]

.... Ich möchte meine Ausführungen... mit der Bemerkung einleiten, dass ich ebenso von Herzen wie nur ein anderer die hässlichen und unmoralischen Lehren verabscheue, wie sie von der politisch-militaristischen Schule Preussens gepredigt und von der Philosophie Nietzsches und Treitschkes eingeschärft werden, Lehren, die zu einem schwer genau zu bestimmenden Umfang, aber ohne Zweifel reichlich zur bewaffneten Spannung Europas beigetragen haben; — dass ich ebenso kräftig wie nur ein anderer die tölpelhafte Brutalität der deutschen diplomatischen Methoden verurteile; — dass ich ebenso heftig wie nur ein anderer die Verletzung des belgischen Gebietes und die unbarmherzige Behandlung verabscheue, die der belgischen Zivilbevölkerung und gewissen belgischen Städten seitens der deutschen Heere zuteil wurde. Wäre auch eine jede vorausgegangene und in der Folge von Deutschland gegen die belgische Zivilbevölkerung vorgebrachte Gegenanklage wahr, so vermöchten sie Deutschlands Verantwortung doch um kein Jota zu verringern. Noch ist sie auch nur um einen Bruchteil kleiner, weil die russischen Truppen der Verübung von Massen-Ausschreitungen in Ostpreussen beschuldigt werden. Diese Ungeheuerlichkeiten sind die Begleiterscheinungen aller Kriege; in Belgien begangen erreichen sie einen hohen Grad der Schande, weil

---

[1] Aus einem später als Flugschrift veröffentlichten Briefe vom 5. Oktober 1914 an den Bevollmächtigten der Liberal Association von Birkenhead auf die Mitteilung, dass ihr die Kandidatur Morels für das Parlament nicht länger genehm sei (D. Uebers.).

die belgische Neutralität durch internationalen Vertrag garantiert und weil vor allem Belgien unschuldig an irgendeiner herausfordernden Handlung war;[1]) und ich stimme vollständig mit der Ansicht überein, dass die zukünftigen Friedensbedingungen eine schwere Entschädigung an Belgien für den ihm zugefügten sachlichen Schaden und für das erduldete Unrecht einschliessen müssen. Ich bin um so mehr hierfür, als ich, wie ich gleich zeigen werde, glaube, dass auch die britische Regierung in grosser Schuld gegen Belgien steckt, einer Schuld, die nicht durch die Ausgabe von Anleihen und durch die den Flüchtlingen gewährte Gastfreundschaft ausgeglichen wird.

Diese Empfindungen aber können mich nicht blind gegen die Tatsachen machen, dass nicht Deutschland allein eine

[1]) Die deutsche Regierung hat seitdem eine Anzahl amtlicher in den Brüsseler Archiven entdeckter Dokumente veröffentlicht, kraft deren sie festzustellen sucht, dass sich die belgische Regierung lange vor dem Krieg der Entente vermacht und ihre Neutralität kompromittiert habe. Selbst wenn diese Dokumente die deutsche Behauptung bewiesen, würden sie den Einfall in Belgien doch nicht rechtfertigen, da sie wie zugegeben erst Monate darnach entdeckt wurden. Sie erbingen allerhöchstens den Beweis dafür, dass im Falle eines allgemeinen europäischen Krieges die belgis he Regierung von der deutschen ein Ersuchen um die Durchzugs-Erlaubnis der deutschen Armeen durch Belgien befürchtete; — dass in diesem Zusammenhang zwis hen den belgischen und britischen militärischen Sachverständigen gewisse Beratungen stattgefunden hatten und vom britischen Generalstab Vorsorge getroffen war, sich alle etwa benötigten topographischen und sonstigen Kenntnisse zu sichern, falls die Armeen der Entente mit oder ohne aktive Beteiligung des belgis hen Heeres in Belgien operieren würden. Ob eine neutrale sta k bedrohte Macht einen technischen Bruch ihrer Neutralität begeht, indem sie mit gewissen, seine Neutralität garantierenden Mächten Beratungen pflegt, ist eine Frage für den internationalen Juristen. Unzweifelhaft hätte Belgien, als es sich durch die zunehmende Spannung unter den europäischen Mächten in eine Lage nationaler Gefahr treiben sah, wohl daran getan, vor Jahren schon einen öffentlichen Aufruf an alle Garantie-Mächte zu richten. Und wäre die belgische auswärtige Politik wirksam von der Demokratie kontrolliert gewesen, so darf man annehmen, dass solch ein Appell gemacht worden wäre. Gleichfalls klar ist, dass die Diplomatie, wenn eine der Grossmächte, die nicht nur Belgiens Gefahr gewahrten, sondern selbst dazu beitrugen, aufrichtig gewünscht hätte, ihren Schützling vor den Folgen ihrer eigenen Eifersüchteleien zu beschirmen, dass dann die Diplomatie die ganze Frage Belgiens neu aufgeworfen hätte, wie dies durch Gladstone und Granville 1870 geschah. Aber Deutschland hat keinen Grund, sich über eine technische Verletzung der belgischen Neutralität zu beklagen, die möglicherweise in den vor dem Kriege gepflogenen anglo-belgischen militärischen Besprechungen besteht,

politisch-militaristische Schule von verpestendem Einfluss besitzt; — dass wir von Machiavelli gehört haben, ehe wir von Nietzsche hörten; — dass eine deutsche Gesellschaft, die gegen 300 Namen der geistigen Elite Deutschlands umfasst, im vergangenen Jahr einen beissend-scharfen Angriff auf Bernhardi veröffentlichte,[1]) der selbst im Vorwort die Notwendigkeit seines Buches beklagt, weil die Masse der Deutschen seine Ansichten nicht teilen; — dass die Heiligkeit des internationalen Rechtes der Reihe nach von jeder Regierung verlacht wurde, sobald sie ihre Lebensinteressen berührt glaube;. — dass allein das letzte Jahrzehnt eine wahre Epidemie von Vertragsbrüchen gesehen hat, und dass schliesslich Deutschland trotz seinem Prahlen und Säbelrasseln, seinem anstössigen diplomatischen Verfahren und dem unangenehmen Anspruch seines Herrschers auf die Teilhaberschaft mit dem Allmächtigen in der Tat die einzige grosse europäische Macht

---

denn bis zum allerletzten Augenblick haben Deutschlands amtliche Vertreter die belgische Regierung fortdauernd versichert, dass Deutschland ihre Neutralität achten werde. Die von Deutschland ausgegrabenen Dokumente können daher. während sie die Ueberzeugung stärken, dass Belgien im wesentlichen ein Opfer des „Gleichgewichts der Mächte" geworden ist. in keiner Weise Deutschlands Handlungsweise beschönigen. Sie weisen jedoch nachdrücklich darauf hin, dass das englische Auswärtige Amt volle Kenntnis von der Lage hatte, in der sich Belgien in einem allgemeinen europäischen Kriege befinden werde, und dass sich die englischen militärischen Sachverständigen in Erfüllung ihrer offenbaren Pflicht seit dem Jahre 1906 mit der Sache befassten, als ein Teil des englischen Kabinetts, ohne Wissen des ganzen Kabinetts, die militärischen Beratungen zwischen dem britischen und französischen Generalstab billigte. Diese Dokumente betonen daher die moralische Verantwortung der Entente-Mächte Belgien gegenüber und sollten beim Lesen der Kapitel 2—5 im Auge behalten werden. . . . Es ist hervorzuheben, dass es sich hier um ganz andere Dokumente als die in den Kapiteln 1 und 13 angeführten Berichte belgischer Diplomaten aus fremden Hauptstädten handelt.

[Zusatz des Uebersetzers: Auch ich bin der Meinung, dass diese Dokumente an sich die deutsche Verletzung der belgischen Neutralität nicht rechtfertigen, obwohl ich persönlich der Auffassung bin, dass durch die einseitig mit England gepflogenen und sehr weitgehenden militärischen Besprechungen Belgien tatsächlich seine Neutralität kompromittiert hat. Das Wichtigste an diesen Dokumenten scheint mir aber der Beweis zu sein, dass für diesen technischen Neutralitätsbruch **England** die Hauptverantwortung trägt, das u. a. erklärte, es werde unter Umständen auch h gegen den Willen Belgiens Truppen nach Belgien werfen!]

[1]) „Der Deutsche Chauvinismus", von Professor Ottfried Nippold im Auftrage des Verbandes für internationale Verständigung. Stuttgart 1913.

ist, die während der letzten 40 Jahre — abgesehen von einem Banden-Feldzug gegen einen Hottentotten-Stamm[1]) in Südwestafrika — nicht dem Zeitvertreib eines Krieges gefrönt hat. Daraus schliesse ich, dass weder das deutsche Volk noch seine Regierung ein Monopol der Unsittlichkeit, Verräterei, Gewalt und allgemeinen Gottlosigkeit hat, und dass man dem englischen Volke in der Ermutigung dieser falschen Auffassung einen schlechten und keinen guten Dienst erweist; da ich es für meine Person nicht für unpatriotisch halte, in glücklicheren Tagen auf eine Aussöhnung und Zusammenarbeit des britischen und deutschen Volkes zu hoffen. Eine Verbreitung der irrigen Ansichten über Deutschland bedeutet ferner die Schwächung der Urteilskraft und eine Gesichtsverwirrung des englischen Volkes, das eines solchen Antriebes zur Erfüllung seiner Pflicht, einerlei welcher Art, nicht bedarf; und sie erregt endlich eine Gemütsstimmung, geeignet, eine Wiederholung der Fehler und eine Verewigung des Systems zu fördern, die diese Sintflut verursacht haben. Auch glaube ich nicht, dass der preussische oder sonst ein Militarismus durch Militarismus zu vernichten ist; oder dass man einem Volke besondere Einrichtungen von aussen aufzuzwängen vermag, oder dass der Gedanke, eine Nation von 80 Millionen könne zerstückelt und zu einer Stellung von dauernder politischer Unterordnung erniedrigt werden, etwas anderes als eine Selbsttäuschung ist. Ich vermag es nicht, eine diese Ziele verfolgende Politik zu unterstützen, die es nach Besiegung des Feindes, und nachdem die Furcht vor einem Einfall erloschen, auf sich nehmen würde, weitere zahllose Leben in einem Versuche zur Sicherung dieser Ziele zu opfern....

[Der Verfasser erläutert sodann seine Auffassung über Demokratie und verurteilt die in Kapitel 2 und 3 erwähnten geheimen anglo-französischen Besprechungen. Damit im Zusammenhang führt er aus:] Es ist möglich, dass die öffent-

---

[1]) Es mag hier daran erinnert werden, dass Grossbritannien s. Zt. diese Hottentotten als kriegführende Macht ausdrücklich anerkannte — aus leicht zu erratenden Gründen (D. Uebers.).

liche Meinung für eine, dem Parlament offen vorgelegte, militärische und maritime Verständigung mit Frankreich auf. Grund einer ministeriellen Darstellung der internationalen Lage eingetreten wäre. Meines Erachtens würde sich aber diese Unterstützung sicherlich auf die Verteidigung Frankreichs beschränkt haben, falls es von Deutschland i n e i n e r nur d i e s e b e i d e n Länder b e t r e f f e n d e n Sache böswillig angegriffen würde. Man hätte sich geweigert, die ‚Ausdehnung unserer Verpflichtungen auf Ereignisse gutzuheissen, die aus Frankreichs Beziehungen zu Russland entstehen konnten, die eine Macht, die von einem allgemeinen europäischen Kriege nichts zu verlieren und alles zu gewinnen hatte. Auf diese Weise wäre die europäische Lage, soweit die Westmächte in Betracht kamen, gerettet gewesen. Eine wirklich liberale, durch keine Geheim-Abmachungen behinderte auswärtige Politik würde in den Jahren nach der zweiten Marokko-Krise (1911) mit ganzer Energie danach gestrebt haben, sicherzustellen, dass der zwischen Slawen und Teu-. tonen auf dem Balkan drohende Zusammenstoss (dessen Vorzeichen deutlich genug am Horizonte flammten) nicht Westeuropa in den Abgrund schleudere. Unsere auswärtige Politik hatte für diesen Kurs nicht die Hand frei. Sie war durch eine Marine- und Militär-Verständigung gebunden, die uns nicht nur an die Seite Frankreichs sondern auch an die Russlands fesselte, dessen allgemeiner Mobilmachungs-Befehl vom 31. Juli 1914 die überstürzte Kriegsursache war. Diese Fesseln erdrosselten in den Krisentagen die emsigen Bemühungen unseres Sekretärs des Auswärtigen um die Erhaltung des europäischen Friedens. Er war an Frankreich gefesselt und durch Frankreich an Russland. Frankreich ist wegen seines Vertrages mit Russland im Kriege. Wir, die wir uns wegen der belgischen Schmach für im Krieg befindlich halten, sind es aus genau demselben Grunde wie Frankreich.

Das eine Gute, das dem Bösen — dies war unsere Fesselung — hätte entspringen können, wäre ein offenes Bekenntnis ihrer Existenz in den ersten Tagen der Krise gewesen. Einer der wichtigsten Abschnitte im Weissbuch ist der, da der russische Minister des Aeussern unserm Botschafter sagt: „Er (Sasonoff) glaubte nicht, dass Deutschland den Krieg wirklich wolle, aber dessen Haltung werde von der unserigen (Englands) bestimmt. Wenn wir fest zu Frankreich und Russland hielten, gebe es keinen Krieg. Wenn wir sie aber jetzt im Stiche liessen, würden Ströme von Blut fliessen, und wir würden schliesslich in ·den Krieg hineingezogen" (Nr. 17).

Der Minister fügte in Erwiderung auf eine Bemerkung unseres Botschafters hinzu: „unglücklicherweise sei Deutschland überzeugt, dass es auf Englands Neutralität rechnen könne".

Die Tatsache, dass wir unsere Neutralität im Voraus· durch geheime und nicht genehmigte, aber die Ehre einzelner Minister berührende Abmachungen preisgegeben hatten, war das verhängnisvolle Handicap eines ernsten Versuchs, die belgische Frage sowohl in den Jahren vor als auch in den ersten Tagen der Krise zu regeln. Dies und nur dies allein ist die Erklärung für die ausserordentliche Art, in der die belgische Frage behandelt wurde. Was war die Lage Belgiens in einer die Westmächte einschliessenden Feuersbrunst? Sie war von äusserster Unsicherheit trotz der internationalen Neutralitäts-Garantie von 1839, die 1870 nur auf ein Jahr erneuert wurde. Es war eine Lage, die sich durch die tatsächliche Trennung Europas in zwei Nebenbuhler-Gruppen in Wahrheit zu einer beinahe verzweifelten gestaltete. Denn nichts war sicherer, als dass, falls die von diesen Eifersüchteleien genährte glühende Asche je in ein überwältigendes Flammenmeer auflodern würde, diese Feuersbrunst Verträge und Konventionen, Konstitutionen, Grenzen und sogar Dynastien verschlänge. Dass aber bei Eintreten dieses Ereignisses das zukünftige Schicksal Europas in der belgischen Ebene entschieden würde, war die Ansicht aller Berufs-Strategen aller Länder. Doch ist bemerkenswert, dass diese Sachverständigen bei ihren Berechnungen stets die Wirkungen einer zeitigen und deutlichen Erklärung der britischen Politik ausser acht liessen. Fachleute der internationalen Militär-Strategie kümmern sich nicht um die Sittenlehre, sondern um die Art und Weise, wie die von der Demokratie geduldeten und zu ihrem eigenen Schaden unterhaltenen grossen Todes-Maschinen in Bewegung gesetzt werden, wenn die Machthaber und Diplomaten ausscheiden und der Druck der Kriegsherren übermächtig wird. Und alle Fachmänner waren darin einig, dass in einem allgemeinen europäischen Kriege, der den deutsch-österreichischen Verband auf der einen und den franko-russischen auf der anderen Seite sah, Deutschland, um überhaupt eine Sieges-Chance zu haben, einen soforti-Schlag gegen Frankreich führen müsse, und dass es dies, wegen der Unmöglichkeit, den Verteidigungsgürtel der französischen Grenze zu sprengen, nur dann erfolgreich zu tun hoffen konnte, wenn es durch Belgien zum Schlage ausholte. Dies war allbekannt. Ebenso bekannt war die Tatsache, dass Deutschland, um für diesen Fall gerüstet zu sein, an der belgischen Grenze seine militärischen Eisenbahnen ausbaute und dort andere strategische Vorbereitungen traf. Diese Dinge sind wieder und wieder veröffentlicht worden. Churchill sagte uns am 21. September 1914 in Liverpool, dass er sie seit drei Jahren kannte, und er sprach natürlich auch für seine Kollegen; für diejenigen wenigstens, deren Sache es ist, über derlei unterrichtet zu sein.

Die Lage Belgiens war demnach so, dass sie gebieterisch eine klare und unzweideutige Stellungnahme der für die Leitung der auswärtigen Politik Grossbritanniens Verantwortlichen verlangte. Die blosse Existenz des alten Neutralitäts-Vertrags genügte offenbar nicht zum Schutze Belgiens, da ja nach der Erklärung Churchills die Regierung wusste, dass Deutschland diesen Vertrag beiseite werfen werde, falls es sich beim Ausbruch eines europäischen Krieges dem franko-russischen Verband gegenübersähe, einem Verband, der nach Ansicht der Fachleute Deutschlands sichere Niederlage bedeutete, wenn es ihm nicht gelang, dank einem Marsch durch Belgien Frankreich schnellstens niederzuwerfen.

Unter diesen Umständen war es Pflicht der britischen Regierung, ihrem eigenen Volke, Belgien und der Welt gegenüber, allen, die es anging, in offener Sprache ihre feste Absicht kundzutun, die ganze Macht des Reiches gegen jeden Staat einzusetzen, dessen strategische militärische Erfordernisse seine Herrscher bei einem allgemeinen europäischen Kriege in Versuchung führen würden, die Neutralität Belgiens zu verletzen. Es war der eine Einfluss, der, wenn zeitig ausgeübt — z. B. in irgendeinem Augenblick der letzten beiden Jahre, als sich unsere Beziehungen zu Deutschland von dem Marokko-Uebel erholten — die Lage an der belgisch-deutschen Grenze hätte davor bewahren können, sich bis zum Gefahr-Punkt zu entwickeln. Es gibt Präzedenzfälle für solche zu Friedenszeiten in freundlichem Tone gehaltene Warnungen. Im Falle der Nichtbeachtung und der Fortsetzung der deutschen Vorbereitungen an der belgischen Grenze war unser Kurs klar. Im andern Fall aber hätten wir eine ausgezeichnete Gelegenheit gehabt, Deutschland unter Umständen, die dafür den richtigen Moment zu wählen erlaubten und nicht einen Augenblick, da eine scharfe Krise den Bruch-Punkt erreichte, die latente Furcht zu benehmen, als ermutige England einen russo-französischen Angriff gegen Deutschland. Und Grossbritannien hätte so die uneigennützige Rolle des Friedensstifters unter den Völkern spielen können. Selbst wenn eine solche Erklärung in den ersten Tagen der Krise gemacht worden wäre, hätte sie noch eine mächtige Wirkung haben können, da Deutschland damals an unsere Neutralität glaubte.

Aber nur eine auswärtige Politik, die, abgesehen von der belgischen Frage, durch keine Verpflichtungen an eine der europäischen Gruppen gefesselt war, vermochte solch eine Haltung einzunehmen; oder eine auswärtige Politik, die des Volkes Einwilligung zu einem Bündnis mit Frankreich gesucht und erhalten hatte, jedoch zu einem auf die Verteidigung rechtmässiger französischer Interessen beschränkten Bündnis, einem von russischen Zielen und Machenschaften auf dem Balkan unberührten Bündnis, einem Bündnis dazu bestimmt, Frankreich davor zu retten, dass es einem slawisch-teutonischen Streit zum Opfer falle, und das dadurch auch

Belgien rettete und den etwaigen Kriegsschauplatz auf das östliche und mittlere Europa beschränkte.

Solch eine Haltung war unglücklicherweise nicht möglich, weil unsere Neutralität verhandelt worden war. So kam's, dass wir in den Hauptfragen sowohl wie in der belgischen Frage eine zweifelhafte Haltung einnahmen, bis die Lage hoffnungslos kompromittiert und die Gelegenheit zur Rettung Belgiens verpasst war. Obschon wir, wie Churchill sagte, Belgiens Gefahr seit drei Jahren kannten, lehrt ein Blick in das Weissbuch, dass die belgische Frage bis zum 31. Juli 1914 überhaupt nicht aufgeworfen wurde. An diesem Tage fragten wir Deutschland, von dem wir schon seit drei Jahren wussten, dass es die belgische Neutralität im Falle eines Krieges mit Frankreich und Russland n i c h t achten werde, ob es sie achten werde! Wir stellten die gleiche Frage an Frankreich, obwohl der französische Feldzugsplan mit dem britischen Generalstab besprochen worden war! Und selbst an diesem Tage, dem Tag, an dem der Krieg durch die Ausgabe des russischen General - Mobilmachungs - Befehls unvermeidlich wurde, stellte man Belgien nicht als eine Lebensfrage der englischen nationalen Politik hin; es könnte, nicht ein „entscheidender“, sondern bloss ein „wichtiger“ Faktor für unsere Entschliessungen sein (Nr. 119). Noch einen Tag später — am 1. August — gab man zu verstehen, dass die englische amtliche Stellung zur belgischen Frage von dem „öffentlichen Gefühl“ abhänge (Nr. 123).

Das Blut unserer tapferen Söhne wird heute als die unmittelbare Folge der an Belgien begangenen Schmach verspritzt. Doch die Zeit wird kommen, da das Land diese Frage an die Machthaber stellen wird: „Was habt ihr getan, um diese Schmach zu v e r h i n d e r n?“ Ich für meine Person stelle diese Frage jetzt, und ich finde die Antwort in einer autokratischen und einer geheimen auswärtigen Politik, der ich konsequent entgegengetreten bin und die aus unserem nationalen Leben auszurotten ich zu helfen gesonnen bin.

Ich glaube, dass ich denen einen grösseren Dienst erweise, die an der Wirkung dieser auswärtigen Politik leiden, — und mit denen ich später in der Erfüllung dieser Aufgabe vereinigt zu sein hoffte — wenn ich jetzt spreche, als wenn ich schweige, selbst um den Preis, dass ich Euer und der andern Wohlwollen verscherze. Ich kann nicht den Heuchler unter Euch spielen.

Auf jeden Fall ist dies die Botschaft, die von jenen furchtbaren Feldern sinnlosen Gemetzels zu mir zu dringen scheint, wo Millionen die Sünden, Fehler und Narrheiten einiger wenige: büssen.

---

5. Kapitel.

Belgische Neutralität und europäische Militär-Strategie.[1]

Churchill in Liverpool am 21. September 1914: „Vor drei Jahren ging er den militärischen Ausblicken des Problemes nach, und er war ganz sicher, dass Deutschland die Neutralität Belgiens verletzen werde. Alle seine Pläne waren kalten Blutes darauf eingerichtet."

Bonar Law in Belfast am 29. September 1914: „Die deutschen Vorbereitungen zum Einfall in Frankreich waren vor Jahren schon getroffen worden. Sie beabsichtigten immer, durch Belgien zu marschieren."

Aus „Nelson's Geschichte des Krieges" von John Buchan: „Der deutsche Generalstab hatte seit Jahren kein Geheimnis aus dieser Absicht (Marsch durch Belgien) gemacht, und französische Militärkritiker hatten es als eine feststehende Tatsache hingenommen."

＊　＊　＊

---

[1] Ursprünglich 1914 als Anhang zu der Flugschrift (siehe Fussnote des 4. Kapitels) veröffentlicht.

Lutz, Ein gerechter Engländer.   7   ̠97

Von verschiedenen Leuten wurde ich um weitere Mitteilungen bezüglich der in meinem Briefe enthaltenen Behauptung gebeten, dass sich die militärischen Sachverständigen über Deutschlands Notwendigkeit — vom strategischen Gesichtspunkt aus — einig waren, einen Weg durch belgisches Gebiet suchen zu müssen, um Frankreich im Falle eines allgemeinen europäischen Krieges anzugreifen, und dass Deutschlands Vorbereitungen dazu allbekannt gewesen seien. Churchill's Bekenntnis enthebt mich eigentlich der Weiterverfolgung der Angelegenheit, denn es ist in der Tat ein Bekenntnis, dass das britische Kriegsministerium die deutschen Absichten und Vorbereitungen kannte, wie dies natürlich der Fall war; sie waren, was das betrifft, jedem Kriegsministerium in Europa bekannt. Da aber meine Leser nicht vollständig befriedigt erscheinen, füge ich diese Bemerkungen an, die keinen Anspruch auf Vollständigkeit erheben.

Hervorragende Soldaten vieler Länder, von General Langlois (Franzose), bis zu General Nogi (Japaner) haben die militärische Lage Deutschlands in einem allgemeinen europäischen Kriege, sowie die in Betracht kommenden Massnahmen seiner Strategen häufig und eingehend erörtert und geschildert. Die deutschen Pläne, ihr Charakter, ihre Natur und Unvermeidlichkeit (vom militärischen Standpunkt aus) wurden sehr genau von englischen Fachleuten und englischen Schriftstellern — in Verbindung mit den massgebenden Sachverständigen — beschrieben und erklärt. [Der Verfasser zählt hier eine Anzahl englischer Schriftsteller auf (Oberst Repington und Hilaire Belloc), Zeitungen und Zeitschriften, die belgischen Parlaments-Debatten und Oberst Bouchers Anfang 1914 erschienenes Buch: „L'Allemagne en Péril" — „ein bezeichnender Titel"].

Im Allgemeinen sind diese Schriften und Aeusserungen einmütig in der Beurteilung der Lage und der daraus entspringenden Folgerungen; eine deutsche Forderung auf das Durchzugsrecht durch Belgien wird im Falle eines europäischen Krieges als selbstverständlich betrachtet. Noch kann

·man darüber erstaunt sein. Eine aufklärende Zusammen-
fassung mag jedoch die Sache verständlicher machen.

Während des ganzen 19. Jahrhunderts bedrohte die französische Zwangslage (strategisch betrachtet, natürlich) die
belgische Neutralität. (Diese Bemerkungen beschäftigen sich
nur mit der s t r a t e g i s c h e n Seite der Frage). In der Tat
war die Neutralisierung Belgiens eine Folge der Angriffs-
Tendenzen der damaligen französischen Politik. Man nahm
an, dass Napoleon III. und seine Generale 1870 alle Anordnungen für einen französischen Einfall in Belgien getroffen
hatten; sie wurden durch die Veröffentlichung des berühmten,
von Benedetti, dem Berliner französischen Botschafter, 1866
entworfenen Vertragsentwurfes und Lord Granvilles darauf-
folgenden Schrift im Keime erstickt: Frankreich und Preussen
wurden aufgefordert, die belgische Neutralität erneut zu ver-
bürgen. Es scheint, dass die deutsche Strategie im Falle
eines zweiten Krieges mit Frankreich bis in die ersten Jahre
des 20. Jahrhunderts auf einem konzentrischen Angriff durch
Elsass-Lothringen fusste; dessen Annexion hatten übrigens,
als dem Ergebnis des Krieges von 1870, die deutschen militärischen Oberbefehlshaber aus Verteidigungsgründen verlangt, da in früheren Zeiten die Franzosen gewöhnlich durch
diese Provinzen in Deutschland eingefallen waren.

Neue Entwicklungen aber waren dazu bestimmt, allmählich den gesamten militärischen Ausblick zwischen Deutschland und Frankreich zu verwandeln und die Pläne des deutschen wie des französischen Generalstabes umzuwälzen. Diese
entscheidenden Einflüsse waren politischer und militärischer
Natur. Das franko-russische Bündnis, die Lehren des russisch-
japanischen Krieges, der furchtbare Charakter der französischen Verteidigungsanlagen an der deutschen Grenze, die
Vervollkommnung der modernen Geschütze, die ungeheure
Zunahme der militärischen Effektiv-Bestände und das
grössere Raumbedürfnis für ihre Entfaltung — dies sind die
für diesen Wechsel massgebend gewesenen Hauptpunkte.

Das militärische Urteil gelangte allgemein übereinstim-
mend zu folgenden Schlüssen. Die französischen Linien an

der deutschen Grenze waren für eine noch so starke Armee praktisch unpassierbar unter den neuen Bedingungen der Kriegführung geworden, welche die Entfaltung ungeheurer Kräfte — grösser als zu irgend einer Zeit der Weltgeschichte — bedingte, und die der Verteidigung dank der vernichtenden Wirkung, der grossen Schussweite und der Unsichtbarkeit der modernen Artillerie eine bedeutende Ueberlegenheit über den Angriff verschaffte. Zwischen Verdun und Lunéville und zwischen Epinal und Belfort, d. h. beinahe der ganzen deutsch-französischen Grenze entlang befand sich kaum ein Fleck, der nicht vom Feuer der schweren Geschütze bestrichen war. Das Gelände stellt ernste natürliche Hindernisse dar. die man durch eine ununterbrochene Reihe von Batterien, Forts und befestigten Stellungen ungeheuer verstärkt hatte. Es gab zwar drei enge Lücken, die von Belfort, die zwischen Lunéville und Neufchâteau und die Stenay-Lücke nördlich von Verdun; aber sie eigneten sich nach allgemeiner Ansicht nicht zum Aufmarschgebiet für einen Angriff. Ich brauche auf technische Einzelheiten nicht einzugehen; eine Anzahl Fachschriftsteller hat sie ausführlich dargetan. Wie Oberst Repington 1911 hervorhob, waren die Schwierigkeiten derart, „um beinahe schon den Gedanken auszuschliessen, dass sich der deutsche Stratege damit begnügen werde, mit seinem Kopf gegen eine französische, in den drei engen Lücken für einen deutschen Einfall offene Schlachtlinie anzurennen."

Das Problem, dem sich die deutsche Regierung und ihr Generalstab nach der Schilderung zahlreicher Sachverständiger gegenübersahen, soll nun im Lichte der geschichtlichen Ereignisse der vergangenen 20 Jahre geprüft werden. Ein allgemeiner europäischer, auf der Grundlage der bestehenden Trennung Europas geführter Krieg bedeutete, dass Deutschland einen franko-russischen Verband von sehr grosser zahlenmässiger Ueberlegenheit werde zu bekämpfen haben. Unter solchen Umständen verursachte die Verwundbarkeit der deutschen militärischen Lage Bismarck ständiges Alpdrücken, und seine Politik war unaufhörlich darauf gerichtet, diesem

Ereignis vorzubeugen. Die glänzenden Aufsätze, die Sir Charles Dilke 1887 in der „Fortnightly Review" veröffentlichte und die in den diplomatischen Taubenschlägen ein grosses Geflatter hervorriefen, trugen viel zur Aufklärung der englischen öffentlichen Meinung über diese Angelegenheit bei und sie wurde auch von der damaligen britischen Regierung voll gewürdigt. Im Hinblick auf die gegenwärtigen Ereignisse ist es in der Tat interessant und lehrreich zugleich, die englischen Zeitungen jener Zeit grosser Spannung zu durchblättern. Sie zeigen Verständnis für die auf den Köpfen der deutschen Staatsmänner so schwer lastenden Besorgnisse und für Deutschlands Lage, falls ein franko-russisches Bündnis zustande komme. (In den letzten Jahren — d. h. seitdem das Bündnis zur Tatsache geworden, wurde all dies wegen des veränderten Charakters der englisch-deutschen Beziehungen aus der Erwägung und öffentlichen Erörterung vollkommen verbannt. Das Problem selber hat sich aber damit nicht geändert.) So hören wir den „Standard", dem man damals enge Verbindungen mit dem Auswärtigen Amte nachsagte, am 17. Februar 1887 erklären: „Russland kann sich das Warten leisten. Ebenso Frankreich. Deutschland jedoch nicht. Es muss auf seine Sicherheit bedacht sein und man kann vernünftigerweise von Fürst Bismarck nicht verlangen, dass er seine scheidenden Tage damit zubringe, untätig der stummen Verschwörung, dem stillen Wachstum der französischen und russischen Macht gegen das Vaterland zuzuschauen."

Merkwürdig genug gebrauchte der deutsche Kanzler am 4. August 1914 im Reichstage beinahe die gleichen Worte: „Frankreich konnte warten, wir aber nicht. Ein französischer Einfall in unsere Flanke am unteren Rhein hätte verhängnisvoll werden können. So waren wir gezwungen, uns über den berechtigten Protest der luxemburgischen und der belgischen Regierung hinwegzusetzen."

Bismarcks Erfolg, die Gefahr zu bannen, war seinen Nachfolgern nicht beschieden. Das franko-russische Bündnis trat ins Leben und von da an war Deutschlands Lage dauernd und unfraglich gefährdet. Dies Bewusstsein gedieh zum beherrschenden Faktor in den Erwägungen der deutschen Staatsmänner und unter diesem Eindruck wurde in der Meinung aller Deutschen der „preussische Militarismus", so sehr auch viele von ihnen seine Erscheinungsformen verabscheuten, d a s Bollwerk der Nation gegen die sie umringenden Gefahren. Oberst Repington schrieb 1911: „Die Möglichkeit eines Krieges nach zwei Fronten ist das Alpdrücken der deutschen Strategen, und wenn man die Eile betrachtet, mit der Russland sein Feldheer seit 1905 aufgebaut hat, wird dies Alpdrücken wahrscheinlich nicht so bald weggezaubert sein." Ein derartiges Eingeständnis von einem Militärschriftsteller unangezweifelter Autorität, der sich nie die Mühe gab, seine deutsch-feindlichen Gefühle zu verbergen, spricht für sich selbst. Ihm mögen die Folgerungen des Obersten Boucher in seinem schon erwähnten Werk „Deutschland in Gefahr" hinzugefügt werden. Nachdem er hervorgehoben, dass Deutschland Frankreich nur durch Belgien angreifen und Russland nicht angreifen könne, ohne Frankreich „auf seinem Nacken" zu haben, schliesst er: „Deutschland ist mit einem Wort dazu verurteilt, auf seinem eigenen Boden an seiner Ueberproduktion, an seiner Uebervölkerung und an der ungeheuren Grösse seiner Macht zu ersticken." Eine, wie man daraus entnehmen wird, für die Betreffenden nicht gerade angenehme Aussicht.

Von dem Tage, an dem das franko-russische Bündnis geschlossen wurde, konnte die deutsche Strategie nur e i n vernünftiges Ziel haben — einen sofortigen Angriff auf Frankreich vorzubereiten in der Hoffnung, gegen den Feind im Westen einen schnellen und überwältigenden Schlag zu führen, ehe die russische Lawine Zeit zur Sammlung der ihr innewohnenden Kraft hatte. Jede andere Politik seitens der deutschen militärischen Grössen wäre in den Augen der Fachleute — und es bedarf keiner besonderen strategischen Kenntnisse, um dies klar zu erkennen — Selbstmord gewesen. Der deutsche Generalstab richtete daher seine Anstrengungen darauf, sich die mechanischen Mittel zur Erreichung dieses

Zieles zu sichern. Dies bedingte, die Kriegsmaschinerie — besonders in bezug auf die Schnelligkeit der Mobilisation und die Erbauung strategischer Eisenbahnen — auf den höchstmöglichen Gipfel der Wirksamkeit zu bringen. Aber die schon angeführten Punkte, die sich aus den Entwicklungen des letzten Jahrzehnts ergaben, hatten für den Fall eines allgemeinen europäischen Krieges unendlich zu den Schwierigkeiten des deutschen Generalstabes und zur militärischen Gefahr Deutschlands beigetragen. Zu einer Zeit, die — nach ungefährer Schätzung — sieben Jahre oder vielleicht etwas länger zurückliegt (von 1914 an gerechnet), sah sich Deutschland daher zu der Erkenntnis genötigt, dass seine Armeen die französischen Linien an der deutschen Grenze nicht bezwingen könnten, dass also ein Schlag gegen Frankreich über die deutsch-französische Grenze undurchführbar sei. Da Deutschlands strategische Notwendigkeit (nämlich ein sofortiger Angriff auf Frankreich) von dieser Erkenntnis. natürlich unberührt blieb, musste sein Generalstab von anderer Grundlage aus einen Angriffsplan gegen Frankreich ausarbeiten. Welches waren die andern Grundlagen? Die Schweiz, Belgien und Luxemburg. Die Schweiz kam aus augenscheinlichen Gründen nicht in Frage. Ein Angriff gegen Frankreich war daher nur durch Luxemburg und Belgien möglich. Geschah dies nicht, so musste die deutsche Strategie jeden Gedanken an einen Angriff gegen seinen westlichen Nachbarn aufgeben und sich damit begnügen,. den französischen Anprall in Verteidigungs-Stellung abzuwarten. Deutschland hatte also nur die Wahl, entweder jeden Gedanken an einen entscheidenden Schlag gegen Frankreich, ehe Russland Zeit fand, seine Massen zusammenzuziehen und in Bewegung zu setzen, aufzugeben oder — auf friedliche Weise wenn möglich, mit Gewalt wenn notwendig — durch neutrales Gebiet zu marschieren. Verzichtete Deutschland auf einen Angriff, dann setzte es sich einem französischen Einfall durch Elsass-Lothringen aus, eine schwere Aufgabe, die aber nach fachmännischem Urteil nicht so undurchführbar wie eine Sprengung der französischen Linien durch deutsche Truppen geworden war. Deutschland hätte sich auch einem etwaigen Einfall durch belgisches und luxemburger Gebiet ausgesetzt. Daher waren Deutschlands Herrscher und sein Generalstab, im Hinblick auf die französischen Annalen nicht unberechtigter Weise vielleicht, der Ansicht, es wäre verbrecherisch von ihnen, diese Gefahr zu laufen. Mit Recht oder Unrecht: die deutsche Regierung und ihre Heerführer kamen zur Ueberzeugung, sie könnten in einem allgemeinen europäischen Krieg, ohne die nationale Existenz des Landes zu gefährden, nicht auf einen sofortigen Angriff gegen Frankreich verzichten.

Ich bemerke nochmals, dass ich hier Deutschlands militärische Lage in Europa von 1906 an beschreibe, wie sie den Kriegsministerien aller europäischen Regierungen, auch dem unsern, bekannt war, und wie sie uns von fachwissenschaftlicher Seite, einschliesslich der britischer Militärs, geschildert wurde. Ich erörtere keineswegs die Moral dieser Sache. Meine Meinung über die moralische Seite des Einfalls in Belgien habe ich in meinem Briefe niedergelegt[1]). Doch würden die, welche annehmen, die britische Politik habe in bezug auf einen Durchzug deutscher oder französischer Armeen durch Belgien stets die gleiche unerschütterliche Haltung eingenommen, wie dies jetzt so dargestellt wird, gut daran tun, ihr Gedächtnis durch eine Lektüre der Literatur von 1887 wieder aufzufrischen, als sich Frankreich und Deutschland wegen des Schnaebele-Vorfalles am Vorabend eines Krieges befanden, d. h. v o r A b s c h l u s s d e s f r a n k o - r u s s i - s c h e n B ü n d n i s s e s u n d e h e d i e a n d e r e n h i e r b e - s c h r i e b e n e n w i c h t i g e n U m s t ä n d e e i n e n d e u t - s c h e n A n g r i f f a u f F r a n k r e i c h ü b e r d i e d e u t s c h - f r a n z ö s i s c h e G r e n z e — d e r s o g a r d a m a l s ä u s s e r s t g e w a g t w a r — t a t s ä c h l i c h u n m ö g l i c h' g e m a c h t h a t t e n. Eine Prüfung der Schriften jener Zeit wird zeigen, dass Leute, deren Absicht es ist, die öffentliche Mei-

---

[1]) 4. Kapitel.

nung in dieser oder jener Richtung zu beeinflussen, „Fetzen Papiere" je nachdem mit recht verschiedenen Augen betrachten. Ich kann, auf die zeitgenössische Literatur gestützt, nicht finden, dass Grossbritannien damals eine etwaige Forderung Deutschlands oder Frankreichs auf das Durchzugsrecht durch Belgien anders behandelt hätte als im Lichte der britischen Interessen, und viele vertraten den Standpunkt, den britischen Interessen geschähe durch Garantien für eine Wiederherstellung des status quo nach Kriegsende Genüge. Die englische amtliche Auffassung jener Tage wurde wahrscheinlich in dem berühmten, „Diplomaticus" gezeichneten Brief dargelegt, der im „Standard" am 4. Februar 1887 erschien und in einem Leitartikel kräftigst unterstrichen wurde. Seine These, es wäre „Wahnsinn" für Grossbritannien, sich einem Marsch deutscher Truppen durch Belgien zu widersetzen, wurde allgemein angenommen[1]). Die „Pall Mall Gazette" ging noch weiter. Nachdem sie hervorgehoben, dass dieser These, „da man den ‚Standard' gegenwärtig als das Organ der Regierung und Lord Salisbury's zu betrachten pflegt", voraussichtlich besondere Bedeutung beigelegt werde, tat die Zeitung dar, dass die Verträge von 1831 und 1839 England keinerlei „Verpflichtung" bezüglich der belgischen Neutralität auferlege. Ihr Leitartikel vom 4. Februar 1887 schliesst eine analytische Prüfung der Verträge wie folgt: „Es besteht also keine englische Garantie Belgien gegenüber. Vielleicht ist es möglich, solch eine Garantie zu ‚konstruieren'; aber der Fall kann dahin zusammengefasst werden: 1. England hat keinerlei Garantie ausser einer gemeinsam mit Oesterreich, Frankreich, Russland und Deutschland übernommen; 2. bezieht sich diese Garantie gar nicht besonders

---

[1]) Nach G. von Jagow, „Ursachen und Ausbruch des Weltkrieges" S. 175, „nimmt man an, dass der Artikel aus der Feder des Lord Salisbury nahestehenden Schriftstellers Alfred Austin stammte. Es lag hier ein offiziöser Fühler Lord Salisburys vor, und die von uns während des Krieges in den belgischen Archiven gemachten Funde haben bestätigt, dass die englische Regierung im Jahre 1887 entschlossen war, einem etwaigen Durchmarsch Deutschlands oder auch Frankreichs durch Belgien keine Schwierigkeiten in den Weg zu legen" (D. Uebers.).

auf die Neutralität Belgiens und 3. ist sie nicht Belgien, sondern den Niederlanden gegeben."

Der „Spectator" vom 5. Februar 1887 bemerkte: „Wahrscheinlich werden wir darauf bestehen, dass Belgien nicht zum Kriegsschauplatz wird, aber wir werden den Marsch über seinen Boden nicht hindern, was wir auch tatsächlich nicht können"[1]).

Nachdem sich die deutschen Strategen vollkommen davon überzeugt hatten, dass ein Angriff auf Frankreich über die deutsch-französische Grenze undurchführbar geworden sei, fand man sich mit dieser Lage ab und der deutsche Generalstab wandte seine ganze Aufmerksamkeit auf die Ausarbeitung eines Angriffsplanes gegen Frankreich via Belgien und Luxemburg, d. h. auf der Vormarsch-Linie Aachen-Trier. Ich nehme nicht an, dass der deutsche Generalstab die Militär-Attachés der verschiedenen Mächte oder die fremden Zeitungs-Berichterstatter einlud, die unternommenen Schritte an Ort und Stelle zu prüfen. Aber davon abgesehen, scheint man die deutschen Vorbereitungen nicht besonders geheimgehalten zu haben. Wie hätte auch bei der Natur der Sache das Geheimnis gewahrt werden können? Die Angelegenheit wurde — in diplomatischen Wendungen natürlich — Ende 1912 offen in der belgischen Kammer besprochen, als der belgische Kriegsminister bemerkenswerte Ausführungen machte, und die belgische Presse wimmelte 1911 und 1912 von Artikeln über diesen Gegenstand, wobei sich grosse Meinungs-Verschiedenheiten ergaben. In der Tat war es im Verlaufe der

---

[1]) Palmerston, der den Vertrag von 1839 unterzeichnete, scheint ihm nur mittelmässige Bedeutung beigemessen zu haben. Er sagte am 8. Juni 1855 zu Disraeli in bezug auf die vorgeschlagene Neutralisierung der Donau-Fürstentümer: „Gewiss gibt es in Europa Beispiele solcher Vorschläge, und man ist durch Vertrag übereingekommen, 'e'gien und die Schweiz für neutral zu erklären; ich bin jedoch nicht geneigt, solchen Vereinb.ırungen sehr grosse Bedeutung beizulegen, denn die Weltgeschichte zeiyt, dass solche Neutralitäts-Erklärungen, wenn ein Streit entsteht und eine Nation einen Krieg beginnt und es für v rteilhaft hält, mit einer Armee durch neutrales Gebiet zu ziehen, nicht sehr religiös geachtet zu werden pflegen". (Von Brailsford in seinem „Belgium and the Scrap of Paper" angeführt). Di. Stelle mag denen empfohlen sein, die glauben, dass Deutschlands Ausschluss aus der Gemeinschaft der Völker nach dem Kriege möglich und wünschenswert ist.

Kampagne zugunsten einer menschlichen Behandlung der Kongo-Eingeborenen und der Einhaltung des Kongo-Vertrags, eine ständige Gepflogenheit der englischen Verteidiger des Leopoldianismus, zu behaupten, dass die britische Reformbewegung beklagenswert sei, „weil sie Belgien in die Arme Deutschlands treibe".

Von Deutschlands „geheimen Vorbereitungen" in dieser Hinsicht zu reden, ist ein Phantasiebild und trägt dazu bei, den Glauben an den Machiavellismus der deutschen Politik zu nähren, den aufrecht zu erhalten als so wünschenswert angesehen wird. Die nackte Wahrheit aber ist, dass, obschon die deutsche Diplomatie durchaus unredlich war, wie es die Diplomatie an sich stets ist, Deutschlands Vorbereitungen an der belgischen Grenze zur gehörigen Zeit ebenso allbekannt wurden, als es ihr Zweck vorher schon gewesen war. Die Strategen und Militärschriftsteller, die alle um das Hauptsächlichste Bescheid wussten, konnten dies nur durch die gewöhnlichen militärischen und Geheimdienst-Kanäle erfahren. Uebrigens scheint den deutschen Militärschriftstellern selber nicht im geringsten an der Vertuschung der Tatsachen gelegen zu haben. So nahm z. B. General von Falkenhausen in seinem „Der grosse Krieg der Jetztzeit" (1911 in der „Times" besprochen) die Verletzung belgischen Bodens in einem allgemeinen europäischen Krieg als ganz selbstverständlich an. Britische und andere Militärschriftsteller erzählten uns, dass Deutschland, als es bemerkte, dass es alle seine militärischen Pläne von Grund aus umarbeiten müsse, sogleich in grossem Massstab den Bau strategischer Eisenbahnen begann, welche die ganze Front Aachen-Trier flankierten und die neuen Linien mit den Hauptlinien und den militärischen Zentren Mainz, Köln, Bonn und Koblenz verbanden. Sie erzählten uns schon im Jahre 1911 von einer allmählichen Verdreifachung der Laderampen in Metz und dass zwischen Aachen und Trois-Vièrges (Ulflingen in Luxemburg) eine neue Konzentrationsbasis für eine Armee in Vorbereitung sei; — dass ausser diesen „doppelgeleisigen und für schwere Transporte hergerichteten" Eisenbahnlinien an allen Stationen und geeigneten dazwischen liegenden Punkten Nebengeleise gelegt seien; — dass zwischen Montjoie und St. Vith Entlade-Stellen für mehr als 120 000 Mann errichtet und dass kleine Stationen ohne jeden Verkehr (wie z. B. Münster, Rötgen, Montjoie usw.) mit Bahnsteigen versehen seien, „deren einige sich über mehr als eine halbe englische Meile ausdehnten". Sie erzählten uns von befestigten Lagern nächst der belgischen Grenze, von der Anhäufung von Fuhrparks, Magazinen usw. usw.

Nun muss ein Wort über französische Politik und Strategie in einem allgemeinen europäischen Kriege gesagt werden. Von verschiedenen Seiten wurde kürzlich vorgebracht, dass, wenn Deutschland nicht Frankreich, Frankreich auch Deutschland nicht angegriffen hätte. Aber dies kann nur ein nachträglich konstruierter Gedanke sein. Wäre Frankreichs Verbleib in der Neutralität, wenn Russland mit Deutschland in Krieg geriet, auch nur fraglich gewesen, so wäre kein a l l g e m e i n e r Krieg ausgebrochen, Belgien wäre jetzt nicht der Kriegsschauplatz von vier einander bekämpfenden Mächten und Grossbritannien würde nicht den Tod von Tausenden seiner tapferen Söhne beweinen. Dass die deutsche Regierung den Krieg mit Frankreich nicht wollte, setzen das Weissbuch und die anderen diesbezüglichen zugänglichen Dokumente endgültig fest. Als es am 1. August 1914 möglich schien, dass die britische Regierung zu dem Versuche geneigt wäre, ihre guten Dienste zur Sicherung der französischen Neutralität für den Fall eines russisch-deutschen Konfliktes auszuüben, gingen die Herrscher Deutschlands sogleich darauf ein. Der deutsche Botschafter in London telegraphierte dem Kanzler, er habe Sir E. Grey gesagt, dass er (der Botschafter) glaube, Deutschland werde damit einverstanden sein. Der Kanzler sandte ein zusagendes Antwort-Telegramm. Im gleichen Sinne telegraphierte der Kaiser an König Georg (siehe die Dokumente h, i, j in Prices „The Diplomatic History of the War"). Die Hoffnung stellte sich als ein auf einer telephonischen Unterredung beruhendes Missverständnis zwischen Sir E. Grey und dem deutschen

Botschafter heraus (vgl. Sir Greys Darstellung im Unterhaus am 28. August 1914).

Die am 24. Juli 1914 vom französischen Botschafter in Petrograd zu Sir George Buchanan, dem britischen Botschafter — und die von Cambon, dem französischen Botschafter in London am 30. Juli zu Sir E. Grey geäusserten Worte (Weissbuch Nr. 6 und 105) sind deutlich genug in dem Sinne, dass die französische Regierung nicht die Absicht hatte, neutral zu bleiben.

Nun zur französischen Strategie. Seit dem franko-russischen Bündnis waren die Ansichten der französischen Militärschriftsteller über die von den Franzosen zu befolgende Strategie geteilt. Zwei der neuesten französischen Militär-Bücher sind die von Oberstleutnant A. Grouard (La Guerre Eventuelle, 1913) und von Oberst Arthur Boucher (L'Allemagne en Péril, 1914). Obschon Oberstleutnant Grouard zugibt, dass der Feind wahrscheinlich in Frankreich eingefallen sei, ehe dies seine Vorbereitungen vollendet habe, tritt er dennoch dafür ein, dass der Angriff „so rasch als möglich" unternommen werden müsse und dass die Anstrengungen der Franzosen gegen Elsass-Lothringen mit Diedenhofen als Hauptziel zu richten seien. Kein Versuch zur Ueberschreitung des Rheins sollte gemacht werden, ehe nicht das französische Heer das linke Ufer dieses Flusses fest in der Hand hätte. Der Einnahme Diedenhofens würde ein Angriff auf Germersheim folgen, und nach dessen Eroberung läge es im Interesse Frankreichs, sich den Frieden auf Grund der Rückgabe von Elsass-Lothringen zu sichern. Auch Oberst Boucher, der Verfasser von zwei früheren wohlbekannten Werken („Die Offensive gegen Deutschland" und „Frankreich siegreich im Kriege von morgen") hält es für richtig, alle Vorbereitungen für einen raschen Gegenangriff zu machen. „Hat Deutschland am 11. Tage unsere Grenze noch nicht überschritten, dann werden wir die seine überschreiten und die direkte Offensive an uns reissen." Beide Verfasser betrachten offenbar die Intervention Frankreichs in einem russisch-deutschen Kriege als selbstverständlich. Oberst

Boucher ist besonders nachdrücklich. Er weist — mit einer Aufrichtigkeit, die einige englische Schriftsteller nachzuahmen unterlassen haben — darauf hin, dass Deutschlands neues Militär-Gesetz von 1913 „zum Schutze gegen die slawische Gefahr" war. Nach ihm „zweifelt Deutschland nicht daran, dass Frankreich, seinen Verträgen unwandelbar treu bleibend, seinem Verbündeten mit aller Kraft beistehen wird, wobei es jedoch den günstigsten Augenblick zum Intervenieren wählen würde."

Oberst Boucher hat uns mit der durchdringenden Logik und der dem französischen Geiste eigenen Philosophie das vielleicht wahrste Bild der Verhältnisse gegeben, die in Europa zur Zeit der Morgendämmerung des Jahres 1914 bestanden. Der Abschnitt ist es wert, ganz wiedergegeben zu werden:

„Sonderbar ist die Lage, in der sich Frankreich befindet! Es ist der Schmerz, seine beiden schönen Provinzen Elsass und Lothringen verloren zu haben, die so fromm anhänglich an uns verblieben sind; — es ist unser unerschütterlicher Wille, sie glücklich der Herrschaft ihrer Bedrücker zu entreissen; — es ist die Hoffnung, die Trikolore wieder von ihren öffentlichen Gebäuden flattern zu sehen; — es ist also eine Frage des Gefühls, das vor allem die Ursache unserer Feindschaft gegen Deutschland ist, und diese Feindschaft legt uns an erster Stelle in der Triple-Entente die Verpflichtung auf, die Verteidigung der Lebensinteressen Russlands und Englands, unserer Verbündeten und Freunde, zu übernehmen. Denn sind wir siegreich, dann ist Europa ewig von der deutschen Herrschaft befreit; gleichzeitig hat das Slawentum das Deutschtum zu Boden geworfen; Russland erhält vollständig freie Hand, sein ungeheures Reich durch Zuwachs zu konsolidieren. Sind wir siegreich, dann bleibt England die Beherrscherin der Meere; seine Flotte hat nichts mehr von der deutschen zu befürchten; sein Handel ist vor jeder Konkurrenz bewahrt. Um Angriffen zu begegnen, die es von allen Seiten bedrohen, ist Deutschland gezwungen, seine Heeresmacht bis zum äussersten zu steigern, und letzten Endes wird diese Macht gegen uns gerichtet...."

Die von meinen Lesern erhobene Frage ist nun, glaube ich, genügend beantwortet. Um aber im Kopfe des Lesers die strategische Lage Deutschlands mit der, durch die bestehende Trennung Europas bedingten internationalen Lage zu verketten und um die ganze Geschichte klar herauszuarbeiten, wird eine Wiederholung der springenden Punkte nützlich sein. 1. Das franko-russische Bündnis war das Ergebnis verschiedener Ursachen, die hier nicht erörtert werden können. Das Bündnis wurde dem britischen Volke abwechselnd, je nach den in den Regierungskreisen gerade vorherrschenden Tendenzen, als defensiv und als offensiv dargestellt. In Deutschland wurde es als eine ständige Bedrohung empfunden, die das sogenannte „Gleichgewicht der Mächte" sehr zu Deutschlands Ungunsten senken liess. Von dem Augenblick seines Abschlusses an geriet Deutschland militärisch in eine Verteidigungs-Stellung gegen weit, weit überlegene Kräfte:[1]) dies die nackte Tatsache, einerlei, was der Beweggrund zu den deutschen Rüstungen gewesen sein mag. 2. Wenn dies Bündnis — dessen genauer Wortlaut noch nicht veröffentlicht wurde[2]) — französische Hilfe an Russland in einem teutonisch-slawischen Konflikte wegen des Balkan und der Donau-Monarchie vorsah (und das war nach dem Weissbuch der Fall), dann war ein sofortiger deutscher Angriff auf Frankreich eine selbstverständliche und allen Regierungen Europas bekannte Tatsache. 3. Die einzige Möglichkeit für solch einen Angriff bestand nach dem Urteil der Sachverständigen in einem Vormarsch durch Belgien und Luxemburg. 4. Es war bekannt, dass der deutsche Generalstab alle Vorbereitungen hierzu gemacht hatte, und ein Ersuchen Deutschlands um das Durchzugsrecht durch Belgien war 1914 so gewiss, als es 1887 wahrscheinlich war. Dies waren im verflossenen Jahrzehnt d i e u n u m s t ö s s -

---

[1]) Vgl. Lloyd Georges Reden 1908 und 1914, Kapitel 2, 3 und 9.
[2]) 1919 im 3. französischen Gelbbuch geschehen (D. Uebers.).

lich feststehenden Faktoren der europäischen Lage
für den Fall eines Krieges (unter Ausschluss des Faktors
der britischen Politik diesem etwaigen Ereignis gegenüber)
und bezüglich der Ursachen, die zu einem Kriege führen
konnten. Der ungewisse Faktor in der europäischen
Lage war die Haltung des englischen liberalen Kabinetts, und
je eingehender die Wirkungen dieser Haltung vom britischen
Volke nach Wiedergewinnung seiner sachlichen Urteilsfähig-
keit erforscht werden, desto sicherer wird man diese Haltung
verurteilen. Sie machte die Ausdehnung des Krieges auf die
westlichen Länder unvermeidlich. Denn einerseits weigerte
sich unsere Diplomatie, die insgeheim Frankreich verpflichtet
war (und deshalb auch Russland, ohne, man höre!, auch
nur den genauen Wortlaut des französisch-russischen Bündnis-Vertrages zu kennen!), sich trotz dem wiederholten Ersuchen der französischen und russischen Regierung zu erklären.[1]) Andererseits war unsere im geheimen gefesselte
Diplomatie verhindert, mit Deutschland offen Karten in der
belgischen Angelegenheit zu spielen, die, wie diese Ausführungen beweisen, der Schlüssel der Lage war. Nicht bloss
unterliess es unsere Diplomatie bis zum allerletzten Augenblick, die belgische Frage Deutschland gegenüber aufzuwerfen (und sie tat es dann nur in einer Weise, die jedeBestimmt-
heit vermissen liess, obgleich sie wohl wusste, dass Belgien
selbstverständlich in den Krieg verwickelt werde): sondern
als schliesslich unsere Diplomatie diese Frage anschnitt,
lehnte sie es ab zu sagen, dass Grossbritannien neutral bleiben werde, selbst wenn die belgische Neutralität nicht verletzt und Deutschland auch nach einem siegreichen Feldzuge

---

[1]) An anderer Stelle von „Truth and the War" schreibt der Verfasser
darüber: „Die Beweggründe dazu waren anfangs wahrscheinlich verschiedener Art. Gegen den Höhepunkt der Krise entsprang das Schweigen
vermutlich dem grimmigen Kampf, der alsdann im Kabinett zwischen
der Kriegs- und Friedenspartei wütete. . . . Der unwiderrufliche Schritt
konnte natürlich erst geschehen, als die Hauptmasse des Kabinetts damit
einverstanden und im Verlaufe der äusseren Ereignisse ein Punkt erreicht
war, der das Unterhaus in die psychologische Verfassung versetzte, den
Schritt gutzuheissen". — Vgl. hierzu die Anmerkung des Uebersetzers
Seite 81 und 82.

sich keine französischen Kolonial-Besitzungen aneignen würde (Nr. 23),[1]) und unsere Diplomatie bemühte sich nicht im geringsten, die Neutralität Frankreichs in einem russisch-deutschen Streite zu sichern. Wenn die britische diplomatische Politik, die sich dem Namen nach in den Händen Sir E. Greys, tatsächlich aber in den der ständigen Beamten befand, eine Friedenspolitik war, so erlitt sie aus reiner Unfähigkeit und Unzulänglichkeit Schiffbruch. War sie eine Kriegspolitik, dann verurteilt sie ihr Erfolg.

---

[1]) Die Anfragen gingen am 1. August 1914 vom deutschen Botschafter aus; sie erfolgten, wie Sir E. Grey am 27. August in der Tat erklärte, auf die eigene persönliche Initiative des deutschen Botschafters und entbehrten eines amtlichen Auftrags. Dieser Vorfall bleibt eines der unaufgeklärten Geheimnisse der Unterhandlungen. Warum wurde die Unterhaltung aufgezeichnet und später im Weissbuch veröffentlicht — wo sie als eine der bedeutungsvollsten Dokumente hervorsticht —, wenn sie nur unformell war? Ist es für einen Botschafter üblich, auf eigene Verantwortung wichtige Vorschläge zu machen? Im Weissbuch ist bemerkenswerte Sorgfalt darauf verwendet, bezüglich verschiedener Dokumente zwischen einer persönlichen Mitteilung und einer amtlichen zu unterscheiden. So ist z. B. in Nr. 3 berichtet, der österreichische Botschafter habe „privatim erklärt" und in Nr. 10 heisst es, der deutsche Botschafter „fragte mich persönlich". Weshalb enthält dann die unter Nr. 123 veröffentlichte Unterredung vom 1. August keinen Hinweis darauf, dass der Botschafter nur in seiner persönlichen Eigenschaft sprach? Uebrigens geht aus dem Telegramm des deutschen Botschafters an seine Regierung hervor (datiert 1. August 8³⁰ Nm., — siehe Price, S. 411), dass er auf Weisungen hin gehandelt hat, und man kann nicht sagen, der allgemeine Charakter seiner, in Nr. 123 wiedergegebenen Anfragen sei im Widerspruch mit dem Inhalt der Telegramme gewesen, die der Kaiser und der deutsche Minister des Aeussern eben damals von Berlin absandten. Es wäre, sollte man denken, eine einfache Sache gewesen, wenn Sir E. Grey über des deutschen Botschafters Autorität im Zweifel war, sich durch ein Telegramm zu vergewissern, ob der Botschafter nur in seinem Namen oder im Namen der deutschen Regierung gesprochen habe. Es wäre wenigstens ein Versuch gewesen, Belgien und England vor dem Eintritt in den Krieg zu bewahren.

6. Kapitel.

War Deutschland allein verantwortlich?[1]

Aus „Die diplomatische Geschichte des Krieges" von Philip
Price: „Es ist klar, dass je genauer den Verhandluugen, die zur
Weltkatastrophe führten, nachgespürt, es auch um so unmöglicher
wird, die ganze Schuld e i n e m europäischen Staat allein auf-
zubürden. Und je mehr das Aktenmaterial geprüft wird, desto
stärker wird die Ueberzeugung, dass die Verantwortung für das
Misslingen der Diplomatie, die Zivilisation Europas zu retten, a l l e n
europäischen Regierungen ohne Ausnahme zur Last gelegt werden
muss."

* * *

Es besteht eine Neigung, die Erörterung über den unmittelbaren Ursprung des Krieges als nicht am Platze zu
betrachten. Es vergeht aber kaum ein Tag, ohne dass ein
hervorragender Schriftsteller oder Geschichtschreiber sein
Scherflein zu dem Gegenstand beitrüge, wobei der Schluss
unveränderlich der ist, dass Deutschland und nur Deutschland allein der Schuldige sei. Einen Zweifel an der Genauigkeit der zur Stütze dieser Folgerung vorgebrachten Tatsachen
zu wagen, wird als unpatriotisch verschrien. Ist es aber unpatriotisch, auf eine schliessliche Versöhnung des englischen
und deutschen Volkes zu hoffen? Sowohl das englische wie
das deutsche Volk halten mit unfraglicher Aufrichtigkeit daran fest, dass es vollkommen im Recht sei. Es mag oder mag
nicht wünschenswert sein, darüber einen Meinungsaustausch
zurückzuhalten, bis die beiderseitigen Kämpfer — meistens
so unschuldig wie neugeborene Kinder an den Ursachen, die
sie in das Todesringen stürzte — gnädig von ihrer gegenwärtigen Beschäftigung erlöst sind. Das ist eine Sache der
Anschauung. Aber tatsächlich wird dies auf beiden Seiten
von nicht-kämpfenden Diplomaten und Journalisten abgelehnt, deren Hauptzweck zu sein scheint, frisches Oel in die

---

[1] „The Labour Leader", 8. Oktober 1914.

Flammen des Hasses zu giessen. Unter diesen Umständen kann es nicht unrecht sein, um Aufklärung über einen Punkt von sehr grosser Wichtigkeit zu bitten, der, wenigstens für viele von uns, in Zweifel und Dunkel gehüllt bleibt.

Darf ich ihn nennen? Bis vor kurzem wären, wie ich glaube, die meisten Leute, die das zugängliche Beweismaterial wirklich geprüft haben, dahin übereingekommen, dass die Hauptverantwortung für den unmittelbaren Kriegsursprung festzusetzen seien: auf Oesterreichs Masslosigkeit in seinen Verhandlungen mit Serbien, auf Deutschlands Unfähigkeit oder seinen Mangel an Willen, Oesterreich zurückzuhalten, und auf Russlands plötzlichen General-Mobilmachungsbefehl, nachdem die für den Augenblick unterbrochen gewesenen austro-russischen Besprechungen wieder aufgenommen worden waren.

Doch mit dem Erscheinen von Sir M. de Bunsens[1]) als besonderen Weisspapiers (Cd. 7596) herausgegebenen Berichts wird in Wahrheit von uns verlangt, diese Ansicht zu ändern und den Schluss zu ziehen, dass Oesterreich das blinde Werkzeug Deutschlands war und dass sich Deutschland — Oesterreich zur Gefolgschaft zwingend — in den Krieg stürzte, als Oesterreich die russischen Forderungen tatsächlich angenommen hatte. Soviel ich sehe, hat keine einzige Zeitung Grossbritanniens irgend etwas anderes als dies aus Sir M. de Bunsen's Bericht herausgelesen.

Je mehr dieser jedoch geprüft wird, desto schwieriger wird es für einige von uns, seinen Inhalt mit den zeitgeschichtlichen Dokumenten in Einklang zu bringen. So bemerkt Sir M. de Bunsen bei Besprechung der Handlungsweise der österreichisch-ungarischen Regierung: „Russland beantwortete eine teilweise Mobilmachung Oesterreichs und dessen Kriegserklärung an Serbien mit einer teilweisen russischen Mobilmachung gegen Oesterreich. Oesterreich begegnete dem durch Vervollständigung seiner Mobilmachung, und Russland ant-

---

[1]) Vor Kriegsausbruch englischer Botschafter in Wien (D. Uebers.).

wortete wieder mit Beschlüssen, die in die Geschichte übergegangen sind" (S. 2).[1])

Der erste Satz stimmt mit dem Weissbuch (Cd. 7467) überein. Doch wenn „Vervollständigung seiner Mobilmachung", wie ich annehmen muss, allgemeine Mobilmachung bedeutet, dann ist die Folgerung, dass die österreichische allgemeine Mobilmachung der russischen vorausging. Aber Sir M. de Bunsens Bericht, der die österreichische allgemeine Mobilmachung ankündigt, ist mit dem 1. August datiert (Nr. 127), während Russland seine allgemeine Mobilmachung in der Nacht des 30. Juli befahl und sie am Morgen des 31. bekanntgab (Nr. 112—113).[2]) Was ist richtig? Das Datum ist ganz offenbar von der grössten Bedeutung.[3])

Sir M. de Bunsen schreibt weiter: „Unglücklicherweise wurden diese Unterhaltungen in St. Petersburg und Wien durch die Verschiebung des Streites auf den gefährlicheren Boden eines unmittelbaren Konfliktes zwischen Deutschland und Russland abgerissen. Deutschland trat am 31. Juli mittelst seines doppelten Ultimatums an St. Petersburg und Paris dazwischen" (S. 3).

Sonderbar an diesem Abschnitt ist die Auslassung des russischen General-Mobilmachungs-Befehls, der eingestandenermassen die unmittelbare Ursache des deutschen Ultimatums war. Kann es irgend einem nützlichen Zwecke dienen, das zu übergehen, was Deutschland für den entscheidenden Faktor seines Schrittes, nämlich die allgemeine russische Mobilisation, geltend macht?

Weiter: Wenn Oesterreich so auf eine Verständigung aus war, wie es Sir M. de Bunsen darstellt, wie verhält es sich dann damit, dass Sir G. Buchanan in seiner Weitergabe des

---

[1]) Der Leser beachte die Unklarheit der Wendungen dieser Auszüge, die offenbar auf eine Irreführung der öffentlichen Meinung berechnet waren (D. Uebers.).

[2]) Stephen Graham befand sich in einem Dorfe an der russisch-mongolischen Grenze, als am 31. Juli 4³⁰ morgens das Mobilmachungs-Telegramm durchkam. (Siehe „Times" vom 11. September 1914 und Price, „Die diplomatische Geschichte des Krieges").

[3]) Auch Price hat seither in der 2. Ausgabe seines wertvollen Werkes auf diesen schwerwiegenden Widerspruch hingewiesen.

a l l g e m e i n e n russischen Mobilmachungs-Befehls als dessen zwingenden Grund angibt: „... den vom russischen Botschafter in Wien erhaltenen Bericht des Inhalts, dass Oesterreich entschlossen ist, einer Intervention der Mächte nicht nachzugeben, und dass es Truppen sowohl gegen Russland wie gegen Serbien in Bewegung setzt" (No. 113).

Kurz, Sir M. de Bunsen behauptet vom russischen Botschafter in Wien, dass er „eifrig für den Frieden arbeite" (S. 3) und die Verhandlungen in dem hoffnungsvollsten Geiste des Kompromisses führe, und dies in eben dem Augenblick, da nach Sir M. de Bunsens Kollegen in St. Petersburg dieser selbe russische Botschafter seiner Regierung telegraphiert, Oesterreich sei äusserst unversöhnlich. Diese Dinge passen nicht zusammen. Wie ist das zu erklären?

Wie sollen wir ferner Sir M. de Bunsens hauptsächlichste Folgerung, nämlich ein Deutschland, entschlossen, Oesterreich in den Krieg zu zerren, in Zusammenhang bringen mit seiner nebensächlichen Behandlung der russischen a l l g e m e i n e n Mobilisation und mit den Berichten seiner Kollegen aus Berlin und St. Petersburg, die mit dem seinen nicht im geringsten übereinstimmen? Um nur e i n Beispiel zu erwähnen: Sir G. Buchanan scheint sich keinen Illusionen über die wahrscheinlichen Folgen einer russischen G e n e r a l - Mobilisation hingegeben zu haben. Er sagte Sasonoff schon am 25. Juli: „... dass Deutschland, wenn Russland mobilmache, sich nicht mit einer blossen Mobilmachung begnügen oder Russland Zeit zur Ausführung der seinigen lassen, sondern voraussichtlich sofort den Krieg erklären werde" (No. 17).·

Und wenn während des Krieges Gerechtigkeit in einer Streitfrage erlaubt ist, so ist es nur die nackteste Gerechtigkeit den deutschen Staatsmännern gegenüber, in Erinnerung zu bringen, dass sie dem britischen Botschafter nie die Folgen einer russischen G e n e r a l - Mobilisation verheimlichten, wovon das Weissbuch Zeugnis ablegt. Daher hiess eine russische G e n e r a l - Mobilisation Krieg (ob Deutschland berechtigt war, sie als gleichbedeutend mit einer Kriegserklärung zu betrachten, ist eine andere Frage[1]). Auch in den Augen des englischen Botschafters in St. Petersburg bedeutete sie Krieg. Aber dies ist in Sir M. de Bunsens späterer Darstellung der dem Kriege vorausgegangenen Lage kaum erwähnt, und wenn er darauf zurückkommt, geschieht es unter einer Verwirrung der so überaus wichtigen Daten.[2])

Ich übergehe die Anschuldigungen der geheimen Mobilmachung, die Deutschland gegen Russland und Russland gegen Deutschland vorgebracht haben, da es noch nicht möglich ist, sie auf ihre Richtigkeit zu prüfen. Wenn es der Raum erlaubte, könnten aber zahlreiche Stellen aus dem Weissbuch angeführt werden, die in geradem Gegensatz zu Sir M. de Bunsens Folgerungen oder den Schlüssen stehen, die aus seinem Bericht herausgelesen wurden. Abgesehen vom Weissbuch gibt es andere Dokumente, welche die durch eine Prüfung des Bunsenschen Berichts hervorgerufenen Zweifel bestärken. So drahtete am 27. Juli 1914 der wohl kaum deutscher Sympathien verdächtige Berliner Berichterstatter der „Times": „Deutschland arbeitet sicherlich und ohne Zweifel aufrichtig für den Frieden." („Times" vom 28.) Wozu die Zeitung bemerkte: „Sollte dies der Fall sein, und wir vertrauen darauf und glauben daran, so müsste der Friede mit ein wenig weiterer Anstrengung gesichert sein."

---

[1]) Bestätigung darüber siehe Abschnitt IX des letzten Kapitels (D. Uebers.).

[2]) In „Die diplomatische Geschichte des Krieges" (Price) befindet sich eine unparteiische und erschöpfende Analyse der amtlichen und nichtamtlichen Beweisstücke über die Mobilisations-Daten der verschiedenen kriegführenden Regierungen. Dieser Analyse, deren Genauigkeit meines Wissens nicht bestritten wurde, kann eine klare Idee der wirklichen Tatsachen entnommen werden. Beim Lesen der folgenden Zusammenstellung muss man sich vor Augen halten, dass Deutschland befähigt war, die Mobilmachung rascher als alle anderen Mächte durchzuführen. Andererseits müssen die unternommenen Versuche mit Vorsicht aufgenommen werden, wonach Deutschlands Furcht vor Russland und die Panik, die Berlin ergriff, als dort am 31. Juli die Nachricht von der russischen General-Mobilisation eintraf, eine „pro-deutsche" Mache seien, weil ja die russische Mobilmachung notwendigerweise langsamer vonstatten.ging als die deutsche. Tatsächlich waren f ü n f T a g e n a c h K r i e g s a u s b r u c h zwei mächtige russische Armeen in Ostpreussen eingefallen. Sie besiegten die Deutschen bei Gumbinnen, blockierten

Sodann schreibt der frühere Berliner Berichterstatter des „New Statesman" von London aus (Nummer vom 25. August): „Nachdem nun der Krieg ausgebrochen, kann ich eine Indiskretion begehen und einen Vorfall erzählen, über den vorher meine Lippen versiegelt waren. In der deutschen reaktionären Presse war eine Bewegung zur Unterdrückung sozialistischer Friedens-Versammlungen entstanden mit der Begründung, sie schwächten die Politik des Landes. Am Morgen des Tages, an dem die Versammlungen stattfanden, wurde ein wichtiges Mitglied der sozialdemokratischen Partei zum Minister des Innern berufen und ihm dort eröffnet, dass die Regierung nicht nur nicht die Absicht habe, die Friedens-Versammlungen zu verbieten, sondern dass sogar alle Vorsichtsmassregeln gegen ihre etwaige Störung ergriffen würden, und dass die Regierung hoffe, die Sozialisten würden ihre Bewegung mit der äussersten Energie fortsetzen. Das geschah bis zu dem Augenblick, da der Kriegszustand erklärt und eine weitere Tätigkeit nutzlos wurde."[1]

Die Richtigkeit dieser Darstellung wurde seither durch einen Brief bestätigt, den Ramsay Macdonald von einem deutschen Sozialistenführer über Schweden erhalten hat. Am 1. August 1914 veröffentlichte die „Westminster Gazette" von

---

Königsberg und besetzten Tilsit. Vor Ende August war Petrograd ausser sich vor Freude, und man hatte M. 400 000 — als Geschenk für den ersten Soldaten gesammelt, der Berlin betrete.

25. Juli: Oesterreich mobilisiert gegen Serbien (teilweise Mobilmachung).
28. „ Russland „ „ Oesterreich „ „
30. „ nachts: Ausgabe des russischen General-Mobilmachungs-Befehls (gegen Deutschland und Oesterreich).
31. „ Deutschland verhängt den Kriegszustand.
31. „ (mitternachts): Deutschland verlangt summarisch die Demobilisation der russischen Armee innerhalb 12 Stunden, widrigenfalls Deutschland mobilisieren werde.
31. „ (frühestens; das englische Weissbuch gibt den 1. August an): Oesterreich befiehlt die allgemeine Mobilmachung (gegen Russland).
1. August (nachmittags): Deutschland veröffentlicht den allgemeinen Mobilmachungsbefehl. (Siehe hierzu Nachwort des Uebers. am Schlusse des Kapitels).

[1] Es ist gut, sich hierbei daran zu erinnern, dass zur selben Zeit der französische Sozialistenführer Jaurès in Paris ermordet und sein Mörder 1919 freigesprochen wurde (D. Uebers.).

ihrem Berliner Berichterstatter Crozier Long den Wortlaut eines Telegramms an den deutschen Botschafter in Wien, das die deutsche Regierung Long mitgeteilt hatte: „Berlin, 30. Juli 1914. Die Meldung des Grafen Pourtalès steht nicht im Einklang mit der Darstellung, die Eure Exzellenz zu der Haltung der österreichisch-ungarischen Regierung gegeben haben. Anscheinend liegt ein Missverständnis vor, das ich Sie aufzuklären bitte. Wir können Oesterreich-Ungarn nicht zumuten, mit Serbien zu verhandeln, mit dem es im Kriegszustand begriffen ist. Die Verweigerung jeden Meinungs-Austausches mit Petersburg aber würde ein schwerer Fehler sein. Wir sind zwar bereit, unsere Bundespflicht zu erfüllen, müssen es aber ablehnen, uns von Oesterreich-Ungarn durch Nichtbeachtung unserer Ratschläge in einen Weltbrand hineinziehen zu lassen. Eure Exzellenz wollen sich gegenüber dem Grafen Berchtold sofort mit allem Nachdruck und grossem Ernst in diesem Sinne aussprechen. Bethmann Hollweg."

Sollen wir daraus schliessen, dass die „Times" falsch unterrichtet, die deutsche Sozialdemokratie (aber zu welchem Zwecke denn?) absichtlich irregeleitet und das Crozier Long mitgeteilte Telegramm vom 30. Juli eine Fälschung war? Es mag wohl sein, aber ich wüsste nicht, dass dies behauptet und noch weniger bewiesen worden wäre. [1]) Das Telegramm bestätigt die Sir E. Goschen (dem englischen Botschafter in Berlin) wiederholt vom deutschen Kanzler abgegebenen Versicherungen hinsichtlich der von der deutschen Regierung gemachten Anstrengungen, sich an Oesterreich-Ungarns Rockschösse zu hängen, und Sir E. Grey glaubte an ihre Echtheit, obgleich diese Anstrengungen nicht so energisch gewesen sein mögen, als sie es hätten sein können und sollen, und obgleich sie von vorneherein durch Deutschlands ursprüngliche und verhängnisvolle Fehlrechnung bezüglich der Absichten Russlands, falls Oesterreich seinen Konflikt mit Serbien bis zum äussersten trieb, nachteilig beeinflusst waren. Sonst hätte

---

[1]) Bethmann Hollweg hat am 18. August 1915 im Reichstag den obigen Wortlaut des Telegramms an Herrn von Tschirschky bekanntgegeben (D. Uebers.).

Sir E. Grey kaum am 29. Juli dem britischen Botschafter in Berlin gedrahtet: „Wenn er (der deutsche Kanzler) Oesterreich dahin bringen kann, Russland zufriedenzustellen und es nicht zu einem Zusammenstoss mit ihm kommen zu lassen, werden wir alle Sr. Exzellenz (Bethmann Hollweg) tiefe Dankbarkeit für die Rettung des Friedens von Europa zollen" (No. 77).[1])

Schliesslich kann Sir M. de Bunsens Darstellung z. B. nicht mit den wiederholten Behauptungen der österreichisch-ungarischen Staatsmänner in Uebereinstimmung gebracht werden, dass die dem Streite mit Serbien zugrundeliegenden Dinge eine Lebensfrage für die Doppelmonarchie sind. Auch mit den Dokumenten No. 18, 76 und 95 ergeben sich Widersprüche. Im letztgenannten telegraphiert Sir M. de Bunsen selber (Juli): „Der französische Botschafter hört von Berlin, der deutsche Botschafter in Wien sei angewiesen, ernst bei der österreichisch-ungarischen Regierung gegen eine Handlungsweise vorstellig zu werden, die auf die Entfesselung eines europäischen Krieges hinausläuft."

Auch mit No. 97 bestehen Unstimmigkeiten, worin Sir G. Buchanan berichtet, dass der deutsche Botschafter im Verlaufe einer Unterredung mit Sasonoff „vollständig zusammenbrach, als er sah, dass der Krieg unvermeidlich war". Nach Sir M. de Bunsens späterer Schilderung hätte sich dieser deutsche Vertreter doch freuen müssen.

Mein heutiger Zweck ist einfach zu fragen, ob eine weitere Prüfung der zugänglichen Tatsachen nicht eine Aenderung des durch Sir M. de Bunsens Bericht hervorgerufenen Urteils zeitigen würde. Ich für meinen Teil glaube fest daran, dass es niemals unmöglich ist, den britischen Gerechtigkeits-Sinn anzurufen, wie auch die Umstände des Augenblicks sein mögen, und selbst die Greuel dieser' fürchterlichen Kata-'

---

[1]) Tatsächlich hat Oesterreich dem Drucke Dentschlands und Englands nachgegeben und am 31. Juli die direkten Verhandlungen mit Russland wieder aufgenommen; diese waren aber bereits durch die in der Nacht vom 30. auf den 31. Juli befohlene (am 29. schon beschlossene!) russische allgemeine Mobilmachung zunichte gemacht (D. Uebers.).

strophe werden keine solch anhaltende Bitterkeit hinterlassen, um die Anschuldigung einer kalt berechneten Gemeinheit aufrechtzuerhalten, wenn diese Anschuldigung ungerecht und unwahr ist. Ich sage nicht, dass sie unwahr ist. Aber viele ausser mir vermögen die Folgerungen dieses Berichtes mit anderen zeitgeschichtlichen Dokumenten nicht in Einklang zu bringen. Wir wissen alle um Deutschlands Missgriffe und Fehler Bescheid. Aber diese Anklage setzt eine Schurkerei voraus, die mangels eines bündigen, stichhaltigen Beweismaterials und angesichts der widersprechenden Aktenstücke in ihrer jetzigen Darstellung nicht glaubwürdig ist.

[Nachwort des Uebersetzers: Das vor kurzem veröffentlichte Buch von Dr. R. Gooss: „Das Wiener Kabinett und die Entstehung des Weltkrieges" (Wien 1919) räumt vollkommen mit der Legende auf, als habe Deutschland Oesterreich in den Krieg gestürzt; das Gegenteil ist eher der Fall. Das überaus scharfe Vorgehen gegen Serbien fällt hauptsächlich der Donaumonarchie zur Last, die sich weit unversöhnlicher zeigte, als die deutsche Regierung es wünschte. Die Schuld der deutschen Machthaber liegt darin, Oesterreich freie Hand gelassen zu haben. Als Deutschland dann in den letzten Tagen der Krise in voller Aufrichtigkeit auf die Verhütung des Weltbrandes hinarbeitete und dabei den grössten Druck auf Wien ausübte (siehe Kapitel 11), waren die Ereignisse durch Russlands Schuld nicht mehr aufzuhalten. Hierbei operieren unsere Feinde noch bis auf diesen Tag damit, die russische Gesamtmobilmachung zu verschweigen. Sie ist aber von ausschlaggebender Bedeutung, wie überhaupt die ganze Reihe der Mobilmachungen, weshalb ich hier aus dem August- und September-Heft der „Deutschen Nation" eine Zusammenstellung des Herrn Grafen Max Montgelas folgen lasse:

Mobilmachungsbefehle waren ergangen für:

Von Seite der Entente:	Von Seite der Zentralmächte:
24. Juli:	
Teile der britischen Flotte.	‖

15 serbische Divisionen. Teile der britischen Flotte.	24 österreichisch-ungarische Divisionen.

29. Juli:

39 russische . . . . } 54 Divisionen. 15 serbische . . . . } Dazu weitere 400 000 Mann russischer Truppen[1]. Teile der britischen Flotte.	24 österreichisch-ungarische Divisionen.

30. Juli, Abend:

111 russische[2] . . } 15 serbische . . . } 137 Divisionen. 11 französische . } Teile der britischen Flotte. Russische Flotte.	24 österreichisch-ungarische Divisionen.

31. Juli, Vormittag:

111 russische . . . . . . } 15 serbische . . . . . . } 137 (141?) 11 französische . . . . } Divisionen. (mit XIX. Korps 15) } Teile der britischen Flotte. Russische Flotte.	51 österreichisch-ungarische Divisionen. Grenzschutz durch 18 deutsche Divisionen auf Friedensfuss. Oesterreichisch-ungarische Flotte.

1. August:

111 russische . . . } 15 serbische . . . } 194 Divisionen. 68 französische . } Teile der britischen Flotte. Russische Flotte. Französische Flotte.	51 österr.-ungar. . } 86 deutsche (einschl. } 137 Divisionen. 7 Ers.-Divisionen) } Oesterreichisch-ungarische Flotte. Deutsche Flotte.

Man muss sich dabei klar sein, dass Russland, als es die a l l g e m e i n e Mobilmachung beschloss, schon durch seine vorausgegangene T e i l - Mobilmachung zusammen mit Serbien mehr als doppelt so viele Truppen aufgestellt hatte als Oesterreich, dass Russland selber durch die Teilmobilmachung Oesterreichs gar nicht bedroht war, und dass sich die russische allgemeine Mobilmachung auch gegen Deutschland richtete.

---

[1] Nach den Feststellungen des Herrn Grafen Max Montgelas wurde die russische allgemeine Mobilmachung schon am 29. abends beschlossen und hat am selben Abend durch die Einberufung von 400 000 Reservisten begonnen.

[2] Davon konnten allerdings 30 sibirische, kaukasische und turkestanische Divisionen erst sehr spät eingreifen. (Montgelas.)

Es ist hochinteressant, was der schon erwähnte M. Pokrowski in der „Pravda" bei Veröffentlichung der russischen Dokumente dazu sagt: „... um eine Garantie zu haben, dass England an Russlands und Frankreichs Seite Krieg führt, war es nötig, Deutschland auf den Kriegsschauplatz zu ziehen. Dafür gab es aber ein sicheres Mittel, den Ueberfall Russlands auf Oesterreich oder wenigstens eine solche Haltung Russlands, bei der dieser Ueberfall für Deutschland unvermeidlich scheinen würde. Jetzt wird uns die Rolle klar, die die russische Mobilisation spielen sollte." (Deutsches Weissbuch 1919, S. 206.)]

---

7. Kapitel.

Frankreich und Deutschland vor dem Kriege.[1]

Aus „Faites un Roi, sinon faites la Paix" von Marcel Sembat (Paris 1913): „Es gab eine Zeit, da sich der Deutsche dank dem Dreibund für vollkommen geborgen hielt... Nun aber fühlt er sich nicht mehr so sicher. Gegen den Dreibund erstand das franko-russische Bündnis, dann die Triple-Entente. Die Einkreisungs-Manöver Delcassés fanden statt. All dies ging dem Deutschen auf die Nerven. Und lasst uns nicht seine tiefe Ueberzeugung vergessen, dass er — der Deutsche — sich geborgen fühlen und dabei friedlich bleiben kann, während der Franzose aggressiv wird, sobald er sich sicher fühlt... Bisher haben wir zwei sich widersprechende Dinge gewollt: einerseits den Frieden halten... Andererseits haben wir nie eingewilligt, uns selbst gegenüber und noch viel weniger öffentlich unser Einverständnis mit dem Frankfurter Vertrag oder dem territorialen status quo anzuerkennen. Wir haben die vollendete Tatsache hingenommen und sie indirekt anerkannt, indem wir einen Bündnisvertrag unterzeichneten, der diesen Punkt einschloss. Gleichzeitig jedoch haben wir diesem Bündnis als einer Sicherung der

---

[1] „The Labour Leader", 11. März 1915.

Revanche zugejubelt ... Die Deutschen folgern, dass Frankreich die Revanche will und dass uns nur die Klugheit hindert, dies offen zu sagen. Sie fühlen, dass wir auf der Lauer liegen, bereit, die Gelegenheit zu nutzen, die uns den Sieg verspricht. Ich frage jeden ehrlichen Franzosen, o b s i e s o U n r e c h t h a b e n. Würden Sie vor Ihrem innersten Richterstuhl versichern, dass sie Unrecht haben?"

Aus „L'Allemagne en Péril" von Oberst Arthur Boucher: „So sehen wir, wie sehr uns, am morgigen Tage vielleicht, da das Slawentum mit dem Germanentum ein Ende machen will, die Freundschaft Russlands nützen kann, falls wir fest entschlossen sind, alle unsere Pflichten ihm gegenüber zu erfüllen ... Deutschland zweifelt nicht daran, dass Frankreich, seinen Verträgen unwandelbar treu bleibend, seinem Verbündeten mit aller Kraft beistehen wird, wobei es jedoch den günstigsten Augenblick zum Intervenieren wählen würde."

*

*

Langsam aber sicher werden die vor dem Kriege bestehenden Verhältnisse enthüllt, und ihre Verbindung mit der grossen Katastrophe wird auch dem trägsten Verstande klar.

Wie oft haben wir die Phrase von „Deutschlands unprovoziertem Angriff auf Frankreich" gehört und gelesen! Wie hartnäckig wurde uns zu suggerieren versucht, Frankreich hätte nie von einem Angriff gegen Deutschland geträumt, wenn die deutsche Regierung die Offensive gegen Frankreich nicht begonnen hätte!

Wie lautet die Geschichte, die unaufhörlich in die Ohren des britischen Volkes posaunt wird? Ist dies nicht eine kurz und gut zusammengefasste Wiedergabe?:

„Deutschland hat sich vierzig Jahre lang auf diesen Krieg vorbereitet und wartete nur auf den psychologischen Augenblick, ihn zu entfesseln. In den ersten Tagen des August 1914 kam der Augenblick. Mit einem Zynismus ohnegleichen stürzte sich Deutschland sogleich auf Frankreich. Was hatte Frankreich ihm getan? Nichts. Wollten die Franzosen den Krieg?

Sie waren das friedlichste Volk Europas. Konnte Deutschland für diese ungeheuerliche Tat einen anderen Beweggrund haben als schiere Eroberungssucht? Seit Jahrzehnten hatte es sich verschworen, über Frankreich erfolgreich herzufallen, und als Deutschland die Zeit reif schien, unternahm es seinen Ueberfall ohne den Schimmer eines Entschuldigungs-Grundes."

Und hegen nicht zahllose Franzosen dieselbe Ansicht, die Ansicht, dass Frankreich neutral geblieben wäre, wenn Deutschland Frankreich in Ruhe gelassen und seine Aufmerksamkeit auf Russland beschränkt hätte? Hat sich nicht mein guter Freund Peaix-Séailles bemüht, diese These in der letzten Ausgabe des „Socialist Review" zu verfechten?

Was bleibt davon aber jetzt, nach Sir E. Greys Antwort auf Herrn Jowetts zweite Frage übrig? Sir E. Grey unterrichtete Jowett, dass die britische Regierung, obschon sie den Inhalt des franko-russischen Bündnis-Vertrages nicht kenne, doch so viel wisse, „dass die französische Regierung die Einhaltung der Neutralität nicht in Betracht ziehen konnte, falls Russland von Deutschland sowohl als auch Oesterreich angegriffen würde."

So wollen wir denn aus blossem Anstand die Unwahrheit, Frankreich sei von Deutschland böswillig und grundlos angegriffen worden, dem Reich der Vergessenheit überliefern, wo sie mit so vielen anderen ewig schlummern möge[1]).

Deutschland griff Frankreich an, weil andernfalls Frankreich Deutschland angegriffen hätte. Das ist die Wahrheit. Entlastet sie Deutschland von seinem Anteil am Aufbau des Systems, das dazu führte, dass 18 Millionen Menschen in gegenseitige Vernichtung gewirbelt wurden, weil man in den Strassen einer bosnischen Stadt einen Mann erschoss? Ge-

---

[1]) Auf einen Angriff in der Presse entgegnete Morel im „Labour Leader", 3. Dezember 1914 u. a.: „Herr Perris scheint zu glauben, dass der „Angreifer" in einem Krieg notwendigerweise der sein muss, der den ersten Schuss abgibt. Das ist aber durchaus nicht der Fall und wird von der Geschichte vieler Kriege widerlegt. War Japan etwa der „Angreifer" in seinem Kriege mit Russland, weil es — sogar ohne Kriegserklärung — den Tanz eröffnete?"

wiss nicht. Aber sie spricht auch andere Regierungen nicht von i h r e m Anteil an den Greueln frei. Entlastet sie Deutschland davon, dass es seine Legionen durch belgisches Gebiet gegen Frankreich schleuderte, nachdem es zuerst um einen friedlichen Durchmarsch gebeten, was wir 1887 amtlich offenbar nicht als besonders teuflisch betrachtet hätten? Gewiss nicht. Aber sie spricht auch die Diplomaten anderer Länder nicht frei, die uns seither von ihrer vollkommenen Kenntnis erzählt haben, dass Belgien dem europäischen Gruppensystem im Falle eines Krieges zwischen den beiden Gruppen zum Opfer fallen werde, und die keinen Finger rührten, um Belgien vor diesem Schicksal zu bewahren.

Was jedoch diese kategorische Erklärung Sir E. Greys allen, die Ohren zu hören und Augen zu sehen haben, offenbart, ist die Ungereimtheit weiterer Versuche, die Ausdehnung eines Balkan-Zankes auf den Westen Europas — die Verwicklung des belgischen, britischen und französischen Volkes in das Kriegselend — dem Entschluss Deutschlands, Europa zu unterjochen, zuzuschreiben.

Und sie zeigt ferner die Ungereimtheit des Wahnes, dass die „Zermalmung" Deutschlands, falls mit dieser Phrase die versuchte „Zerstückelung" oder nationale Auslöschung Deutschlands gemeint ist, geeignet sei, den diplomatischen Kult des „Gleichgewichts der Mächte" zu beseitigen, das jetzt klar als die Klippe erkennbar ist, an der die europäische Zivilisation scheiterte.

Sir E. Greys Antwort an Jowett beweist ferner ganz unfraglich, dass die deutsche Regierung und das deutsche Volk (die augenscheinlich mit e i n e r Stimme sprechen) t a t s ä c h - l i c h ihre innerste Ueberzeugung ausdrücken, wenn sie behaupten, dass auch sie um ihre nationale Existenz kämpfen; — dass sie ebenso aufrichtig in ihrem Glauben sind, wie es andere Regierungen und Völker sein mögen, dass dies für sie ein Verteidigungs- und kein Angriffskrieg ist.

Meine Ueberzeugung ist, dass die deutsche Regierung politisch höchst weise gehandelt hätte, sich an der deutsch-französischen Grenze streng verteidigend zu verhalten und

127

dadurch die ernste Unmoral eines Einfalls in Belgien zu vermeiden. War solch eine Handlungsweise aber unter diesen Umständen menschenmöglich? Sie hätte Deutschland nicht vor einem französischen Angriff noch vor einem englischen bewahrt, falls Deutschland es gewagt hätte, seine Flotte gegen die französische zu verwenden, denn Sir E. Grey gab am 2. August dem französischen Botschafter die Versicherung, dass die britische Flotte intervenieren werde, falls die deutsche Flotte die französische Küste oder Schiffahrt angriffe.

Die deutsche Regierung sah sich also dieser Lage gegenüber: 1. Sich gegen Frankreich nur verteidigend zu verhalten (denn alle militärischen Sachverständigen waren ja darin einig, dass ein Angriff auf Frankreich über die deutsch-französische Grenze buchstäblich unmöglich sei) und so den ganzen strategischen Plan ihrer militärischen Ratgeber über Bord zu werfen; und 2. auf den Gebrauch ihrer Marine zu verzichten.

Glaubt jemand, dass eine Regierung unter diesen Umständen solch einen Weg einschlagen würde oder es könnte? Wie hätte sie der von den Führern der Militärpartei getragenen Bewegung zu begegnen vermocht, einer sich auf den Schrei gründenden Bewegung, dass Deutschland im Kampfe mit zwei mächtigen Gegnern in der Stunde höchster Gefahr von seinen Herrschern verraten werde? Offenbart es Parteilichkeit, oder Deutsch-Freundlichkeit, oder Mangel an Patriotismus oder irgend einen anderen „ismus“, wenn man den Tatsachen entsprechend Deutschlands und Frankreichs Lage zur Zeit der höchsten Krise folgendermassen beschreibt?

Deutschland: 1. Zur militärischen Verteidigung gezwungen (was nach Ansicht seiner Fachleute verhängnisvoll für die nationale Sicherheit gewesen wäre) a) wegen der Unverwundbarkeit der deutsch-französischen Grenze, b) wegen der belgischen Neutralität. 2. Gezwungen, jeden Gedanken an den Gebrauch seiner Flotte gegen Frankreich infolge der britischen Drohung aufzugeben.

Frankreich: 1. Frei, sich offensiv oder defensiv zu verhalten; den psychologischen Augenblick zu wählen, wann der russische Druck den Weg geebnet hätte für einen französischen Angriff auf die deutschen Linien, gegen welche die gesamte französische Macht gesammelt worden wäre. 2. Frei, seine Flotte nach Belieben zu verwenden; dank dem britischen Beistand, sie vollständig straffrei gegen die deutschen Schiffe oder gegen Deutschlands Verbündeten im Adriatischen Meere zu gebrauchen.

Ich glaube immer noch, dass die deutsche Regierung klüger getan hätte, diese Nachteile auf sich zu nehmen und diese Gefahren zu laufen, weil dann die französische und die britische öffentliche Meinung geteilt gewesen wären und die Stimmung der Neutralen sich stark auf die Seite Deutschlands geneigt hätte, und ich bezweifle, ob dann das französische und das britische Auswärtige Amt ihre Rollen hätten aufrecht erhalten können.

Selbst wenn man des Argumentes halber den Einfluss der Furcht, die, wie wir wissen, Berlin bei der Nachricht der russischen General-Mobilmachung ergriff, ausser Acht lässt, só frage ich noch einmal: konnte die deutsche Regierung, oder i r g e n d e i n e Regierung den Mut oder in der Tat die Macht haben, unter diesen Umständen solch einen Weg einzuschlagen?

Mir ist nicht an der Verteidigung der deutschen Regierung gelegen; ihre zahlreichen früheren diplomatischen Torheiten und die herausfordernde Sprache ihrer Militaristen waren zum grossen Teil für die Lage verantwortlich, in der sie sich in den ersten Augusttagen 1914 befand. Ich bin lediglich bestrebt, mir und dem Leser diese Lage in jenem Augenblick und die Alternativen, denen sich die deutsche Regierung gegenübersah, vorzustellen.

Und ich möchte dabei zwei Dinge anregen, die, falls sie beim britischen Publikum Glauben finden, notwendigerweise die öffentliche Ansicht über die Grösse der deutschen Schuld beeinflussen und die Meinung zugunsten einer — wie Professor Pigou es neulich gefasst hat — ehrenrechtlichen und nicht einer strafrechtlichen Schlichtung stärken müssten (was wiederum zahlose Menschenleben zu retten vermöchte).

Meine Vorschläge sind: Erstens, das zunehmende Licht, das auf die Lage vor dem Kriege zu fallen beginnt, solle die Ueberzeugung in allen einer vernünftigen Ueberlegung noch fähigen Köpfen kräftigen, dass die Entstehung dieses Krieges nicht in der, der deutschen Regierung oder Nation aufgepfropften Erbsünde, sondern in einer allgemeinen Herrschaft der Furcht zu suchen ist, hervorgerufen durch die Schwachheiten und Unfähigkeiten der internationalen Diplomatie, die scheinbar ein Ideal des „Gleichgewichts" verfolgte, das so unerklärbar wie es unerreichbar ist, und die dies mittelst eines Militarismus tat, der, einst der Diener, zum Herrscher der Diplomaten selber wurde.

Zweitens solle dies zunehmende Licht die Ueberzeugung aller der, welche die Blutgier nicht blind macht, stärken, dass die Menschheit durch die Hinschlachtung von einer oder zwei weiteren Millionen menschlicher Wesen keinen einzigen Schritt dem Ziel ihrer Befreiung von den Irrtümern der Vergangenheit näher kommen kann.

---

8. Kapitel.

Militarismus und das Scheusal der Apokalypse.[1]

Ich habe gesagt, dass es eine Ungerechtigkeit und Unwahrheit sei, Deutschland die alleinige Verantwortung an diesem Kriege zuzuschreiben. Ich habe auch gesagt, dass die französische Regierung entschlossen war, in einem russisch-deutschen Kriege nicht neutral zu bleiben. Ich trat dafür ein, dass daher die deutsche August-Offensive gegen Frankreich ehrlicherweise nicht als böswilliger Ueberfall bezeichnet wer-

---

[1] „The Labour Leader", 15. April 1915.

den könne und dass sie a n s i c h keinen Beweis für den Wunsch Deutschlands liefere, „Europa zu unterjochen". Auch erklärte ich, dass meines Erachtens die Wahrheit, nicht im Interesse der „preussischen Junker", sondern im Interesse des britischen Volkes hervorgehoben werden müsse; und ich führte die Gründe an, die mich zu dieser Ansicht brachten.

Seitdem haben zwei Minister, Sir E. Grey[1]) und Lord Haldane[2]) öffentlich Deutschlands alleinige Verantwortung für den Krieg wiederholt. Namentlich wurde auf Deutschlands militärische Vorbereitungen als etwas diesem Lande Eigentümliches und Besonderes hingewiesen, das den schlüssigen Beweis des Vorbedachtes erbringe. Uns wurde wieder einmal das vertraute Bild vom reissenden Wolf des deutschen Militarismus inmitten einer Herde sanftmütiger Friedensschafe — den anderen europäischen Mächten — gezeigt. Nur die Kriegs-Psychose erlaubt es solchen Darstellungen, einen Augenblick lang Revue zu passieren. Ich erkühne mich zu sagen, dass eine beträchtliche Anzahl der intelligenten Leute, die jene unrichtigen Darstellungen hinnehmen, sich selber in den Glauben hypnotisieren, weil sie daran zu glauben wünschen. Die Gefahr ist aber, dass das beständige Schlagen dieser Trommel alle d i e Elemente des englischen öffentlichen Lebens stärkt, die, gereizt durch Zorn und Kummer über den im Feld erlittenen Verlust Geliebter, oder von blinden Gefühlen der Rache oder von Politik getrieben, auf die Verhängung solcher, Deutschland als Friedenspreis aufzuerlegender Bedingungen drängen, die eben die von der Regierung beim Kriegseintritt verkündeten Ziele zunichte machen, neue Erschütterungen vorbereiten und die Rüstungen Europas verewigen würden. Deshalb muss man sich aufraffen, diese Darstellungen zu beleuchten.

Deutschland hat nicht bloss während eines bedeutenden Zeitraums in der Vergangenheit furchtbare Kriegsvorbereitungen getroffen, sondern dies auch mit jener ins Einzelne gehenden Gründlichkeit getan, mit der die Deutschen alle ihre

---

[1]) 22. März 1915.
[2]) „Daily Chronicle", 1. April 1915.

Unternehmungen betreiben. Das ist an sich noch kein Beweis des Vorbedachts. Es ist ein Beweis der Wirksamkeit. Deutscher Militarismus ist der auf die höchste Stufe der Wirksamkeit gebrachte Militarismus. Er unterscheidet sich sonst nicht vom Militarismus anderer Völker. Was ist Militarismus? Er ist das Ergebnis einer in einer Philosophie wurzelnden Politik, die andere Nationen als gegnerische Einheiten betrachtet und den Völkern die Lasten gewaffneter Macht auferlegt. Diese gewaffnete Macht kann auf dem Lande oder auf der See konzentriert sein. Aber ob auf dem Lande oder Wasser — ihre Berechtigung wird verteidigt, weil zur Sicherung des Friedens jeder Staat stärker als sein Nachbar sein müsse. Da der deutsche Militarismus am wirksamsten organisiert ist, so ist er auch wahrscheinlich der unbarmherzigste, denn beim Militarismus gehen Unbarmherzigkeit und Wirksamkeit Hand in Hand. Je wirksamer der Militarismus, desto erbarmungsloser seine Tätigkeit, denn jede neue menschliche Erfindung, die zur Vernichtung von Menschen angewendet werden kann, wird vom tüchtigen Militaristen bis zur Grenze ihrer Fähigkeit entwickelt. Unser Erster Flottenadmiral hat sehr klar erkannt, dass ein moderner Krieg unbarmherzig sein muss. Er erklärte in einer seinem Freunde, dem verstorbenen W. T. Stead 1910[1]) gewährten Unterredung: „Die Vermenschlichung des Krieges! Man könnte ebenso gut von der Vermenschlichung der Hölle reden!... Wenn ich bei Ausbruch eines Krieges Oberstkommandierender bin, werde ich diesen Befehl ausgeben: Das Wesen des Krieges ist Gewalt. Mässigung im Krieg ist Unsinn. Schlage zuerst, schlage hart und schlage überallhin." Kaum zwei Wochen vor Kriegsausbruch rechtfertigte Sir Percy Scott vom selben Gesichtspunkt aus die Handlungsweise, die Deutschland jetzt durch Versenkung von Fahrzeugen, ausser Kriegsschiffen, mittels Unterseebooten und Minen anwendet. Bei Erörterung der Möglichkeit einer entsprechenden Proklamation seitens einer, sich mit einem Inselreich im Krieg befindlichen Landmacht

---

[1]) „Review of Reviews", Februar 1910. — Ueber Lord Fisher siehe noch letztes Kapitel, Abschnitt VII (D. Uebers.).

sagte er: „Solch eine Erklärung wäre meiner Meinung nach vollkommen in Ordnung, und wenn nach ihrer Veröffentlichung englische oder neutrale Schiffe sie unbeachtet liessen und die Blockade zu brechen versuchten, dann könnte man nicht behaupten, dass sie ihren friedlichen Beschäftigungen nachgegangen seien, und würden sie bei ihrem Versuch versenkt, so könnte man dies nicht als einen Rückfall in Barbarei oder als Seeräuberei in seiner schwärzesten Form bezeichnen."[1])

Es war kein Deutscher, der schrieb: „Krieg ist das von Gott eingesetzte Mittel, um ein Volk zu läutern und es auf eine höhere ethische Stufe emporzuheben." Es war ein wohlbekannter englischer Militärschriftsteller, Oberst Maude.[2])

Es war kein Deutscher, der schrieb: „Im Krieg ist der schlimmste aller Irrtümer ein missverstandener Geist der Güte." Es war ein ebenso wohlbekannter englischer Militärschriftsteller, Major Stewart Murray.[3])

Es war kein Deutscher, der schrieb: „Die richtige Strategie besteht in erster Linie darin, der feindlichen Armee möglichst furchtbare Schläge zu versetzen und sodann den Einwohnern solche Leiden zu verursachen, dass sie sich nach dem Frieden sehnen und ihre Regierung zwingen, darum zu bitten." Es war ein wohlbekannter englischer Militärkritiker, Dr. Miller Maguire.[4])

---

[1]) „Times", 16. Juli 1914.
[2]) „Armaments and Arbitration" („Rüstungen und Schiedsgerichte").
[3]) „The Future Peace of the Anglo-Saxons". („Der zukünftige Friede der Angelsachsen").
[4]) „Times", 12. Juli 1900. Nach diesem Rezept waren z. B. die berüchtigten Konzentrations-Lager im Südafrikanischen Kriege angelegt: diejenigen Buren-Frauen und -Kinder, deren Anverwandte noch gegen die Engländer kämpften, liess man langsam verhungern, um die Krieger zur Uebergabe zu zwingen. Mit den von anderen Völkern begangenen Kriegsgreueln werden auch diese in der Weltgeschichte nicht vergessen bleiben (D. Uebers.) — Sehr beachtenswert ist in diesem Zusammenhang folgender Abschnitt aus einem hier nicht wiedergegebenen Aufsatz Morels in „Truth and the War": „Deutschland befolgt mit voller Ueberlegung die Praxis, das Leben der feindlichen bürgerlichen Bevölkerung als ganz nebensächlich zu betrachten, wenn militärische Bedürfnisse in Frage kommen. Unterscheidet sich aber davon unser eigenes Verhalten ausser in der Art seiner Aeusserung? Was bedeutet denn ein „Krieg der Zermürbung", was bedeutet der „Hungerkrieg"? Wir wissen das

Militarismus ist kein deutsches Erzeugnis. Er ist ebenso sehr ein britisches Erzeugnis. Aber in unserem Falle findet er infolge unserer geographischen Lage seinen Hauptausdruck auf der See.[1]) Die nackte Wahrheit ist, dass es heutigentages für jede Regierung, die ihr Volk in einen Krieg verwickelt hat, eine unbedingte Notwendigkeit ist, sich systematisch darum zu bemühen, ihren Feind, wer es auch sei, als ausserhalb der Menschenfamilie stehend zu schildern. Nur durch solche Mittel kann die Bereitwilligkeit von Millionen Menschen, die durch einen Krieg nichts zu gewinnen und alles zu verlieren haben, zur Duldung des Kriegs erlangt werden. Und so werden abwechselnd Gott und die Menschheit angerufen, um den Gegner als Unhold unter den Völkern hinzustellen, und Furcht und Hass treten als Werbefaktoren in Tätigkeit.

Deutschland bereitete sich auf diesen Krieg vor. Es brachte seine Vorbereitungen auf den höchsten Stand der Wirksamkeit und führt den Krieg mit der Unbarmherzigkeit, die ein moderner Krieg in den Augen hervorragender Männer anderer Nationen verlangt. All das ist vollkommen klar. Aber es bürdet Deutschland nicht im geringsten die alleinige Verantwortung für den Kriegsausbruch auf, noch beweist es im geringsten, dass Deutschland in den Krieg eintrat, „um Europa zu unterjochen". Und das wegen einer ganzen Anzahl von Gründen, deren erster für alle die, deren Geisteszustand normal geblieben, handgreiflich ist.

Nicht bloss Deutschland allein hat sich auf einen Krieg vorbereitet, sondern auch g a n z Europa — Frankreich, Russ-

---

sehr gut. Durch diese Massnahmen suchen wir mit derselben Ueberlegung der deutschen Zivilbevölkerung solche Leiden aufzuerlegen, dass sie schliesslich ihre Regierung zwingt, um Frieden zu bitten und die Bedingungen anzunehmen, die wir und unsere Verbündeten ihr aufzuerlegen für angemessen halten. Wenn die Deutschen behaupten, dass wir mit ihren Frauen und Kindern Krieg führen, so geben sie nur dem rhetorischen Ausdruck, was im Wesentlichen tatsächlich wahr ist". — Siehe auch Morels Verurteilung der nach dem Waffenstillstand weitergeführten Hungerblockade im letzten Kapitel.

[1]) Dies war vor Einführung der allgemeinen Wehrpflicht in England geschrieben.

land, Grossbritannien. Der einzige tatsächliche Unterschied zwischen Deutschlands Verhalten in den vergangenen vierzig Jahren und dem der erwähnten anderen Mächte besteht darin, dass diese nicht nur Kriegsvorbereitungen getroffen, sondern Krieg selbst geführt haben, wogegen sich Deutschland mit den Vorbereitungen begnügte. [1]) Frankreich hat während des vergangenen Vierteljahrhunderts ständig Krieg geführt. Es hat Tonkin, Madagaskar, Marokko, Tunis mitsamt ungeheuren Landstrichen in West- und Zentral-Afrika erobert, Russland hat einen grossen Krieg gegen Japan geführt. Die britische Regierung hat die südafrikanischen Republiken erobert und sie in das britische Reich einverleibt.

Und ich wiederhole: Ganz Europa hat Kriegsvorbereitungen getroffen. Die Geschichte des letzten Jahrzehnts ist eine Geschichte fortwährend zunehmender, Kriegsrüstungen seitens aller Mächte, verbunden mit einer ständig wachsenden Besorgnis darüber seitens aller in Betracht kommenden Völker. Man hat oft behauptet, Grossbritannien allein sei unvorbereitet gewesen. Dies war jedoch nicht der Fall auf der Grundlage der von beiden Parteien des Staates früher befolgten National-Politik, nämlich einer allmächtigen Flotte und eines kleinen Expeditionsheeres zur Verwendung auf dem Festlande. Die englische Marine war vollkommen gerüstet. Churchill hat uns den Umfang unserer Kriegsvorbereitungen in genauen Einzelheiten dargelegt. „Das deutsche Heer war für einen Angriffskrieg riesenhaften Massstabes nicht besser gerüstet, als es die englische Flotte für die nationale Verteidigung war."

Dass die Deutschen ihr Heer wohl im selben Licht wie wir unsere Flotte als ein Instrument der nationalen Verteidigung betrachtet haben, findet natürlich in Churchills Darstellung keine Erwähnung.

Doch man sagt, Deutschlands Rüstungen seien zwecks Entfesselung eines Krieges getroffen worden, die aller anderen Mächte aber — auf einige davon werde ich noch zu

---

[1]) Mit der einzigen Ausnahme eines Guerilla-Krieges gegen die Hottentotten und Mischlinge in Deutsch-S.-W.-Afrika.

sprechen kommen —, um einen Krieg zu verhindern. Wie kommt es dann, dass die anderen Mächte nicht bloss gerüstet, sondern Krieg geführt haben, Deutschland aber nicht? Wie kommt es, dass Deutschland mit seinen Nachbarn, die es unterwerfen wollte, nicht Krieg führte, als es dies mit jeder Aussicht auf militärischen Erfolg hätte tun können? Es hätte Frankreich 1887 mit Leichtigkeit niederzuwerfen vermocht, und unsere amtlichen Kreise wären damals, nach Blättern wie dem „Standard" und dem „Spectator" zu urteilen, darüber eher erfreut als sonst etwas gewesen. [1] Im „Nineteenth Century" vom März 1887 schrieb Professor Edward Dicey: „Das Deutsche Reich, wie wir es jetzt kennen, erstand mit dem deutsch-französischen Krieg. Im Verlaufe von siebzehn Jahren ist es sehr stark und furchtbar geworden, nicht nur als eine Militär- sondern auch als eine politische Macht. Dass es noch stärker und noch furchtbarer werden möge, ist mein herzlicher Wunsch, wie es der eines jeden Engländers sein muss, der die Eigenart unserer Machtstellung begreift und der die Gefahren erkennt, denen Europa durch das Wachstum Russlands ausgesetzt ist."

Deutschland hätte Frankreich mit der gleichen Leichtigkeit niederwerfen können, als das durch den japanischen Krieg erschöpfte Russland unfähig war, einen Finger zu seiner Hilfe zu rühren. Deutschland hätte Frankreich mit der gleichen Leichtigkeit niederwerfen können, als wir mit der Annexion der südafrikanischen Republiken beschäftigt waren. Ich weiss nicht, ob es wahr ist, dass der Kaiser Anregungen Russlands und Frankreichs widerstand, zu jener Zeit eine Koalition gegen uns zu bilden; aber ich bin Engländern begegnet, die es glaubten, und man hat es in Grossbritannien mehr als einmal schwarz auf weiss behauptet. [2] „Ein Freund in der Not ist ein Freund in der Tat", lautete die Ueberschrift über einer Photographie des Kaisers in der

<hr>

[1] Siehe 5. Kapitel.

[2] Es ist unzweifelhaft wahr; siehe vor allem das am 28. Oktober 1908 im „Daily Telegraph" veröffentlichte Interview des Kaisers, das solch ungeheures Aufsehen erregte. Vgl. auch Seite 142 ff. (D. Uebers.)

„Daily Mail" vom 11. November 1899. Warum hat Deutschland, wenn es „Europa unterjochen" wollte, bis August 1914 gewartet, als sein militärisches Uebergewicht, wie ich im nächsten Kapitel zeigen werde, weniger gesichert war als zu irgendeiner Zeit während der vorausgegangenen dreissig Jahre? Wie können diese Dinge mit der gegenwärtigen Anklage gegen Deutschland in Einklang gebracht werden, es habe seine Zeit abgewartet und vorsätzlich einen Krieg provoziert, als es den psychologischen Augenblick für gekommen glaubte? Es ist einfach nicht möglich.

Das Sonderbarste ist, dass aus eben den Kreisen, denen diese Anklagen entstammen, Behauptungen auftauchen, welche die Beschuldigungen vollständig über den Haufen werfen. Unsere patriotische Presse hat den Kaiser als ein förmliches Abbild Napoleons heraufbeschworen, einen unheilvollen, unversöhnlichen Ränkeschmied, der unter der falschen Maske des Wohlwollens einen gottlosen Ehrgeiz verbarg. Sie wollen ihn nach St. Helena schicken; ihn als Mörder vor Gericht bringen; seine Dynastie aus Europa verjagen. Das ist aber nicht die Meinung Lord Haldanes, noch die der Franzosen. Lord Haldane hat kürzlich während der Unterhaltung mit einem amerikanischen Journalisten folgende Aeusserung gemacht: „Ich glaube, dass der Kaiser in den vergangenen Jahren unzweifelhaft gegen einen Krieg war. Aber ich fürchte, dass sein Widerstand allmählich erlahmte. Vor zwei Jahren scheint er in eine Kriegsstimmung geraten zu sein."[1])

Von besonderem Interesse, diese Darstellung. Da hat also der intrigante Kaiser bis vor zwei Jahren für den Frieden intrigiert! Dies sagt ein britischer Kabinetts-Minister, der den Kaiser persönlich kannte und von dem Brote seines Tisches ass. Wir wollen die Erklärung im Gedächtnis behalten. Sie ist um so interessanter wegen Haldane's späteren Hinweises auf Dokument No. 6 des Gelbbuches, in dem eine Unterhaltung wiedergegeben ist, die angeblich zwischen dem Kaiser, dem König der Belgier und General von Moltke An-

---

[1]) „Daily Chronicle", 1. April 1915.

fangs November 1913 stattgefunden hat. Sie wird vom französischen Botschafter in Berlin berichtet. Die Genauigkeit ihrer Wiedergabe wurde von Deutschland in Abrede gestellt. Wir brauchen weder der Unterhaltung noch dem Dementi allzugrosse Bedeutung beizumessen, denn wir vermögen sie nicht auf ihre Richtigkeit nachzuprüfen. Doch um des Argumentes willen wollen wir annehmen, dass die Unterhaltung stattfand und sie richtig wiedergegeben wurde. Sie ist weniger wichtig als die Feststellung des französischen Botschafters, der ebenso weit wie Lord Haldane geht, denn er spricht von „Wilhelm II., der in vielen kritischen Umständen seinen persönlichen Einfluss zugunsten der Erhaltung des Friedens ausübte...."[1])

Gleich Lord Haldane erklärt der französische Botschafter (auf Grund der von ihm berichteten Unterhaltung), diese friedliche Gesinnung habe eine Aenderung erfahren. Doch ist das nicht die einzige mit Lord Haldane übereinstimmende Angabe im Gelbbuch. In Dokument No. 5 wird uns erzählt, dass es hauptsächlich „den Friedenswünschen des Kaisers und Kanzlers" zu danken war, wenn im Jahre 1911 wegen Marokko kein Krieg ausbrach.

Soweit stellt daher unsere Untersuchung fest, dass „das Scheusal der Apokalypse", sonst der deutsche Kaiser — und man sagt uns, der Kaiser und das amtliche Deutschland seien ein und dasselbe — bis vor kurzem ein mächtiger Faktor in der Erhaltung des Weltfriedens war. Dies sagen uns die amtlichen Veröffentlichungen der französischen Regierung über den Krieg und ein britischer Kabinetts-Minister, der aussergewöhnliche Vorteile, die Wahrheit zu wissen, geniesst. Was bleibt nun von der Legende der „vierzig Jahre langen Vorbereitung" übrig?

Wann aber hat der Kaiser diese Rolle aufgegeben und warum? Diese Fragen sind noch zu prüfen. Das Datum ist von Wichtigkeit. Vor zwei Jahren, sagt Lord Haldane. Das

---

[1]) Siehe ähnliche französische Aeusserungen im 10. Kapitel (Morel). — Auch auf Beyens' Bericht S. 165—166 sei verwiesen (D. Uebers.).

würde uns zum April 1913 zurückführen. Doch ein anderes Dokument des französischen Gelbbuchs weist auf einen früheren Zeitpunkt hin. Anlage I zu Dokument 1 enthält den Auszug eines Berichts aus der Feder des französischen Militär-Attachés in Berlin, eines Berichtes, der (anscheinend) im Frühjahr 1912 geschrieben wurde und die Wirkung der Marokko-Angelegenheit auf das Gemüt Deutschlands schildert:

„Täglich entdecken wir, wie tief und anhaltend die durch die letztjährigen Ereignisse gegen uns hervorgerufenen Gefühle des gekränkten Stolzes und des Grolles sind." Gemeint sind die mit dem Marokko-Streit verbundenen Ereignisse, als die französische Regierung unter Beihilfe des amtlichen Grossbritannien den Vertrag von Algeciras zerriss, Marokko mit französischen Truppen anfüllte und Deutschland herausforderte. Der französische Militär-Attaché fährt fort: „In allen Landesteilen wird derselbe Groll empfunden... Der Kaiser und die Regierung gaben nach; das hat die öffentliche Meinung weder ihnen noch uns verziehen. Sie will nicht, dass sich etwas Derartiges wiederhole."

Daher wurden anscheinend des Kaisers „Friedenswünsche", die 1911 so sehr zur Verhinderung eines Krieges beigetragen hatten, ungünstig beeinflusst durch einen zugegebenermassen weitverbreiteten nationalen Groll über die Art, wie sich Deutschland wegen Marokko behandelt glaubte. Dies sollte für das ganze britische Volk von Interesse sein.

Aber wir können es auf sich beruhen lassen, denn es ist, obwohl sicherlich wichtig, nicht die wichtigste Folgerung, die aus dem Vorhergehenden zu ziehen ist. Das Allerwichtigste ist: Während des langen Zeitraumes, in dem sich Deutschland selber dank seiner militärischen Stärke als geborgen betrachtete, war Deutschland friedlich und des Kaisers Einfluss wurde „in vielen kritischen Umständen" im Interesse des Friedens ausgeübt. Das wird durch das französische Gelbbuch und durch Lord Haldane in amtlichen Darstellungen bezeugt, die — man beachte das besonders — noch während der Krieg tobt, veröffentlicht werden. Wollte man die im gleichen Sinne vor dem Kriegsausbruch gemachten Aeusserungen britischer und französischer Autoritäten anführen, so könnte man ziemlich leicht eine Ausgabe des „Labour Leader" damit anfüllen. Erst als (berechtigter- oder unberechtigterweise) in der Meinung der Lenker Deutschlands dessen Lage in Europa infolge des verhältnismässigen Anwachsens der militärischen Stärke und der Gesinnung seiner machtvollen Feinde nicht länger sicher war, d. h. während der letzten drei oder vier Jahre, erst dann hörte nach jenen französischen und britischen Darstellungen Deutschland auf, friedlich zu sein.

Die Bedeutung dieser Schlüsse ist ungeheuer gross. Berichten in diesem besonderen Punkte das französische Gelbbuch und Lord Haldane die Wahrheit, so kann die Anschuldigung jahrzehntelangen Vorbedachtes und eines im erfolgverheissendsten Augenblick unternommenen Ueberfalls nicht länger aufrecht erhalten werden, wenn wir noch Sinn für Wahrheit und Ehrlichkeit haben. Aber das ist nicht alles. War Deutschland friedlich, solange es sich sicher hielt, und hörte es auf, friedfertig zu sein, als es sich nicht mehr gesichert fühlte, dann ist dieser Krieg, soweit Deutschland in Betracht kommt, nicht aus gemeinem und lasterhaftem Ehrgeiz, sondern aus F u r c h t entstanden. —

[E. D. Morel weist hier auf das — im Original an nächster Stelle kommende — Kapitel „Die Marokko-Intrige" hin als sehr wichtig für die Beurteilung seines Argumentes, dass F u r c h t eine der Hauptursachen des Kriegsausbruches war. Die Gründe für die Umstellung dieses Kapitels habe ich in meinem Vorwort dargetan. Man vergegenwärtige sich nochmals, was Morel im 1. Kapitel ausführt, und erinnere sich seiner prophetischen Worte von 1912: „Das Marokko-Problem ist noch nicht erledigt. In einem Sinne kann man sagen, dass es erst anfängt. Es wird während der Lebenszeit der gegenwärtigen Generation düster den Horizont verdunkeln."

Dem vorstehenden „Militarismus"-Aufsatz hat der Verfasser in der Buchausgabe von „Truth and the War" Folgendes angefügt:]

Ein Jahr ist seit dem Erscheinen dieses Aufsatzes (April 1915) vergangen und die Zwischenzeit hat eine Fortsetzung der systematischen Anstrengungen erlebt, den „bewaffneten Frieden" Europas einzig dem Ehrgeiz Deutschlands und dem Machiavellismus seines Kaisers zuzuschreiben. Die folgenden Aufzeichnungen mögen daher nützlicherweise dem Vorhergehenden angehängt sein.

1. Europas allgemeine Kriegsrüstungen. Die berühmte Note an die Mächte vom 24. August 1898, die stets dem Zaren zur Ehre gereichen wird, ist das klarste Eingeständnis der Torheit ganz Europas. „Im Verhältnis — so lautet das kaiserliche Rundschreiben — wie die Rüstungen aller Mächte zunehmen, erfüllen sie immer weniger und weniger den Zweck, den sich die Regierungen vorgesetzt haben. Wirtschaftliche Krisen, grossenteils durch das System der Rüstungen à outrance hervorgerufen, und die fortwährende Gefahr, die in dieser Anhäufung von Kriegsmaterial liegt, verwandeln den bewaffneten Frieden unserer Tage in eine zermalmende Last, die von den Völkern mit stets grösseren Schwierigkeiten getragen wird. Es erscheint daher klar, dass, wenn dieser Zustand andauert, er unfehlbar zu eben der Katastrophe führen muss, die man abwenden will und deren Schrecken jedes denkende Wesen vorahnend schaudern macht."

Kann aber ein einziges menschliches Wesen, das die geringste Kenntnis von zeitgenössischer Geschichte hat, behaupten, Deutschland sei allein oder nur in hervorragendem Masse für die im Jahre 1898 vom Zaren beklagten Zustände verantwortlich gewesen? Welche drei Regierungen waren es, die in den zwanzig und etlichen, dem Rundschreiben des Zaren vorausgegangenen Jahren die Welt mit dem Lärm ihrer Zänkereien erfüllten, ganz Europa dadurch in der grössten Spannung hielten und die Haupt-Verantwortung für die ungeheure Ausdehnung der Rüstungen auf sich luden? Es waren die Regierungen Grossbritanniens, Russlands und Frankreichs. Der russisch-türkische Krieg von 1877; die scharfe 1878 daraus entspringende anglo-russische Reibung:

die bitteren Streitigkeiten zwischen diesen beiden Mächten, durch Russlands Vordringen in Asien entstanden und den Höhepunkt 1885 in der Pendjeh-Angelegenheit erreichend; die Entführung des Fürsten von Bulgarien 1886 durch russische Agenten; der französisch-italienische Zank über Tunis 1881; die anglo-französischen Nebenbuhlereien in Aegypten, Siam, Westafrika und am Nil — das waren die Hauptursachen des „bewaffneten Friedens" und des Weltgärstoffes, die sogar damals schon Europa in ein Arsenal verwandelt hatten. Es anders darzustellen, ist eine lächerliche und kindische Geschichts-Verdrehung. Tatsächlich kann man kaum einen Band europäischer Geschichte oder eine vor dem Kriege von Engländern verfasste Abhandlung über Deutschland in die Hand nehmen, die nicht voll anerkennt, dass die Entstehung des modernen Deutschland einer der mächtigsten Faktoren in der Erhaltung des europäischen Friedens war.

II. Hat der Kaiser während des Burenkrieges eine Koalition gegen Grossbritannien vorgeschlagen oder sich ihr widersetzt? Kurz nach Erscheinen dieses Kapitels im „Labour Leader" erhielt ich bezüglich der betreffenden Stelle die folgenden Ausführungen eines Lesers, der einer der am besten unterrichteten Autoritäten über die auswärtigen Angelegenheiten Englands ist: „Im März 1914 veröffentlichte die „Nowoe Wremja" (das Organ der panslawistischen Partei) ein Interview mit einem anonymen russischen Staatsmann (der kein anderer als Graf Witte, Russlands berühmter Finanz-Minister war), ein Interview, das andeutete, dass in der Vergangenheit eine russischdeutsche Verständigung auf der Grundlage einer Teilung Oesterreich-Ungarns leicht hätte erreicht werden können. Das Interview war offenbar als Versuchsballon gedacht. Der „Pester Lloyd" (das amtliche Blatt der österreichischen Regierung) bestätigte am 29. März 1914, dass eine solche Vereinbarung zwischen Russland und Deutschland ventiliert worden sei. schrieb aber dann weiter: „Richtig ist, dass sich diese Koalition zwischen Russland und Deutschland gegen eine dritte Macht wenden sollte; diese war jedoch nicht

Oesterreich-Ungarn s o n d e r n E n g l a n d. Die Urheber dieses Planes waren Graf Lobanoff, der damalige Minister des
Aeusseren, und Graf Witte, die beide an der Verwirklichung
des Planes arbeiteten. Graf Lobanoff war ein überzeugter'
Freund der Doppelmonarchie und ein leidenschaftlicher Feind
Englands, gegen das eine kontinentale Koalition zusammen-
zubringen seine Lebensaufgabe gewesen war... Der Plan
scheiterte an dem Widerstand Oesterreich-Ungarns und
Deutschlands, die an keiner gegen England gerichteten Aktion
teilnehmen wollten."

Mein Gewährsmann fügt ein ebenso interessantes französisches Beweisstück hinzu: „Wir haben auch einen französischen Hinweis darauf in René Pinons 1913 erschienenem
Buch: „France et l'Allemagne". Pinon schreibt: „Die Geschichte wird sich danach erkundigen, wie es kam, dass die
franko-russische Politik so kurz nach Fashoda nicht fähig
war, aus den Verlegenheiten Englands einen Vorteil zu ziehen, und dass es ihr nicht gelang, sich ihre Neutralität voll
bezahlen zu lassen. Möglicherweise muss die Erklärung in
den Widersprüchen der deutschen Politik gesucht werden.
H ä t t e D e u t s c h l a n d w i r k l i c h e i n e A n n ä h e r u n g
a n F r a n k r e i c h u n d R u s s l a n d z w e c k s e i n e r t ä t i -
g e n Z u s a m m e n a r b e i t a u s s e r h a l b E u r o p a s g e -
w ü n s c h t, s o h ä t t e e s d i e l o c k e n d e G e l e g e n h e i t
e r g r e i f e n k ö n n e n."

Weiteres Licht ist nun auf diese Frage durch eine Rede
des Generals Botha gefallen, die er im vergangenen Herbst
in Johannesburg hielt und die am 3. September 1915 in der
„Daily News" veröffentlicht und meines Wissens bis jetzt
nicht widerrufen wurde. Die Rede bezog sich auf ein angeb-
liches Angebot Deutschlands, die Unabhängigkeit der Republiken anzuerkennen, falls die südafrikanische Erhebung
erfolgreich sei. Der General stellte, sehr natürlich und richtig,
das angebliche Angebot entrüstet in Abrede.

Aber in der offenbaren Absicht, seinem Dementi grösseres
Gewicht zu verleihen, machte General Botha eine sehr bemerkenswerte Aeusserung, so bemerkenswert in der Tat, dass

die „Daily News" den Bericht mit der Ueberschrift versah: „Eine historische Beistands-Verweigerung". Der betreffende Abschnitt der Rede lautete: „Zur Zeit des südafrikanischen Krieges waren andere Nationen bereit, den Buren zu helfen, sie kamen aber dahin überein, dass auch Deutschland dies tun müsse. D e r K a i s e r w e i g e r t e s i c h."

Am 14. Oktober 1915 erklärte die „Times" in einem, Delcassés Rücktritt behandelnden Leitartikel, dass „Delcassé während des Burenkrieges mit der Hilfe des Zaren deutsche Vorschläge eines kontinentalen Bundes gegen uns verwarf."

Wo liegt die Wahrheit — bei General Botha oder der „Times", bei der Northcliffe „Daily Mail" von 1899 oder der Northcliffe „Times" von 1915? Die Zeit ist gekommen, da kein aufrichtiger Forscher der internationalen Politik mehr das obiter dictum von Printing House Square[1]) ohne den grössten Vorbehalt annehmen kann. Anders mit General Botha. Kein Lebender vermag die Tatsachen besser zu kennen als er. Seine Darstellung wartet auf den Widerspruch der massgebenden Stellen.[2])

---

9. K a p i t e l.

Europäischer Militarismus 1905—1914.[3])

Lloyd George in der „Daily Chronicle", 1. Januar 1914: „Das deutsche Heer ist nicht nur für das Bestehen des Deutschen Reiches, sondern auch für das Leben und die Unabhängigkeit der Nation selbst von allergrösster Bedeutung, da Deutschland von anderen Staaten umringt ist, deren jeder eine der deutschen beinahe eben-

---

[1]) Wo sich die Zeitungs-Druckereien befinden (D. Uebers.).
[2]) Das Interview des Kaisers, das 1908 den unerhörten November-Sturm im Reichstag erregte, und das der Verfasser auffallenderweise nirgends erwähnt, hebt jeden Zweifel darüber auf, wo die Wahrheit liegt (D. Uebers.).
[3]) „The Labour Leader", 29. April 1915.

bürtige Armee besitzt. Wir vergessen, dass, während wir eine 60 prozentige Ueberlegenheit unserer Marine über die Deutschlands verlangen, um die Sicherheit unserer Küsten zu gewährleisten, Deutschland nicht entfernt auch nur eine ähnliche Ueberlegenheit über Frankreich allein besitzt, und es muss ausserdem natürlich noch mit Russland an seiner Ostgrenze rechnen. Deutschland hat nichts, was einem Zwei-Mächte-Standard auch nur nahekommt. Es wurde deshalb durch die jüngsten Vorkommnisse stutzig und gibt ungeheure Summen für die Erweiterung seiner Wehrkraft aus."

*
*   *

Ich habe gezeigt, dass nach Lord Haldane und dem französischen Gelbbuch der deutsche Kaiser konsequent für die Erhaltung des europäischen Friedens arbeitete, bis in die letzten drei oder vier Jahre (oder möglicherweise die letzten zwei, wie Lord Haldane meint), als sein Widerstand gegen einen Krieg „allmählich erlahmte". Ich habe ferner gezeigt, wie diese amtlichen englischen und französischen Zeugnisse über die Friedensbestrebungen des Kaisers in Verbindung mit der hier allgemein verbreiteten Theorie, dass die nationale Politik Deutschlands vom Kaiser selbst geleitet und in ihm verkörpert ist, wie diese Zeugnisse dartun, dass bis vor drei oder vier Jahren das amtliche Deutschland friedfertig war. Eine weitere Folgerung ist, dass die deutsche Friedenspolitik mit dem Zeitraum zusammenfiel, da die Herrscher Deutschlands seine Lage in Europa als national gesichert betrachteten, und dass diese Politik angeblich aufgegeben wurde, als man Deutschlands Lage nicht mehr für gesichert hielt. Hieraus kann nur der einzige Schluss gezogen werden, dass — w e n n , wie behauptet, die amtliche deutsche Politik während der letzten drei oder vier Jahre aufhörte, von friedlichen Absichten beseelt zu sein — der Grund dafür nicht in dem Wunsche bestand, „Europa zu unterjochen" (den Versuch dazu hätte Deutschland dann gemacht, als es verhältnismässig am stärksten war), sondern dass F u r c h t der Grund war, die Furcht, „unterjocht" zu werden.

Ich möchte jetzt einige Zahlen anführen, die, wie ich glaube, diese Folgerungen stützen und ein merkwürdiges Licht auf Sir E. Greys kürzlich gemachte Behauptung werfen werden: „Wir wissen jetzt, dass die deutsche Regierung auf den Krieg so rüstete, wie nur Leute, die ein bestimmtes Ziel verfolgen, rüsten können"[1]).

Man wird, denke ich, allgemein einräumen, dass die Heeres-Ausgaben ein zutreffender Prüfstein für militärische Vorbereitungen sind. Das Postulat, das wir annehmen sollen — nein, das wir, wie man uns sagt, angenommen haben — lautet: die teutonischen Mächte, besonders natürlich Deutschland, haben einen grossen Krieg gegen die andere europäische „Gruppe" vorbereitet und geplant.... Gut. Wir wollen diese Darstellung an den Geldsummen prüfen, welche die verschiedenen Mächte auf ihre Rüstungen verwendet haben.

Heeres-Ausgaben im Jahrzehnt 1905—1914[2]):

Oesterreich-Ungarn	Deutschland
4 693 368 140,— Mk.	8 960 510 860,— Mk.
Frankreich	Russland
6 946 965 180,— Mk.	9 902 892 440,— Mk.

Die Kriegsvorbereitungen der teutonischen Mächte betrugen also 13 653 879 000,— Mk., die Frankreichs und Russlands zusammen 16 849 857 620,— Mk. Mit anderen Worten: **Frankreich und Russland haben während der letzten 10 Jahre zusammen 3 195 978 620,— Mk. mehr für Rüstungen ausgelegt, als Oesterreich-Ungarn und Deutschland.** [Fast ein Viertel mehr! D. Uebers.]

Diese Zahlen geben so, wie sie dastehen, mächtig zu denken. Ihre Bedeutung erfährt aber eine Steigerung, wenn wir die Heeresausgaben der vier Mächte in den Zeiträumen 1905—1909 und 1910—1914 getrennt betrachten.

---

[1]) 22. März 1915.
[2]) Die £-Zahlen Morels sind à Mk. 20.— umgerechnet (D. Uebers.).

Heeres-Ausgaben	1905—1909	1910—1914
Oesterreich-Ungarn	2 119 255 660,— Mk.	2 574 112 480,— Mk.
Deutschland	3 912 944 480,— Mk.	5 047 566 380,— Mk.
zus.	6 032 200 140,— Mk.	zus. 7 621 678 860,— Mk.
Frankreich	3 010 609 240,— Mk.	3 936 355 940,— Mk.
Russland	4 309 703 040,— Mk.	5 593 189 400,— Mk.
zus.	7 320 312 280,— Mk.	zus. 9 529 545 340,— Mk.

Man sieht, dass im ersten Zeitraum 1905—1909 — während dem englische und französische Autoritäten Deutschlands amtliche Politik als friedlich bezeichnen — die Heeresausgaben Frankreichs und Russlands diejenigen Deutschlands und seines Verbündeten schon bedeutend überstiegen. Doch anscheinend nicht in dem Masse — da noch andere Faktoren in Betracht kamen —, um den Herrschern Deutschlands ernstliche Unruhe einzuflössen. Im zweiten Zeitraum jedoch nahm der Ueberschuss von 1 288 112 140,— Mk., dem Betrag am Ende des ersten Zeitraums, auf 1 907 866 480,— Mk. zu: Frankreich und Russland haben also während der letzten fünf Jahre 1 907 866 480,— Mk. mehr für Kriegsrüstungen ausgeworfen als die teutonischen Mächte, was jährlich einen durchschnittlichen Mehrbetrag von etwas unter 400 000 000,— Mk. ausmacht, die ungefähren Gesamtkosten unserer eigenen Armee. Erst während dieses zweiten Zeitraums wurden Deutschlands Herrscher wirklich besorgt. Mit welcher Berechtigung werden wir erkennen, wenn wir die Zahlen im Einzelnen prüfen.

Im Jahre 1908 machten Russlands Heeresausgaben einen furchtbaren Sprung nach oben, indem sie sich von 818 273 060,— Mk. auf 904 557 000,— Mk. erhöhten, und die gleiche Erscheinung tritt im Jahre darauf zutage, das einen Zuwachs um 100 000 000,— Mk. sieht (Gesamt-Summe für 1909 1 008 338 300,— Mk.). Dagegen fielen die deutschen Zahlen, die 1906/7 von 742 451 640,— Mk. auf 854 392 240,— Mark im Jahre 1908/9 gestiegen waren, 1909/10 auf 812 095 280,— Mk. Im gleichen Jahr aber stiegen Russlands

Ausgaben erneut auf 1 022 800 680,— Mk. trotz dem ungeheuren Mehrbetrag in den beiden vorausgegangenen Jahren, und Frankreich fügte den seinigen weitere 50 000 000,— Mk. hinzu. Das folgende Jahr (1910/11) sieht Deutschlands Ausgaben wiederum leicht zurückgehen (806 940 740,— Mk), die russischen dagegen noch etwas ansteigen (1 026 986 640,— Mk.), während Frankreichs Mehrausgaben nochmals weitere 50 000 000,— Mk. betrugen. Die im Jahre 1912 erreichte Lage, dem Deutschlands ungeheuren Mehrauslagen vorausgehenden Jahre, als nach Lord Haldane des Kaisers Widerstand „erlahmte", war daher: Russland und Frankreich zusammen widmeten in diesem einzigen Jahre 1 785 193 420,— Mk. für Kriegsausrüstungen, Deutschland und Oesterreich dagegen nur 1 345 091 100,— Mk., oder mit anderen Worten: R u s s l a n d u n d F r a n k r e i c h , d e r e n H e e r e s a u s g a b e n j ä h r - l i c h z u n a h m e n , l e g t e n i n e i n e m e i n z i g e n J a h r e 440 000 000,— M k. m e h r f ü r K r i e g s r ü s t u n g e n a u s a l s D e u t s c h l a n d u n d O e s t e r r e i c h - U n g a r n z u - s a m m e n.

Damals war es, dass F u r c h t die Herzen der Herrscher Deutschlands ergriff, und mit einem Sprung erhob sich der deutsche Etat von 847 795 500,— Mk. auf 1 368 685 240,— Mk.[1]).

Die Etats der vier Staaten für das Unglücksjahr 1914 waren:

Deutschland und Oesterreich-Ungarn 1 857 307 080,— Mk.

Russland und Frankreich   2 285 406 760,— Mk.

Diese Ziffern sprechen für sich selbst. Sie legen den absoluten Unsinn der · Legende eines Deutschland bloss, das sich bis zu den Zähnen bewaffnet, um seine unschuldigen und friedlichen Nachbarn in Furcht und Schrecken zu versetzen.

Wir wollen daher die aus diesen Untersuchungen sich ergebenden Folgerungen zusammenfassen. Zuerst: Wie lautet die Prämisse, die wir annehmen und von der aus wir allein

---

[1]) Ein sehr grosser Teil dieser Ausgaben war für Befestigungen, besonders in Schlesien, vorgesehen, ein Beweis für die Furcht vor einem russischen Angriff und für den Wunsch, sich dagegen zu schützen.

das Problem betrachten sollen? Dass Deutschland der einzige Urheber dieses Krieges war, von seinen Herrschern unternommen, „um Europa zu unterjochen". Und weiter, dass die Wahrheit der Prämisse in Deutschlands Rüstungen zu suchen ist, die solchen Umfanges und derart waren, dass sie den unzweifelhaften Beweis liefern, wie seine Herrscher den Krieg mit Vorbedacht geplant, ihn heimtückisch ausgeheckt und ihn gegen Europa entfesselt haben, als nach ihrer Meinung der psychologische Augenblick gekommen war. Einen Zweifel über die Richtigkeit der Prämisse äussern, heisst ein Deutsch-. Freund sein. Aber wir haben doch sicher das Recht, die Prämisse auf ihre Richtigkeit zu prüfen? Wir sind keine des Denkens und Ueberlegens unfähige Kinder. Dürfen wir uns nicht selbst in die Dinge vertiefen? Welches ist der eine Prüfstein, den jeder von uns ohne besondere Kenntnisse oder Uebung anwenden kann, vorausgesetzt, er nimmt sich die Mühe dazu? Offenbar ist eines der einfachsten Mittel zur Prüfung der uns aufgedrungenen Prämisse, dass wir die nationalen Ausgaben für Kriegsvorbereitungen untersuchen — Deutschlands und seines Verbündeten einerseits und deren mächtiger Feinde Russland und Frankreich andererseits. Nun, und welches Ergebnis finden wir? D a s s d i e R ü s t u n g s -
A u s g a b e n d e s f r a n k o - r u s s i s c h e n V e r b a n d e s i n
d e m J a h r z e h n t 1905—1914 u m
3 195 978 620,— M a r k
g r ö s s e r w a r e n a l s d i e d e r t e u t o n i s c h e n M ä c h t e !

Ich schliesse diesen Aufsatz, indem ich in Erinnerung bringe, dass Deutschlands B e f ü r c h t u n g e n, wofür diese Zahlen eine beredte Erklärung abgeben, im Verlaufe des verflossenen Jahrzehntes von führenden britischen Staatsmännern verstanden und, was mehr ist, unumwunden und öffentlich gewürdigt wurden. So hat z. B. Lloyd George am 28. Juli 1908 in der Queen's Hall gesagt: „Sehen Sie sich die Lage Deutschlands an. Seine Armee ist ihm das, was uns die Flotte ist — die einzige Verteidigung gegen eine Invasion. Deutschland hat keinen Zwei-Mächte-Standard. Es mag ein stärkeres Heer haben als Frankreich, als Russland, als

Italien, als Oesterreich, dafür liegt Deutschland aber zwischen zwei Grossmächten, von denen es durch eine unendlich grössere Truppenmacht überschwemmt werden kann. Vergessen Sie das nicht, wenn Sie sich darüber wundern, warum Deutschland über Bündnisse, Verständigungen und allerhand geheimnisvolle Dinge erschreckt ist, wie sie in der Presse, besonders der „Times" und „Daily Mail" angedeutet werden.... Hier liegt Deutschland im Mittelpunkt Europas, von Russland und Frankreich eingeschlossen, deren vereinigte Armeen grösser sind als die der deutschen. Angenommen, wir wären infolge irgend eines Zusammenschlusses der Gefahr einer Invasion ausgesetzt — nehmen Sie an, die Flotten Deutschlands und Frankreichs, oder Deutschlands und Russlands, oder Deutschlands und Oesterreichs seien zusammen der unseren überlegen: Wären wir nicht auch erschreckt? Würden wir nicht rüsten? — Selbstverständlich!"

Das Jahr 1909 — sechs Monate nach Lloyd Georges Rede — eröffnete damit, dass Frankreich und Russland 1 648 239 260 M. für ihre vereinigten Heere bestimmten gegen Deutschlands und Oesterreichs 1 091 241 880 M. Aber Deutschland ist anscheinend die einzige Macht, die sich auf den Krieg vorbereitet hat und das in solch einem Umfang, dass seine Absicht, „Europa zu unterjochen", jetzt vollkommen klar zutage tritt! Und dennoch hat nach Lord Haldane und dem französischen Gelbbuch das amtliche Deutschland im Jahre 1909 auf den Frieden hingearbeitet, obschon seine beiden mächtigen Feinde solch unendlich grössere Summen als Deutschland für Kriegsrüstungen opferte. [1])

---

[1]) ... Die Zahlen sind den Budgets der betr. Mächte entnommen und können im „International Peace Year Book" 1915 nachgeprüft werden. Bei den österreichisch-ungarischen Ziffern wurde jedem Jahr ein Betrag von Mk. 160 000 000 hinzugefügt, um die Ausgaben für die österreichisch-ungarischen Landwehrtruppen zu decken; diese werden getrennt von den Ausgaben für das aktive Heer der Monarchie aufgestellt.

Es wurde vorgebracht, dass die italienischen Ziffern den deutschen und österreichischen hinzugezählt werden müssten. Ich bin anderer Ansicht. Ebenso logisch wäre es, die englischen Ziffern den französischen und russischen hinzuzufügen. Wie schon dargelegt, war der Beweggrund für Italiens Eintritt in den Zweibund bereits vor Jahren entschwunden, während der Interessengegensatz zwischen Oesterreich und Italien auf

10. Kapitel

Deutschlands Lage vor dem Kriege im Urteile von Franzosen.[1]

Aus „The Political History of Germany" von J. Holland Rose: „Wir, die wir hinter dem Schutzwall des Meeres leben, wissen (ausser in Zeiten der Panik) nur wenig von der Furcht, die einen Staat befällt, der keine natürlichen Grenzen besitzt... Deutschland hat in der Vereinigung seines Volkes ein wundervolles Werk aufgebaut (oder vielmehr Bismarck und seine Helfer haben es getan), aber es ist dennoch den Nachteilen seiner Lage nicht entgangen: zu Lande ist es von drei Seiten leicht angreifbar."

Aus einem Aufsatz: „Die maritime und militärische Lage der britischen Inseln" von einem „Isländer": „Für Deutschland bedeutet die Gegenwart Frankreichs auf der einen und Russlands auf der anderen Seite eine Krise, die ständig und unveränderlich ist."

* * *

Angesichts der Tatsache, dass die Rüstungs-Ausgaben des franko-russischen Verbandes die der teutonischen Mächte während des letzten Jahrzehnts um mehr als drei Milliarden Mark überstiegen, ist nun ein überzeugender Beweis für den Unsinn erbracht, Deutschland habe „Europa unterjochen" wollen. Lloyd Georges Reden zeigen, dass vor sechs Jahren, als der verhältnismässige Mehrbetrag der

---

dem Balkan sich ständig verschärft hatte. Aber sogar wenn die italienischen Zahlen in die Wagschale geworfen würden — Mk. 2 830 862 100.— von 1905 bis 1914 — wären die Ausgaben der teutonischen Mächte zuzüglich der Italiens immer noch etwas geringer als die des franko-russischen Verbandes; dessen Endsumme würde natürlich bedeutend anschwellen, wenn man die britischen Zahlen hinzunähme. In den letzten Jahren war eine Intervention Italiens zugunsten Oesterreichs in irgend einem Balkan-Streit ebenso undenkbar geworden, wie seine Beteiligung an einem Kriege gegen Grossbritannien. Der Hauptpunkt, der im Auge behalten werden sollte, ist jedoch nicht, dass der franko-russische Verband im Jahrzehnt vor dem Kriege ungeheuer grössere Summen für Kriegsrüstungen ausgeworfen hat als die teutonischen Mächte, sondern der Hauptpunkt — im Hinblick auf diese Tatsache — ist der handgreifliche Unsinn des Versuches, Deutschland allein eine Verantwortung aufzuladen, die gemeinsam war.

[1] „The Labour Leader", 13. Mai 1915.

deutsch-feindlichen Rüstungen noch nicht so gross war, als er es später wurde, die britische Regierung für die Verwundbarkeit von Deutschlands Lage und für seine Befürchtungen ein sehr empfängliches Ohr hatte und dass die beträchtliche Zunahme seines Heeres-Etats in den neueren Jahren natürlich war. Ich möchte jetzt hierfür einige französische Zeugnisse beibringen.

Man braucht sich nicht auf irgend welche post-bellum Aeusserungen deutscher öffentlicher Männer zu berufen, um zu würdigen, wie echt und wohl begründet das Element der F u r c h t — Furcht für die nationale Sicherheit — war, die mit in den letzten Jahren zunehmender Intensität auf den Herrschern Deutschlands lastete. Wir, die wir bis zum vorigen Jahre nie mit der deutschen Rasse das Schwert gekreuzt hatten, werden uns gewiss nicht dem Eindruck der Zeugnisse von Militär-Schriftstellern entziehen können, die einem Volk angehören, das erst vor 45 Jahren mit Deutschland in einen Kampf auf Leben und Tod verstrickt war, wenn wir sehen, dass diese Schriftsteller die gefahrvolle Lage Deutschlands vor dem Kriege offen zugeben? Wenn s i e ehrlich genug sein konnten, diese Tatsache unmittelbar vor dem Krieg einzugestehen, so ist es doch sicher kindisch von uns, jetzt nach Ausbruch des Krieges so zu tun, als kennten wir diese Tatsache nicht?

Einer der volkstümlichsten Militärschriftsteller Frankreichs ist Oberst Arthur Boucher, dessen schon angeführte drei Bücher viele Auflagen erlebten. Man beachte den Titel des letzten, das im Frühjahr 1914 herauskam: „Deutschland in Gefahr"... Boucher meint, Deutschland hätte Elsass-Lothringen an Frankreich zurückgeben sollen. Wegen dieser verlorenen Provinzen zählt er auf einen Krieg mit Deutschland; aber nur aus diesem Grunde. Nach einem Kriege an sich sehnt er sich nicht. Und man merkt, dass er die „Wiederherstellung" Elsass-Lothringens ohne Krieg unendlich lieber sehen würde... Beiläufig zollt auch er dem Kaiser als einem Friedensfürsten warmes Lob: „Der Kaiser hat in den letzten Jahren positive Beweise seiner Absicht, den Frieden zu er-

halten, geliefert. Wenn eine Anzahl seiner Untertanen Kriegshetzer ist, so segnet ihn eine noch viel grössere Anzahl als
den Friedenskaiser."[1])

Wie es der Titel seines Buches anzeigt, war sich Boucher
— als Franzose — der Gefahr Deutschlands vollkommen bewusst... Die deutsche „Halsstarrigkeit" (Elsass-Lothringen
nicht zurückzugeben) betrachtet Boucher als die Hauptquelle
von Deutschlands Gefahr, da es Frankreichs „unerschütterlicher Wille ist, die Elsass-Lothringer glücklich der Herrschaft
ihrer Bedrücker zu entreissen... und die Trikolore wieder.
von ihren öffentlichen Gebäuden flattern zu sehen."

Hier einige bemerkenswerte Stellen des Buches:

„Deutschland ist heute in der Tat an allen seinen Grenzen bedroht und in einer Lage, dass es seine Zukunft nur
dadurch sicherstellen und allen seinen Feinden entgegen-
treten kann, wenn es zu allererst versucht, uns aus der Zahl
seiner Gegner auszuschalten, indem es von Anfang an seine
Kräfte gegen uns konzentriert."

So viel über den „böswilligen Ueberfall" auf Frankreich.
Man kann sich die Verachtung vorstellen, mit der französische
Militärs die Salbaderei unserer „patriotischen" Zeitungen
lesen müssen.

„Um Angriffen zu begegnen, die es von allen Seiten bedrohen, ist Deutschland gezwungen, seine Heeresmacht bis
zum äussersten zu steigern... Deutschland nahm sein (Wehr-)
Gesetz von 1913 zum Schutze gegen die slawische Gefahr an."

Dies Eingeständnis ist wegen der erfolgreichen Versuche,
dem englischen Volke die deutschen Heeres-Verstärkungen
von 1913 als rein provozierend hinzustellen, besonders be-

---

[1]) Man lese auch diesen Abschnitt aus Marcel Sembats früher er-
wähntem Buche: „Situationen sind oft stärker als der Wille von Männern
und selbst von Kaisern. Ich rate sehr, jenes kostbare Element des
Friedens, den kaiserlichen Willen, nicht zu vernachlässigen. Wäre Kaiser
Wilhelm anders gelaunt und gesonnen gewesen, so hätten wir schon
Krieg gehabt und — wir wollen gerecht sein — er hat einige schöne
Gelegenheiten, uns niederzuwerfen, vorübergehen lassen. Wenn er, statt
in Tanger eine Rede zu halten, den Krieg erklärt hätte: wo wären wir
dann?"

achtenswert. Doch ich werde bei Prüfung der russischen Rüstungen 1912—1914 noch mehr darüber zu sagen haben.

Solange Deutschland Elsass-Lothringen nicht aufgibt, ist Boucher natürlich vollkommen damit einverstanden, dass Frankreich den äussersten Nutzen aus Deutschlands „russischer Gefahr" ziehe.

„So sehen wir, wie sehr uns, am morgigen Tag vielleicht, da das Slawentum mit dem Germanentum ein Ende machen will, die Freundschaft Russlands nützen kann, falls wir fest entschlossen sind, alle unsere Pflichten ihm gegenüber zu erfüllen... D e u t s c h l a n d z w e i f e l t n i c h t d a r a n, d a s s F r a n k r e i c h, s e i n e n V e r t r ä g e n u n w a n d e l b a r t r e u b l e i b e n d, s e i n e m V e r b ü n d e t e n m i t a l l e r K r a f t b e i s t e h e n w i r d, w o b e i e s j e d o c h d e n g ü n-s t i g s t e n A u g e n b l i c k z u m I n t e r v e n i e r e n w ä h-l e n w ü r d e."

Sehr wahr. Oberst Boucher fährt fort:

„Nachdem Russland Deutschland angegriffen, wird Frankreich die Herrin der Lage, und es genügt alsdann, dass Frankreich im geeigneten Augenblick sein Schwert zieht, um es Deutschland unmöglich zu machen, die Provinzen zu verteidigen, die es uns entrissen hat."

Oberst Boucher setzt sich energisch für eine entschlossene Offensive gegen Deutschland ein und ist hierin völlig mit Oberstleutnant Grouard einverstanden, der in seinem 1913 herausgegebenen „La Guerre Eventuelle" einem französisch-deutschen Kriege als dem Ergebnis des franko-russischen Bündnisses entgegensieht. Grouard schreibt: „Unter diesen Umständen wären wir nicht mehr zur Defensive gezwungen; im Gegenteil, wir müssten unsere zahlenmässige Ueberlegenheit ausnützen und so rasch als möglich angreifen."

Warum fahren unsere Staatsmänner und „patriotischen" Zeitungen fort, uns der Welt durch die Wiederholungen, Deutschlands Angriff gegen Frankreich sei „böswillig" gewesen, als Heuchler hinzustellen? Bilden sie sich ein, dass sie dadurch — ausserhalb Grossbritanniens — irgend jemand täuschen können?

Als Letztes sei dies aus Bouchers Buch angeführt:

„Wie man auch Deutschlands Lage betrachten mag: man erkennt, dass seine Zukunft höchst dunkel ist, und dass es sich in die allergrösste Gefahr gebracht hat. Von allen Faktoren, ·die zusammen das Schicksal dieser Grossmacht kompromittieren, ist die Feindschaft Frankreichs gewiss der Hauptfaktor. Was könnte Deutschland nicht alles anstreben, wenn es auch nur unserer Neutralität sicher wäre."

Ueber die angebliche Unterhaltung zwischen dem Kaiser, dem König der Belgier und General von Moltke berichtet der französische Botschafter — aus zweiter Hand natürlich: — „Man hat Wilhelm II. den Glauben beigebracht, dass ein Krieg mit Frankreich unvermeidlich sei und dass er eines Tages kommen müsse." Der Kaiser machte während der Unterhaltung „einen aufgeregten und gereizten Eindruck". Dafür würden nach den freien und offenen Worten Bouchers andere Erwägungen sprechen als der Wunsch, „Europa zu unterjochen!" — Deutschland konnte Frieden haben, aber nur durch die Aufgabe Elsass-Lothringens; andernfalls Krieg — indem Frankreich Russland ebenso für seine Zwecke gebrauchte, wie dies Russland mit Frankreich tat. Die beiden Schäfchen auf der einen, der Wolf auf der anderen Seite! Sobald nur Russland fertig war, „mit dem Deutschtum ein Ende zu machen", standen die französischen Heere bereit, „im günstigsten Augenblick" in Deutschlands Rücken zu fallen. Nach diesem Augenblick hatte sich das militaristische und chauvinistische Frankreich vierzig Jahre lang gesehnt — und vorbereitet. Wie Oberstleutnant Grouard es ausdrückt:

„In keiner Armee wurde während der letzten dreissig Jahre mehr gearbeitet als in der französischen. Sowohl im Ausbau unserer Kriegsrüstung wie auch im Studium der besten Bedingungen für ihren Gebrauch wurden in jedem

Zweig der militärischen Kunst täglich und unaufhörlich Fortschritte gemacht."

Das ist wahr, und wenn sich der Grad allgemeiner Wirksamkeit weniger gross als in Deutschland erwies, so ist das nicht auf den Mangel an Interesse oder die geringere Fähigkeit für harte Arbeit unter den französischen Offizieren zurückzuführen, sondern auf die Unterschiede des nationalen Temperaments, die überlegene Organisationsgabe des Deutschen, sowie auf die Korruption und Intrigen des französischen politischen Lebens und deren Rückwirkung auf die Armee, wie sich dies so erschreckend im Fall Dreyfus zeigte.

Oberst Bouchers Zeugnis hat darum seine besondere Bedeutung, weil uns hier — gerade im Jahre des Kriegsausbruches — ein französischer Offizier mit vollkommenem Freimut sagt: 1. dass Deutschlands Lage in Europa von allergrösster Gefahr war und 2. dass Frankreich, falls Deutschland Elsass-Lothringen nicht wieder herausgibt — was nur ein impulsiver Franzose für möglich halten konnte —, fest entschlossen war, Russland bis zum äussersten beizustehen, „um mit dem Deutschtum ein Ende zu machen". Das Interesse an Oberst Bouchers Buch wird durch die Ehrlichkeit erhöht, mit der er die Anstrengungen des Kaisers für die Erhaltung des Friedens anerkennt....

... Bezüglich Marcel Sembats Buch „Faites la Paix, sinon faites un Roi" möchte ich besonders das weitere Licht hervorheben, das es auf die Lage Deutschlands kurz vor dem Kriege und die deutsche Psychologie wirft. Es ist ausserordentlich, dass man die englischen Leser auf die geistige Gesundheit eines hervorragenden Franzosen hinweisen muss, um dem Blödsinn des heutigen britischen Zeitungsgeschwätzes zu begegnen.

Sembat stellt sich als Deutschen vor und beschreibt seine Gefühle also: „Erst seit dem Siege von 1870 und der Einheit des Kaiserreiches habe ich das Bewusstsein einer vollen nationalen Existenz. Seitdem gelte ich etwas im Universum und bin beschützt. Um nichts in der Welt, verstehen Sie, um keinen Preis werde ich daran rühren lassen. Sobald man mir sagt, dass die deutsche Einheit bedroht ist, erhebe ich mich, bereit, alles zu opfern. Einerlei, ob Sozialist, Zentrumsmann, liberal oder konservativ, ich bin da, falls irgend jemand die deutsche Einheit bedroht."

Sembat zeigt dann weiter, wie sehr sich dem Deutschen die russische Gefahr eingeprägt hat. „Das deutsche Alpdrücken ‚Russland' entspricht durchaus nicht der, aus unserer Niederlage geborenen Feindseligkeit vieler Franzosen gegen Deutschland. Diese Feindschaft besteht aus der Rachsucht für gestern und der Besorgnis um den morgigen Tag... Der Deutsche ist unter der finsteren Drohung einer furchtbaren, über seinem Kopfe schwebenden Lawine aufgewachsen; einer Lawine, stets bereit, sich loszulösen und auf ihn herabzuwälzen; einer Lawine von ungeheurer Wildheit, von barbarischen und brutalen Horden, die seinen Boden zu überschwemmen, seine Zivilisation und Gesellschaft zu verschlingen drohen."

Sembat bemerkt, dass der Russe seiner Vorstellung der Russe Tolstojs, Gorkis und Turgenjews ist, nicht das seine Legionen asiatischer Horden befehligende autokratische Russland. Aber er fügt hinzu: „Begreife ich das Bild Russlands nicht, das Deutschland verfolgt, dann kann ich auch die Wirkung nicht verstehen, die das franko-russische Bündnis auf den Geist Deutschlands ausübt."

Und er trifft den Unterschied in seinen praktischen Gesichtspunkten: „Gehören denn dem Zaren nicht alle Barbaren von Turkestan und Mittel-Asien?... Wird er sich an dem Tage, da ihn die europäischen Russen, zu liberal denkend oder zu sozialistisch, beunruhigen, scheuen, seine Kosaken-Sotnien und Turkmenen gegen sie zu führen? An dem Tage wird Asien, der barbarische Orient, die Horde, an die Tore Europas pochen und auf der Schwelle Deutschlands stehen, nicht wahr? Deshalb erscheinen das franko-russische Bündnis und die Triple-Entente den Deutschen als ein zwischen zwei zivilisierten Völkern und der Barbarei geschlossener Pakt."

Weiterhin legt Sembat dar, wie die Angst des deutschen Volkes vor Russland zunimmt, wie sie sogar die Besorgnis des a m t l i c h e n Deutschland übertrifft, und er zeigt mit grossem Mut, wie die widerspruchsvolle Haltung Frankreichs diese Besorgnis erhöhen muss.

Tatsächlich fragte Lloyd George 1908 seine Landsleute — die gleichen Landsleute, die man jetzt glauben macht, dass Deutschland der einzige verantwortliche Urheber dieses Krieges ist, von ihm „zur Unterjochung Europas" unternommen, und dass der sicherste Beweis dafür in seinen grossen militärischen Vorbereitungen zu suchen ist — er fragte sie: „Können Sie nicht verstehen, wie vernünftig Deutschlands Befürchtungen sind? Wenn Sie an seiner Stelle stünden, Russland auf der einen und Frankreich auf der andern Seite, seine Feinde in einem europäischen Kriege, würden Sie dann nicht rüsten — würden Sie nicht bauen?" Und er beantwortete die Frage selbst: „Natürlich würden Sie das!"

Im Rückblick auf die letzten zehn Jahre finden wir, dass Deutschland rüstete, und zwar schwer rüstete, aber dass der franko-russische Verband 3 Milliarden 196 Millionen Mark (um fast ein Viertel) mehr für seine Heere ausgab als Deutschland und sein Bundesgenosse, und wir finden, dass französische Schriftsteller von Ruf am Vorabend des Krieges die Natürlichkeit der deutschen B e f ü r c h t u n g e n und die Gefahren der Lage Deutschlands voll würdigen.

Bei einem Vergleich der Marine-Ausgaben der teutonischen Mächte und des franko-russischen Verbandes werden wir weitere Ursachen für Deutschlands Besorgnisse über die „russische Drohung" erblicken[1]).

Inzwischen möchte ich nochmals wiederholen, dass mein Zweck darin besteht, die Legende zerstören zu helfen, dass Deutschland der einzig verantwortliche Urheber des Krieges war, unternommen, „um Europa zu unterjochen". Und dass

---

[1]) Kapitel 14. Aber auch auf Kapitel 12 und 15 ist besonders zu verweisen (D. Uebers.).

mich dabei nicht die Rücksicht auf den preussischen Junker, sondern die zukünftigen Interessen des britischen Volkes leiten.

---

11. Kapitel.

Liegt in Wahrheit oder Dichtung das grössere Staatsinteresse?[1])

Ich habe bezüglich dieser Aufsätze eine beträchtliche Anzahl Zuschriften erhalten, deren allgemeiner Inhalt mich davon überzeugt, dass meine Arbeiten einem guten Zwecke dienen. Ein geschätzter Schreiber glaubt jedoch, der gewöhnliche Mann werde den Schluss ziehen, „dass ich nicht bloss Deutschland zu verteidigen, sondern es auf Kosten Englands zu verteidigen suche." Ich habe einen besseren Glauben vom gewöhnlichen Mann. In meinen Augen hatten jene abstrakten Begriffe „Deutschland" und „England" wenig oder nichts mit diesem Kriege zu tun. Deutschlands Herrscher vor der Anklage verteidigen, sie hätten den Krieg um einer Weltherrschaft willen und zur „Unterjochung Europas" entfesselt, heisst weder Deutschlands Teil an der Verantwortung für die Katastrophe oder seine Kriegführung, noch Deutschland auf Kosten Englands verteidigen. Es heisst, Deutschland vor einer Anschuldigung verteidigen, deren Unhaltbarkeit offen zutage tritt, wenn die Akten und Handlungen der anderen europäischen Grossmächte in bezug auf Rüstungen und die von ihnen geführten Kriege, sowie auf eine lange Reihe dem Kriege vorausgegangener Ereignisse geprüft werden. Damit schade ich nicht dem britischen Staats-Interesse, sondern will ihm im Gegenteil nützen. Damit soll — ich darf in aller Demut den Anspruch darauf erheben — den Interessen aller Völker Europas gedient sein.

---

[1]) „The Labour Leader", 18. Mai 1915.

Denn wenn nachweisbar ist, dass diese Anklagen unwahr sind und dass Deutschland wirklichen Grund hatte, einen Ueberfall zu fürchten, dann wird man sehen, dass dieser Krieg der Ausfluss, nicht der angeborenen Gottlosigkeit eines besonderen Herrschers oder einer Gruppe oder Nation, sondern eines allen Regierungen gemeinsamen Systems der Staatskunst ist, eines Systems des amtlichen Verkehrs zwischen den Regierungen, in das alle Völker hilflos eingewilligt haben und für das alle Regierungen unmittelbar, alle Völker aber mittelbar verantwortlich sind. Und erst, nachdem alle Regierungen und Völker erkannt haben, dass h i e r i n die Wahrheit liegt, kann dies System gestürzt werden und sich der Begriff eines wirklichen Völker-Bundes entwickeln. Solange eine bestimmte Nation von den anderen Nationen besonderer, ihr eigentümlicher Laster beschuldigt wird, so lange werden die anderen blind sein gegen die von ihren eigenen Machthabern gespielte Rolle bei Erzeugung der Lage, welcher der Krieg entsprang, und s o l a n g e w i r d j e d e p r a k t i - s c h e B e m ü h u n g u m d i e W i e d e r a u f r i c h t u n g d e s V ö l k e r r e c h t e s i n E u r o p a z u e i n e r T o t g e - b u r t v e r u r t e i l t s e i n. Wir müssen ein neues Gebäude errichten und neues Material dazu verwenden. O h n e D e u t s c h l a n d a b e r k ö n n e n w i r i n E u r o p a k e i n n e u e s G e b ä u d e a u f b a u e n. Wenn wir daher nicht auf der Grundlage der Wahrheit aufbauen, wird das aus diesem Krieg erstehende Europa sogar noch unstabiler sein als das vor einem Jahrhundert durch den Vertrag von Wien geschaffene Europa. Und wenn der Versuch, dem britischen Volke die Augen zu öffnen über die wahre Lage Deutschlands in dem als „Gleichgewicht der Mächte" bekannten System der europäischen Staatskunst, wie es im Jahrzehnt vor dem Kriege bestand, den Widerstreit mit sich bringt gegen gewisse landläufige öffentliche Aeusserungen von zur Zeit der englischen Regierung angehörenden Personen oder von einzelnen britischen Publizisten, so ist das reiner Zufall und unvermeidlich und wird vom Verfasser nicht als Endzweck verfolgt....

Während der letzten Friedensjahre lag die Hauptursache der deutschen Besorgnisse in dem bei den Russen wachsenden Einflusse eben jener Kräfte Chauvinismus und Militarismus, die wir als für Deutschland typisch betrachten sollen. Ihr Anwachsen ist hauptsächlich folgenden drei mächtigen Faktoren zuzuschreiben: der wackeligen Stellung der sogenannten herrschenden Autokratie, die gezwungen war, unter den lärmenden Jingo-Elementen der russischen Gesellschaft nach Popularität zu haschen, um die steigende Flut sozialer Unzufriedenheit und demokratischer Bestrebungen einzudämmen; — der Unruhe der Militärs, die unter dem, ihrem Ansehen durch den Japanischen Krieg versetzten Schlage litten; — und der diplomatischen Niederlage, die Russland 1908—09 in seinem Zank mit Oesterreich über die Annexion Bosniens und der Herzegowina erlitt und die durch die uneingeschränkte Unterstützung, die Deutschland seinem Bundesgenossen bei dieser Gelegenheit gewährte, vollendet wurde. Diese Faktoren zusammen hatten den reaktionären Elementen in Russland einen ungeheuren Antrieb verschafft. Die in Deutschland dadurch hervorgerufenen Befürchtungen wurden gleichermassen von der Masse des Volkes — es ist wesentlich, dass man das klar im Auge behalte — wie von den amtlichen Kreisen geteilt, und unter dem Schutze dieser Befürchtungen erlangten wieder die reaktionären Elemente in Deutschland weiteren Einfluss, und der Generalstab wurde anmassender und erhielt neue Macht. Je gespannter sich die Lage gestaltete, desto mehr vergass die Masse des deutschen Volkes seine häuslichen Beschwerden gegen das barsche Beamtentum und die undemokratischen Tendenzen, die dem Hauptteilhaber im Reiche — Preussen — eigentümlich waren; und desto mehr sammelte sich die Masse um den organisierenden Genius Preussens als dem Bollwerk seiner nationalen Freiheit und dem Symbol seiner nationalen Einheit.

Die Gewitterwolken an Deutschlands Ostgrenzen zogen um so drohender wegen der Haltung Frankreichs herauf, dessen auswärtige Politik der russischen Autokratie offenkundig dienstbar geworden war; auch hatte man — wie unparteiische und wohlunterrichtete Franzosen zugeben und wissen — ein Wiederaufleben des chauvinistischen und kriegerischen Geistes in den Kreisen der emporkommenden Mittelklasse Frankreichs besonders bemerkt, seitdem der Marokko-Streit eine Neigung des amtlichen Grossbritannien enthüllt hatte, der Entente mit Frankreich das Aussehen eines tatsächlichen Offensiv- und Defensiv-Bündnisses zu geben. Nehmen Sie hierzu noch die gespannten Beziehungen zu England; die Flotten-Eifersucht; den Vorsatz des amtlichen Grossbritannien, das Wachstum der deutschen Marine an sich als eine Beleidigung aufzufassen; die Prahlereien des amtlichen Deutschland über den Dreizack und die des amtlichen England bei Eröffnung der Dreadnought-Aera; die unaufhörlichen öffentlichen Zänkereien der rivalisierenden Flottenvereine und der beiderseitigen Hetzpresse — und die Echtheit der Befürchtungen Deutschlands kann nur von denen geleugnet werden, die darauf bestehen, ihre Augen und Ohren der Wahrheit zu verschliessen. Deutschland hat wesentlich zur Schaffung der Lage beigetragen, die seine Furcht und die ganz Europas entstehen liess. Andere Mächte haben aber gleichfalls wesentlich dazu beigetragen. Der Versuch, eine Bilanz der Verantwortlichkeit aufzustellen, wäre müssig. Es genügt, wieder und wieder zu betonen, dass Deutschland fürchtete; — dass es gute Gründe dazu hatte; — dass die Vernünftigkeit seiner Befürchtungen von unseren und französischen öffentlichen Männern und Schriftstellern von Ansehen, sogar Militärschriftstellern, zugegeben wurde — und dass es eine Verdrehung der Tatsachen ist, wenn man all das unter dem Vorwand, Deutschland habe Europa in teuflischer Absicht und aus rein selbstsüchtigen Zwecken in den Krieg gestürzt, wegfegen will, eine Verdrehung der Tatsachen, deren die Geschichte nur wenige Parallelen aufweist und die der Zeit nicht standhalten kann, die aber, wenn wir darauf beharren, uns von ihr beherrschen zu lassen, England dazu führen wird, einem unendlichen Leidensweg entlang in einen bodenlosen Abgrund des Unglücks zu straucheln.

Ehe ich im Einzelnen die in diesen Aufsätzen noch nicht besprochenen Gründe behandle, warum die Verhältnisse in Russland Deutschland wachsende Besorgnis einflössten, muss ich unbedingt einen Punkt berühren, der wie keiner so missverstanden wird. Wir vermögen die wahre Lage Deutschlands in Europa vor dem Kriege nur dann ganz zu verstehen, wenn wir uns fest ins Gedächtnis einprägen, dass eine Zerstückelung der österreichisch-ungarischen Monarchie für Deutschland gerade eine jener wenigen wirklichen Lebens-Gefahren bedeutete, denen sich eine Nation — bei der bestehenden Trennung Europas in zwei Gruppen — nicht aussetzen kann. Von dem Augenblick an, da Bismarcks lange und erfolgreiche Politik, mit Russland freundliche Beziehungen zu unterhalten, ernstlich beeinträchtigt wurde (der Abkühlungsprozess begann zu seinen Lebzeiten und datiert von Russlands Enttäuschung über das Ergebnis des Berliner Kongresses), wurde für Deutschland die Erhaltung der Doppel-Monarchie gleichbedeutend mit seiner eigenen Erhaltung. Der Vollzug des franko-russischen Bündnisses, eine Folge des russisch-deutschen Bruches, kettete Deutschlands Schicksal unauflöslich an das der Doppelmonarchie. Seitdem konnte Oesterreich nicht gefährdet werden, ohne dass auch Deutschland gefährdet war. Ein niedergeworfenes Oesterreich-Ungarn bedeutete ein in Europa vollständig vereinsamtes Deutschland, denn zu Italiens notorischem politischem Wankelmut gesellte sich, vom praktischen Gesichtspunkt aus, seine militärische Schwächung durch das schlimme und tolle Tripolis-Abenteuer. Ein Blick auf die Karte wird eine klarere Würdigung dieser elementaren Tatsachen vermitteln als langatmige Untersuchungen. Daher waren die inneren und äusseren Verhältnisse der Doppelmonarchie für Deutschland von der allergrössten Wichtigkeit, und deshalb war in der bosnischen Krise von 1908/09 Deutschlands Intervention zugunsten Oesterreichs natürlich und unvermeidlich, wenn auch brutal und roh in ihrer Kundgebung — sobald Russlands Haltung offen drohend wurde. Die jetzt allgemein übliche Annahme, Deutschland sei im Laufe der Zeit buchstäblich der Diktator der österreichisch-ungarischen Politik geworden, lässt sich durch die öffentlich zugänglichen Tatsachen nicht rechtfertigen. Im Gegenteil, man sollte eher meinen, dass gerade der Zwang, die Doppelmonarchie zu unterstützen, Deutschland nötigte, die Politik seines Verbündeten, ihrer Klugheit ungeachtet, zu verteidigen. Dass sich eine solch eigenwillige und hervorragende Persönlichkeit wie der ungarische Premier-Minister Graf Tisza, der eine so auffallende Rolle in der Politik der Doppelmonarchie spielte, einer Berliner Diktatur unterwerfen sollte, ist offenbar widersinnig. In der Tat verrät der Gedanke eines demütigen und sanften Oesterreich-Ungarn, Lehm in der Hand der Töpfer von der Wilhelmstrasse, eine vollständige Unkenntnis der beiderseitigen Stellungen, der Beziehungen der teutonischen Mächte zueinander und des Charakters ihrer herrschenden Klassen. Ich erwähne dies hier nur wegen des plumpen Versuches, die plötzliche General-Mobilisation der russischen Streitkräfte inmitten der in den letzten Tagen des Juli wiederaufgenommenen österreichisch-russischen Besprechungen einfach zu ignorieren, ja diese Mobilisation, die Berlin den Boden unter den Füssen verlieren liess, ganz zu unterdrücken. Der gutunterrichtete Schreiber in „The Round Table" vom letzten September (1914) ist der Wahrheit viel näher, wenn er sagt, dass Deutschland „in gewissem Sinne die Kontrolle über seinen Verbündeten verloren hatte", und wenn er von dem deutschen Kaiser meint, er sei gewissermassen „das blinde Werkzeug Wiener Intrige geworden". In Wahrheit hatte Deutschland die Kosten für die Fehler seines Bundesgenossen und die unaufhörlichen Schwankungen in dessen Politik zu bezahlen... Vom nationalen Standpunkt aus war Deutschland zufolge seiner misslichen Lage gezwungen, dem einzigen ihm in Europa verbliebenen Verbündeten beizustehen, ohne Rücksicht auf die Umstände und darauf, ob dieser Verbündete im Recht oder Unrecht war, und klug oder töricht handelte. [1])

---

[1]) Es ist geradezu bewundernswert, wie sehr auch hier Morel das Richtige trifft. Seine Schilderung der deutschen Beziehungen zu Oesterreich wird durch das kürzlich erschienene Buch von Dr. R. Gooss, „Das

Je mehr man in der Tat die zeitgeschichtlichen Dokumente prüft, desto unhaltbarer wird die Behauptung, die österreichisch-ungarische Politik hätte sich der deutschen Leitung gefügt und der Kaiser habe in der Krise von 1914 bloss den kleinen Finger zu erheben brauchen, um seinen Wünschen in Wien Gehorsam zu sichern. Wenn man z. B. das sehr wertvolle Buch „The Inner History of the Balkan War" von dem englischen Oberstleutnant R. Rankin liest, der für seine Aufgabe besonders geeignet war, so kann man nur die Ueberzeugung gewinnen, dass Deutschland 1912—13 die allergrösste Mühe hatte, zu verhindern, dass sein Bundesgenosse über die Stränge schlage. Wie sich Rankin ausdrückt, tat Deutschland sein Bestes, „um Oesterreich von einer Gewaltpolitik abzuhalten." Aus Giolittis Erklärung vom 9. August 1913 wissen wir, dass österreichische Staatsmänner, über den — wenigstens vom unoffiziellen — Russland den Serben gewährten Beistand aufgebracht, in Deutschland und Italien sondierten, ob diese Staaten eine österreichische Kriegserklärung an Serbien unterstützen würden. Sonderbar genug wurde diese Erklärung als ein weiterer Beweis für Deutschlands Ränkespiel ausgelegt. In Wahrheit beweist sie aber, dass Deutschland und Italien den österreichischen Vorschlag gemeinsam ablehnten. Giolitti sagte nämlich deutlich, d a s s sich Italien mit der deutschen Regierung verband, um die Doppelmonarchie zurückzuhalten.

Baron Beyens, damals belgischer Gesandter in Berlin, jetzt Minister des Aeussern, schreibt in seinem neuen Buch „L'Allemagne avant la guerre" ebenfalls: „Die Diplomatie der Wilhelmstrasse liess es sich vor allem angelegen sein, die Erbitterung am Ballplatz und den dortigen Wunsch nach Intervention niederzuhalten."

Noch bedeutsamer ist Beyens Bericht[1] vom 30. November 1912 an seine Regierung: „Der Erzherzog (Franz Ferdinand) hat in Berlin erklärt, dass die österreichisch-ungari-

---

Wiener Kabinett und die Entstehung des Weltkrieges" (Wien 1919) in ganz überraschender Weise bestätigt (D. Uebers.)
[1] Aus den belgischen Archiven.

sche Monarchie an der Grenze der Zugeständnisse angelangt
sei, die sie ihrem Nachbarn machen könne. Der Kaiser und
seine Ratgeber haben es trotzdem an Ratschlägen zur Mässigung nicht fehlen lassen, die Wilhelm II., als er seinen
Gast zur Bahn brachte, in der ihm eigentümlichen familiären
Weise in die ausdrucksvollen Worte zusammenfasste: ,Vor
allem keine Dummheiten...!' Es besteht kein Zweifel, dass
der Kaiser, der Kanzler und der Staatssekretär des Auswärtigen leidenschaftliche Anhänger des Friedens sind."

Aber eben dieser von der deutschen Diplomatie 1912
bis 1913 errungene Erfolg brachte 1914 einen ähnlichen Erfolg zum Scheitern. Ratschläge zur Mässigung hatten 1912
bis 1913 einen europäischen Krieg verhindert; doch darauf
folgten eine Verschärfung der österreichisch-serbischen Rei-
bungen, eine noch ernstere Spannung in den österreichisch-
russischen Beziehungen und die Ermordung des persönlichen
Freundes Wilhelms II., des Erzherzog Thronfolgers. Ueberdies
hatte sich die ganze Lage in Europa verschlechtert. Ich behaupte nicht, dass Deutschland im Juli 1914 all den Druck
auf Oesterreich ausübte, den es hätte ausüben können. Ich
kenne keinen einzigen Engländer und glaube auch nicht,
dass es einen gibt, der das von Deutschland behaupten würde.
Aber was ich sage, ist, dass es, eben in der Natur der Sache
liegend, der deutschen Regierung nicht länger möglich war,
1914 mit dem gleichen Nachdruck wie in den beiden Jahren
vorher aufzutreten, und ich sage ferner, dass ich für meine
Person auch nicht die Spur eines dokumentarischen Be-
weises dafür gesehen habe, Deutschland habe die Doppelmonarchie angestiftet, eine unnachgiebige Haltung einzunehmen. [1]) Die deutsche Regierung scheint der Auffassung ge-

---

[1]) Die Kurt Eisnerschen — wie sich im Sommer 1919 herausstellte
— gefälschten Enthüllungen aus den bayerischen Staatsarchiven mussten
den Eindruck erwecken, als habe Deutschland die Oesterreicher fast
wider deren Willen zu ihrem scharfen Vorgehen gegen Serbien ermutigt.
Abgesehen davon, dass es sich in dem Bericht des bayerischen Legations-
rates von Schön um subjektive Eindrücke handelte, werden diese auch
durch das schon erwähnte Buch von Dr. R. Gooss, sowie von den im
deutschen Weissbuch 1919 S. 79 ff. veröffentlichten Dokumenten voll-

wesen zu sein, dass Oesterreich berechtigt sei, Serbien einen Zwang aufzuerlegen, und dass Russland die Serben nicht bis zum Aeussersten unterstützen werde. Als dann später die deutsche Regierung Russlands Absicht, Serbien bis zum Aeussersten beizustehen, bemerkte, hielt sie Oesterreich so weit zurück, als sie ohne ernstliche Gefährdung des Bündnisses wagen konnte. Ich erörtere hier nicht das Recht und Unrecht dieser drei Regierungen. Ich bemühe mich nur, die Wahrheit von der Kruste des Vorurteils und der Leidenschaft zu reinigen, unter der man sie den Briten verborgen hält. Stellen wir uns einen auf breiter Grundlage gleichartigen Fall vor.

Angenommen, nach Jahren einer durch Fehler auf beiden Seiten entstandenen Reibung zwischen der indischen Regierung und Afghanistan wäre der Prinz von Wales in den Strassen einer indischen Stadt nahe der afghanischen Grenze ermordet worden, und angenommen, die indische Regierung sei, mit Recht oder Unrecht, überzeugt, dass afghanische Agenten die geistigen Urheber des Verbrechens waren, so wäre die britische öffentliche Meinung, man kann es in aller Ruhe und Bestimmtheit behaupten, ebenso von Wut geschüttelt worden, wie die öffentliche Meinung der Doppelmonarchie nach Serajewo. Hätte sich die englische Regierung unter solchen Umständen zu einer Konferenz bequemt? Und würde ihr Verbündeter — unter Gefahr eines Bruches — wohl auf einer Konferenz bestanden haben, ein Verbündeter, dessen eigene Sicherheit von der Grossbritanniens abhing, namentlich wenn die Macht, die Grossbritannien und sein Bundesgenosse für Afghanistans allgemeines Verhalten moralisch verantwort-

---

kommen widerlegt. Der deutschen Regierung ist aber der schwere Vorwurf zu machen, dass sie die serbische Angelegenheit als eine i n n e r e österreichische Angelegenheit auffasste und durch ihr Gewährenlassen die Note an Serbien mitverschuldete. Es liegen zahlreiche Belege dafür vor, wie unangenehm den deutschen Staatsmännern die Note war. Ich verweise hier auch auf die im Juli 1919 in der „Deutschen Politik" erschienenen Schreiben Wilhelms II., der sich über die serbische Antwort sehr befriedigt dahin äusserte, dass „damit jeder Kriegsgrund für Oesterreich fortfalle", wie er auch „daraufhin niemals die Mobilmachung befohlen hätte". (D. Uebers.)

lich hielten, sich für Afghanistan unter der Begründung
drohend ins Mittel schlug, die Einwohner Afghanistans ge
hörten der gleichen Rasse wie ihre eigenen Untertanen an?

Wo ich mich auch in diesem Buche mit dem Versuch
abgebe, meine Landsleute im Interesse eines Dauerfriedens
zu einer gerechteren Haltung gegen die deutschen Handlungen und die deutsche Politik zu veranlassen, habe ich ge-
wissenhaft davon abgesehen, meine Beweisführung durch Zitate deutscher Autoritäten zu stützen, und habe mich stets
auf die Erklärungen unserer eigenen Autoritäten sowie auf
die der verbündeten und uns freundlich gesinnten Länder
verlassen. Aber in diesem besonderen Falle kann ich das
Telegramm des deutschen Kanzlers vom 30. Juli 1914 an
den deutschen Botschafter in Wien nicht unerwähnt lassen
(siehe Seite 120) ...

„... Wir können Oesterreich-Ungarn nicht zumuten, mit
Serbien zu verhandeln, mit dem es im Kriegszustand begriffen
ist. Die Verweigerung jeden Meinungsaustausches mit Petersburg aber würde ein schwerer Fehler sein. Wir sind zwar
bereit, unsere Bundespflicht zu erfüllen, müssen es aber ablehnen, uns von Oesterreich-Ungarn durch Nichtbeachtung unserer Ratschläge
in einen Weltbrand hineinziehen zu lassen.
Eure Exzellenz wollen sich gegenüber dem Grafen Berchtold sofort mit allem Nachdruck und
grossem Ernst in diesem Sinne aussprechen."

Ein Verbündeter in Deutschlands Lage, der in Ost und
West sich zwei mächtigen Feinden gegenübersah, konnte kaum
weitergehen.

Der 30. Juli war der Schicksalstag in dem ganzen Netzwerk verworrener Unterhandlungen, die der russische allgemeine Mobilmachungsbefehl endgültig über den Haufen
warf. Dies kann man auf einen Blick erkennen. An diesem
Tage unterrichtete der deutsche Botschafter Sir E. Grey —
in Erwiderung auf dessen Tags zuvor gemachten Vorschlag
—, dass Berlin bestrebt sein werde, Wien dahin zu bringen,
dass es seine Operationen in Serbien nach der Besetzung Bel-

grads und Umgebung einstelle (Weissbuch Nr. 103). Der deutsche Botschafter telegraphierte darauf nach Berlin, Sir E. Grey werde Russland in diesem Sinne Vorstellungen machen, und Berlin setzte sich mit Wien in Verbindung. Sir E. Grey drückte in seinem Telegramm nach Petersburg die ernste Hoffnung aus, dass sich, falls diese Lösung erreicht werde, die allseitige Einstellung der militärischen Massnahmen ermöglichen lasse. So schien die Lage im letzten Augenblick einen Kompromiss zu gestatten, obschon die Tatsache, dass Russland teilweise (gegen Oesterreich) mobilisiert hatte, ein unbequemes Hindernis bildete.

König Georg zeigte sich nicht weniger eifrig, seinen Einfluss für diesen hoffnungsvollen Vorschlag einzusetzen. Er telegraphierte dem Prinzen Heinrich von Preussen: „... Meine Regierung tut ihr Möglichstes, um Russland und Frankreich nahezulegen, weitere militärische Vorbereitungen aufzuschieben[1]), falls sich Oesterreich mit der Besetzung von Belgrad und benachbartem serbischem Gebiet als Pfand für eine befriedigende Regelung seiner Forderungen zufrieden gibt, während gleichzeitig die anderen Länder ihre Kriegsvorbereitungen einstellen. Ich vertraue darauf, dass Wilhelm seinen grossen Einfluss ausüben wird, um Oesterreich zur Annahme dieses Vorschlages zu bewegen; dadurch wird er beweisen, dass Deutschland und England zusammenarbeiten, um zu verhindern, was eine internationale Katastrophe sein würde. Bitte, versichere Wilhelm, dass ich alles tue und auch weiter alles tun werde, was in meiner Macht liegt, um den europäischen Frieden zu erhalten."

All dies — es sei wiederholt — trug sich am Morgen und Nachmittag des 30. Juli zu, und wir wissen jetzt, dass

---

[1]) Man vergleiche hierzu den Bericht des belgischen Gesandten in St. Petersburg, Barons de l'Escaille, vom gleichen Tage (30. Juli 1914): „England gab anfangs zu verstehen, dass es sich nicht in einen Konflikt hineinziehen lassen wolle. Sir G. Buchanan sprach das offen aus. Heute aber ist man in St. Petersburg fest davon überzeugt, ja man hat sogar die Zusicherung, dass England Frankreich beistehen wird. Dieser Beistand fällt ganz ausserordentlich ins Gewicht und hat nicht wenig dazu beigetragen, der Kriegspartei Oberwasser zu verschaffen". (D. Uebers.)

Oesterreich tat, was König Georg und der britischen Regierung so sehr am Herzen lag: es nahm den Vorschlag an (Oest. Rotbuch Nr. 50).

Wie aber beantwortete Russland den Vorschlag? Mit der Ausgabe eines mitternächtlichen General-Mobilmachungsbefehls — also gegen Deutschland, da es gegen Oesterreich ja schon mobilisiert hatte. (Siehe hierzu die Mobilmachungstabelle im 6. Kapitel.)

Hätte die russische Regierung nur 24 Stunden gewartet, so wäre die Lage gerettet gewesen, denn es lag in der Natur der Sache, dass Oesterreichs Antwort auf den Vorschlag erst am 31. Juli bekannt werden konnte[1]).

Aber nach den Worten Philip Prices triumphierte am 30. Juli die Petrograder Militärpartei und „riss durch ihren übereilten Mobilmachungsbefehl den Diplomaten den Boden unter den Füssen weg", ebenso wie am 31. die Militärpartei in Berlin triumphierte, als dort die Nachricht von Russlands Vorgehen eintraf.

Und wiederum hätte am 31. ein Aufschub von 24 Stunden Europa retten können — und diesmal muss Deutschland dafür getadelt werden[2]).

Russlands verhängnisvoller General - Mobilmachungs-Befehl, ohne auch nur die — zustimmende — Antwort Oesterreichs auf die anglo-deutschen Vorschläge abzuwarten, vergrösserte sofort den Umkreis der augenblicklichen Spannung. Er rief in Berlin eine unverfälschte Volkspanik hervor, worüber alle damals dort anwesenden englischen und amerikanischen Berichterstatter einig sind. Dass Russlands allgemeine Mobilmachung nicht unbedingt gleichbedeutend mit

---

[1]) Diese Darstellung wird noch viel eindringlicher, wenn man sich dazu den Telegramm-Wechsel Wilhelms II. mit dem Zaren aus den letzten Tagen des Juli und die Enthüllungen des Suchomlinoff-Prozesses vor Augen hält. Man vergleiche auch Seite 120 ff. (D. Uebers.)

[2]) Heute dürfte Herr Morel diesen Vorwurf nicht mehr im früheren Umfang aufrecht erhalten. Ich verweise dabei auf das am Schlusse des 6. Kapitels angeführte Urteil M. Pokrowskis und auf den Abschnitt IX des letzten Kapitels vom Oktober 1919 (D. Uebers.).

seiner Entschlossenheit zum Kriege war[1]), konnte nicht gegen das durch die Tatsache der russischen Generalmobilisation hervorgerufene Gefühl ins Gewicht fallen. Diese T a t s a c h e, sowie die durch Ereignisse der Vergangenheit heraufbeschworene tödliche Furcht waren es, welche die ganze Lage beherrschten. Diese T a t s a c h e war es, die der Berliner Militärpartei ihre günstige Gelegenheit gab. Am 31., nachmittags 2 Uhr, wurde in Berlin der Kriegszustand erklärt. Um Mitternacht ging das deutsche verhängnisvolle Ultimatum nach Petrograd ab, innerhalb 12 Stunden zu demobilisieren. Am 1. August, 5,30 nachmittags, wurde die deutsche allgemeine Mobilmachung angeordnet. Um 7 Uhr abends erging die Kriegserklärung an Russland. —

Obgleich hastig und übereilt, war der deutsche Schritt dies doch nicht in dem Masse, als es der britische Botschafter in Petersburg der russischen Regierung im Falle einer russischen Mobilmachung schon am 25. Juli in warnenden Worten als wahrscheinlich angekündigt hatte. Sir George Buchanan sagte damals dem Minister des Auswärtigen, „dass Deutschland, wenn Russland mobilisiere, sich nicht mit einer blossen Mobilmachung begnügen oder Russland Zeit zur Ausführung der seinen lassen, s o n d e r n w a h r s c h e i n l i c h s o f o r t d e n K r i e g e r k l ä r e n w e r d e“ (Weissbuch Nr. 17).

Tatsächlich erfolgte die Kriegserklärung erst ungefähr 30 Stunden nach Bekanntwerden der russischen General-Mobilmachung in Berlin.

W a r u m g l a u b t e d e r b r i t i s c h e B o t s c h a f t e r, d a s s e i n e r u s s i s c h e G e n e r a l - M o b i l m a c h u n g z u e i n e r s o f o r t i g e n d e u t s c h e n K r i e g s e r k l ä r u n g f ü h r e n w e r d e?

Doch nur deshalb, weil er glaubte, dass die Wirkung dieses russischen Schrittes den deutschen Generalstab in den Stand setzen werde, seiner Regierung auf Grund militärischer

---

[1]) Auf Grund späterer Enthüllungen ist auch Herr Morel zu der Ueberzeugung gelangt, dass die russische Mobilmachung den Krieg bedeutete; siehe darüber Abschnitt IX des letzten Kapitels (D. Uebers.).

Notwendigkeiten ein solch überwältigendes Material vorzulegen, das der deutschen Regierung jeden weiteren Widerstand unmöglich machte, wollte sie nicht ihre Stellung und den Thron gefährden.

Man hat uns den Glauben beigebracht, die von den deutschen Sachverständigen vorgebrachten militärischen Notwendigkeiten seien in Wahrheit ins Land der Fabel zu verweisen. Dass dies nicht zutrifft, haben aber Ereignisse, die niemand abzuleugnen vermag, erwiesen. Die Russen waren schon so weit vorbereitet, dass sie am 3. August Memel angreifen konnten; die deutsche Grenze wurde am 5. von den russischen Vortruppen bei Lyck, und am 7. von Rennenkampfs Hauptarmee bei Suwalki überschritten, während General Samsonoff mit fünf Armeekorps von Mlawa aus den Vormarsch antrat. Am 20. wurden die Deutschen nach einer viertägigen Schlacht bei Gumbinnen besiegt und am 21. zwischen Frankenau und Orlau wiederum schwer geschlagen. Am 25. war ganz Ostpreussen bis zur Weichsel in den Händen der Russen.

Die angeblichen Ergebnisse dieser Besetzung wurden in einem Manifest bekanntgegeben, das die deutsche sozialdemokratische Partei im vergangenen Sommer (1914) herausgab und das u. a. lautet:

„400 000 Einwohner Ostpreussens mussten fliehen; 1620 Zivilpersonen wurden ermordet und 433 verwundet; 5410 männliche Zivilpersonen (darunter hilflose alte Männer), 2587 Frauen und 2719 Kinder wurden nach Russland verschleppt; 24 Städte, 572 Dörfer und 236 Meierhöfe, zusammen 36 553 Gebäude, ganz oder teilweise zerstört und ungefähr 200 000 Wohnungen ganz oder zum Teil ausgeplündert und verwüstet.

Es ist natürlich unmöglich, diese Angaben auf ihre Richtigkeit zu prüfen. Sie mögen übertrieben sein. Man kann nur sagen, dass die Geschichte aller Kriege im grossen ganzen ähnliche Ergebnisse über die Folgen einer Invasion berichtet. Belgien, Polen, Galizien und Ostpreussen sind keine Ausnahmen der traurigen Regel.

Die militärischen Ereignisse in Ostpreussen aber, die sich so äusserst rasch nach dem Kriegsausbruch abspielten, verleihen der Warnung des britischen Botschafters vom 25. Juli erhöhte Bedeutung und rücken unter den Vorfällen, die Europa in seinen gegenwärtigen Zustand versetzt haben, den Mitternachtsbefehl für die allgemeine Mobilmachung der gesamten russischen Streitkräfte in sein wahres Licht.

[Zusatz des Uebersetzers: Nach dem Umsturz in Russland und gestützt auf die Enthüllungen des Suchomlinoff-Prozesses veröffentlichte Morel 1917 unter dem Titel „The Tsardom's Part in the War" eine kleine Schrift (Deutsch „Die.grosse Lüge", Berlin 1918), in der er Russland a l s i n d e r H a u p t s a c h e v e r a n t w o r t l i c h f ü r d e n K r i e g s-a u s b r u c h 1914 erklärt. (Zu einer dänischen Uebersetzung von „The Tsardom's Part in the War" schrieb Georg Brandes ein Geleitwort.) Das ändert aber, wie aus dem im Vorwort mitgeteilten Briefe Morels vom September 1919 hervorgeht, nicht die Ansicht des Verfassers über die in diesen hier zusammengestellten Aufsätzen ganz überwiegend behandelte M i t s c h u l d a l l e r R e g i e r u n g e n a n d e r S p a n n u n g i n E u r o p a, d i e b e i i r g e n d e i n e r G e l e g e n h e i t z u r K a t a s t r o p h e f ü h r e n m u s s t e.]

---

12. Kapitel.

Russlands Kriegsrüstungen.[1])

Aus einem allgemein dem damaligen russischen Kriegsminister Suchomlinoff[2]) zugeschriebenen Artikel der „Birschewija Wjedomosti" vom 12. März 1914: „Jedermann ist bekannt, dass unsere Kriegspläne bislang stets einen defensiven Charakter trugen, aber

---

[1]) „The Labour Leader", 24 Juni 1915.
[2]) Tatsächlich war S. der Urheber des ursprünglich viel herausfordernder lautenden Artikels, siehe Deutsches Weissbuch 1919, S. 181 ff.; dort lauten die folgenden Auszüge etwas anders, der Sinn ist aber der gleiche. Vgl. Abschnitt V des letzten Kapitels (D. Uebers.).

sogar im Ausland weiss man nun sehr wohl, dass der Gedanke der Defensiv-Taktik jetzt aufgegeben ist, und dass die russische Armee eine aktive Rolle spielen wird ... Russland ist auf jede Möglichkeit gefasst. Si vis pacem para bellum."

Dr. Paul Mitrofanoff in den „Preussischen Jahrbüchern", Juni 1914: „Der russische Drang nach Süden ist eine historische, politische und ökonomische Notwendigkeit, und der fremde Staat, der sich diesem Drange widersetzt, ist eo ipso ein feindlicher Staat ... Ueberall, auf jedem Schritt und Tritt .. stösst und stiess Russland bei der Lösung seiner vitalsten Aufgabe — der Orientfrage — auf den Widerstand der Deutschen. Es ist den Russen klar geworden, dass, wenn alles so bleibt, wie es jetzt ist, der Weg nach Konstantinopel durch Berlin geht. Wien ist eigentlich nur eine sekundäre Frage ..." (Geschrieben am 12. April 1914. D. Uebers.)

In einem nur zwei Monate vor dem Kriege veröffentlichten Artikel legte der Militär-Berichterstatter der „Times" (3. Juni 1914) dar, wie wohl begründet die deutsche Furcht vor einem russischen Angriff sei. Russland habe seine Friedensstärke um 150 000 Mann erhöht, „was eine Gesamtfriedensstärke von ungefähr 1 700 000 ausmacht, oder ungefähr das Doppelte der deutschen ... Die russische Antwort an Deutschland kommt nahezu einer Mobilmachung in Friedenszeit gleich und erklärt vollkommen den bitteren Ausbruch der „Kölnischen Zeitung" ... Die Vermehrung der Geschütze in den russischen Armeekorps, die wachsende Schlagkraft der Armee, sowie die geplanten und schon ausgeführten Verbesserungen an den strategischen Eisenbahnen sind alles Dinge, die man nicht ausser Betracht lassen kann. Sie sind wohl dazu angetan, die Deutschen besorgt zu machen."

*   *   *

Ich habe nicht die Absicht, die Schuld und Unschuld an den österreichisch-russischen Zänkereien zu erörtern. Die Ursache lag an der persönlichen Nebenbuhlerschaft und den gegenseitigen Betrügereien des österreichischen und russischen Auswärtigen Amtes, die in der formellen Annexion von Bosnien und der Herzegowina gipfelten, ohne dass Oesterreich zum Ausgleich für Russland das Dardanellen-Problem neu aufgeworfen hätte, wofür das russische Auswärtige Amt bereit gewesen wäre, Oesterreichs technischen Bruch des Berliner Vertrags anzuerkennen. Ich sage „technisch", weil Oesterreich Bosnien und die Herzegowina schon 30 Jahre im Besitze hatte und die Souveränität der Pforte in jenen alten türkischen Provinzen noch weniger als z. B. in Aegypten nur mehr dem Namen nach bestand.

Von da an trat zwischen der russischen und serbischen Diplomatie eine Gemeinschaft der Interessen zutage. Serbien hatte ausser der Annexion Bosniens allerhand Beschwerden gegen Oesterreich; in der H a u p t s a c h e jedoch war Serbien — was wir zu leicht vergessen — ein kleines Königreich, das gierig darauf aus war, auf Kosten eines mächtigen Nachbarn ein grosses Reich zu werden: ein Ehrgeiz, der in ähnlichen Fällen der breiten Oeffentlichkeit als lobenswert oder schändlich geschildert wurde, je nachdem es die eigenen Interessen förderte oder beschnitt. Man mag das Verfahren des russischen Imperialismus, der serbischen Propaganda, die — eingestandenermassen — auf die Zerstückelung des österreichisch-ungarischen Staates abzielte, seinen geheimen Einfluss zu leihen und zum gleichen Zwecke sehr eifrig in Galizien Intrigen zu spinnen[1]), im Sinne einer Repressalie für die bosnische Angelegenheit als berechtigt anerkennen oder nicht: das ist Sache der Auffassung. Tatsache bleibt, dass die Zukunft der Doppelmonarchie durch diese Tätigkeit der russischen Regierung und ihrer — anerkannten oder verleugneten — Agenten unfraglich ernstlich berührt war und dass dadurch Deutschlands Lage im „Gleichgewicht der Mächte", wie schon erklärt, sehr wesentlich in Mitleidenschaft gezogen wurde[2]).

In Berlin und Petersburg gab es jedoch Friedensparteien. Ende 1910 fand zwischen dem Kaiser und dem Zaren eine Begegnung statt, deren Ergebnis eine Vereinbarung über die

---

[1]) Ich empfehle darüber Stepankowskis Schrift, „The Russian Plot to Seize Galicia" („Der russische Anschlag zur Besitzergreifung Galiziens"), zu lesen, die den grossen Vorzug hat, dass sie einige Monate vor Kriegsausbruch veröffentlicht wurde.

[2]) Wie sehr dies der Fall war, siehe Handschreiben des Kaisers Franz Joseph an Kaiser Wilhelm und Memorandum der österreichisch-ungarischen Regierung, deutsches Weissbuch 1919 S. 79 ff. (D. Uebers.).

ärgerliche Bagdad-Eisenbahnfrage war, soweit dabei Deutschland und Russland in Betracht kamen. Man hätte meinen sollen, dass nach Beseitigung dieser besonderen russischdeutschen Reibungsursache der Weg zu einem schliesslichen russisch-österreichischen Vergleich unter Deutschlands Führung frei gewesen wäre. Doch die Erbitterung des russischösterreichischen Haders liess nicht nach, in der Hauptsache infolge der Machenschaften von Persönlichkeiten, die sich wie finstere Schatten hinter der Schirmwand der internationalen Politik bewegten. Die Erbitterung verschärfte sich[1]. Die Bildung eines Balkanbundes unter russischem Schutz verursachte viel Lärm und Aufregung in Wien und Unruhe in Berlin. Die serbische Propaganda gegen Oesterreich wurde noch giftiger... Die deutsche Militär-Mission nach der Türkei — nicht die erste, und ein Engländer war Befehlshaber der türkischen Flotte — rief ein Wutgeheul in den panslawistischen Blättern Russlands hervor. In der russischen, deutschen und österreichischen Presse tobte ein Schmähungs-Krieg. In diesen Jahren (1911—12) blühten die Geschäfte der „Todeslieferanten"; die Aasgeier sammelten sich, Tod und Verwesung von ferne ahnend.

Und nun wollen wir uns bei Prüfung der Ursachen von Deutschlands Furcht die Kriegsrüstungen seines mächtigen Nachbarn ansehen, des Kolosses, der fünfzig Jahre lang in den Köpfen unserer eigenen herrschenden Kreise als Schreckgespenst spukte, obgleich u n s e r e Wohnstätten und

[1] Aus einem anderen Anfsatz Morels von „Truth and the War" (1915): „Die Panslawisten und die Grossfürsten-Partei hatten über die Friedenspartei einschliesslich der friedlichen Elemente im · kaiserlichen Haushalt triumphiert. Es fehlt mir der Raum, die ganze Geschichte hier zu erzählen, aber es war seit dem Frühjahr 1912 ein Gemeinplatz in den Regierung-kreisen der ganzen Welt, dass die Kriegspartei in Russland die Herrschaft erlangt hatte und dass ein Zusammenschluss mit Oesterreich und folglich mit Deutschland, für das die Vernichtung Oesterreichs das Todesurteil bedeutet hätte, nur eine Frage der Zeit sei; — seitdem bestand die ganze Frage darin: würden sich die 3 Adler allein untereinander zerfleischen, oder die Westmächte hineingerissen werden? Den Schlüssel der Lage hielt Frankreich in Händen, dessen Volk in der Hauptsache friedlich gesinnt war, dessen Regierung sich aber - in der Anklammerung an die Revanche-Idee — unter dem Pantoffel Russlands befand. . . . "

176

u n s e r e Zivilisation weit entfernt vom Schatten seiner Gegenwart waren, während Deutschland unter ihm lebte. Und meine Leser werden im Verlaufe dieser Geschichte, wie ich hoffe, sich unverdrossen vor Augen halten: „Man sagt uns, Deutschland allein habe gerüstet; Deutschland allein sei herausfordernd gewesen; Deutschland allein habe Pläne und Ränke geschmiedet; Deutschland allein habe frevelhaft beschlossen, Europa in den Kriegswirbel zu stürzen, um seine Nachbarn zu unterjochen; der „Militarismus" sei nur eine deutsche Krankheit, und Deutschland sei stets der reissende Wolf in der Schafhürde der europäischen Harmonie und der zahmen Vernunft und Sanftmut gewesen."

Mit Beginn des Jahres 1913 nahm das schon vorher bemerkbar gewesene Anschwellen der russischen Rüstungen in ungeheurem Umfang zu, worüber uns die „Times" und andere Tory-Blätter gütigst unterrichteten; sie taten es mit sichtlicher Freude, dem beredten Ausdruck ihrer eigenen Wünsche. Deutschland geriet gleichzeitig mit diesen Erscheinungen jenseits seiner Grenzen in immer grössere Erregung und Unruhe. Schon 1911 bemerkte der berühmte Militär-Berichterstatter der „Times": „Die Möglichkeit eines Krieges nach zwei Fronten ist das Alpdrücken der deutschen Strategen, und wenn man die Eile betrachtet, mit der Russland sein Feldheer seit 1905 aufgebaut hat, w i r d d i e s A l p d r ü c k e n w a h r s c h e i n l i c h n i c h t s o b a l d w e g g e z a u b e r t s e i n."

Interessant und bezeichnend ist der zwischen den Zeilen liegende Ton der Befriedigung. Ich habe diesen „Aufbau", wie er sich im Geldwert darstellt, schon behandelt. Seine Bedeutung ist aber durch das blosse Anführen der Kosten nicht vollständig wiederzugeben. — Ich will mich in der Hauptsache auf die „Times" beschränken. In ihrer russischen Beilage vom 28. März 1912 wurde ein Aufsatz von Oberstleutnant Ariwenko unter dem Titel: „Die russische Armee: Der neue nationale Geist" besonders hervorgehoben. Darin heisst es: „Nicht bloss die Ausländer, sondern sogar die Russen selber haben eine nur unbestimmte Idee von den tiefgreifenden Aenderungen, die seit dem Kriege von 1904—5 im russischen Heere vor sich gegangen sind".... Ariwenko versicherte uns, Russland sei friedlich, aber es wäre ein Fehler anzunehmen, dass dies soviel bedeute, als sei es für einen Krieg nicht vorbereitet. „Die Vermischung von Alt und Neu hat der russischen Armee eine Kraft gegeben, vielleicht grösser, als sie je zuvor gehabt hat."...

Ein besonderer Ukas beliess die Hälfte der ganzen russischen, 1912 an der österreichischen Grenze zusammengezogenen Armee auf Kriegsfuss. Ein anderer bestätigte einen Erlass von 1912, wonach alle im letzten Viertel des Jahres 1892 Ge--borenen schon 1913 statt erst 1914 in den Heeresdienst einzutreten hatten. Der Militär-Berichterstatter der „Times" gibt am 22. August 1913 das „Gerücht" wieder, das Heer solle auf 41 Armeekorps erhöht und die Artillerie vermehrt werden: „Neue Formationen im W e s t e n scheinen dazu bestimmt, zum mindesten die Vortruppen zu verstärken, w e n n n i c h t g a r d i e S a m m e l r ä u m e d e r H a u p t a r m e e n v o r z u - s c h i e b e n , und man spricht von 7 neuen Kavallerie-Regimentern, von verbesserten Kadres der Reserven und einer Umwandlung des strategischen Eisenbahn-Systems."

Diese Massnahmen werden im russischen Rotbuch mehr im Einzelnen behandelt, — nämlich „drei Armeekorps, eine Division Scharfschützen und zwei Divisionen Infanterie werden i n d e n w e s t l i c h e n P r o v i n z e n n e u aufgestellt; die Artillerie wird auf 15 000 Geschütze gebracht; der Kavallerie eines jeden Armeekorps eine weitere Kavallerie-Division zugeteilt; das ganze System der Reserven wird umgewandelt, um „eine viel gewaltigere, zahlreichere und brauchbarere Einheit" daraus zu machen. Der Petersburger Korrespondent berichtet („Times", 10. September 1913):

„Der Grad, bis zu dem die Schlagkraft des russischen Heeres durch die jetzt eintretenden Aenderungen beeinflusst wird, ist nicht bekannt, aber kompetente Leute, welche die Friedensstärke auf 1 400 000 Mann angeben, sind geneigt, 3½ Millionen als die grösstmögliche Kriegsstärke zu nennen. Dass Russland unbegrenzte Reserven nicht ausgebildeter

Männer hat, mit denen, wenn nötig, eine noch ungeheurere Armee aufgestellt werden kann, steht natürlich ausser Frage. Wie allgemein anerkannt, befand sich das russische Heer nie zuvor in besserer Verfassung..."

Inzwischen erhielten sich die engen militärischen Beziehungen zwischen Russland und Frankreich. Grossfürst Nikolai, der 1912 den französischen Manövern beigewohnt hatte, telegraphierte General Joffre, die französische Armee bei den russischen Manövern zu vertreten („Times", 17. Juni). Im Hinweis auf diese vertrauten Beziehungen bemerkt der Petersburger Korrespondent der „Times" (10. September 1913): „Auch ist es klar, dass, obgleich sich die beiderseitigen Stäbe seit vielen Jahren besucht haben, noch zu keiner Zeit eine solch enge Zusammenarbeit der zwei Länder in militärischen Angelegenheiten bestand, oder dass die eine Armee so genau die Entwicklung der andern verfolgte als gerade jetzt."

Wie spätere Enthüllungen offenbarten, wurde während Poincarés Besuch in Petrograd im August 1912 auf russischen Druck hin das französische Gesetz über die dreijährige Dienstzeit im Prinzip beschlossen.[1]) Selbstverständlich hat man alle diese russischen und französischen Vorbereitungen in England als eine Folge der deutschen Vorbereitungen hingestellt. Aber der im 10. Kapitel wiedergegebene Abschnitt aus Oberst Bouchers Buch räumt mit dieser Fabel auf. Doch der Hauptpunkt ist — und daran war mir besonders gelegen —, dass beide Nebenbuhlergruppen und nicht bloss Deutschland allein sich zum Kriege rüsteten. Als der deutsche Kanzler am 7. April 1913 im Reichstag die neue Armee-Vorlage einbrachte, sagte er: „Wie kein anderes Land hat Deutschland auf der Hut zu sein. Auch mit dem Dreibund, und gerade als die nach Osten und Westen vorgeschobene Macht des Dreibunds bleiben wir eingekeilt zwischen die slawische Welt und die Franzosen."

Ungefähr das, was Lloyd George britischen Hörern vor fünf Jahren schon eingeprägt hatte. Der deutsche Kanzler

---

[1]) Siehe 13. Kapitel.

fuhr fort: „Wir müssen darauf gefasst sein, uns nach zwei Seiten unserer Haut wehren zu müssen... Mit unserem russischen Nachbarn können wir überhaupt nicht um die Wette rüsten. Der russische Zar wird immer sehr viel mehr Soldaten aufstellen können als wir... Aber wir werden Ihnen noch mit Zahlen belegen, dass unsere Nachbarn ganz ausserordentlich grosse militärische Anstrengungen gemacht haben und machen. In Russland vollzieht sich eine staunenswerte ökonomische Entwicklung dieses mit unerschöpflichen Naturschätzen ausgestatteten Riesenreiches, und Hand in Hand damit geht eine Reorganisation der Armee, wie sie Russland wohl noch niemals gehabt hat nach der Zahl, nach der Güte des Bewaffnungsmaterials, nach der Organisation, nach der Schnelligkeit des Uebergangs vom Friedenszustand in den Kriegszustand."

Dies war symptomatisch für das deutsche Empfinden.

Ein notwendigerweise kurzer Hinweis auf die zugänglichen Informationsquellen des Jahres 1913 wäre unvollständig, wenn nicht Oberst Seelys Antwort am 5. Juni 1913 auf Herrn Hunts Anfrage im Unterhaus in Erinnerung gebracht würde. Hunt fragte: „Welche Erhöhung haben während der letzten zwei Jahre die Friedensstärken der Heere Russlands, Oesterreich-Ungarns, Deutschlands und Frankreichs erfahren?"

Antwort:

R u s s l a n d : Erhöht um   75 000
    Gegenwärtige Friedensstärke   1 284 000
    Zukünftige noch nicht bestimmt.

F r a n k r e i c h : Vorgeschlagene Erhöhung   183 715
    Zukünftige Friedensstärke   741 572

D e u t s c h l a n d : Erhöht um   38 373
    Vorgeschlagene Erhöhung   136 000
    Zukünftige Friedensstärke   821 964

O e s t e r r e i c h - U n g a r n : Erhöht um   58 505
    Gegenwärtige Friedensstärke   473 643
    Zukünftige noch nicht bestimmt.

Die Zahlen sind, wie man sieht, unvollständig, aber das gerade verleiht der Endsumme eine umso grössere Beredsamkeit. Selbst nach diesen unvollständigen Ziffern und auf Grund der „gegenwärtigen" russischen und österreichischen Friedensstärken sehen wir eine ungeheure zahlenmässige Ueberlegenheit des franko-russischen Verbands über die teutonischen Mächte; kurz: wir erhalten das gleiche Ergebnis wie bei der Prüfung der Heeres-Ausgaben:

Der franko-russische Verband 2 025 572 Mann.

Die teutonischen Mächte 1 295 607 Mann.

Das verhängnisvolle Jahr 1914 begann mit wenn möglich noch eifriger betriebenen Kriegs-Vorbereitungen, und die russische Presse verhielt sich noch viel weniger zurückhaltend. Im März verlängerte Russland die Militärdienstzeit und vermehrte durch Erhöhung des jährlichen Kontingents die Friedensstärke um 500 000 Mann. Am 12. März 1914 schrieb die „Golos Moskwy", ein einflussreiches konservatives Blatt: „Der Hass gegen Oesterreich, der sich im Herzen der russischen Nation angehäuft hat, sucht schon lange nach einem Abfluss durch einen Krieg und wird von der russischen Regierung nur unter Aufbietung des letzten Grades von Geduld und mit äusserster Schwierigkeit niedergehalten. Aber alles hat ein Ende. Ein Augenblick mag kommen, da selbst die russische Regierung nicht mehr imstande sein wird, den Hass gegen Oesterreich-Ungarn, der das russische Volk erfüllt, niederzukämpfen, und dann wird das Ueberschreiten der österreichischen Grenze durch das russische Heer eine unvermeidliche Entscheidung sein."

Die „Nowoje Wremja", das Organ der Pan-Slawisten, hatte schon am 7. März 1914 festgestellt: „Die Stunde naht... Es ist notwendig, von oben bis unten, Tag und Nacht an der Armee zu arbeiten"... Die Hetzäusserungen der russischen Presse wurden den britischen Lesern geflissentlich verheimlicht, während die entsprechenden Gegenäusserungen der deutschen Blätter die weiteste Verbreitung fanden, besonders in der „Times" und ihren Kumpanen, wodurch sie fortgesetzt in England den Eindruck verstärkten, als wären Schuld und Intoleranz allein auf der deutschen Seite. (Siehe z. B. „Times" vom 5. und 6. März). Im März erfuhr man die bevorstehenden Besuche König Georgs in Paris und Präsident Poincarés in Petersburg. Am 12. März 1914 berichtet der Petersburger Korrespondent der „Times": „In einer Geheimsitzung der Duma sind nach Zeitungsnachrichten ausserordentliche Heeres- und Marine-Kredite besprochen worden."

Am 19. März lesen wir aus der gleichen Quelle ein Telegramm, das von der „Times" überschrieben war: „Russlands Riesen-Heer. Noch nie dagewesene Friedensstärken", und das diese Sätze enthielt: „Ich höre, dass der Duma-Ausschuss das Indemnitätsgesetz mit rückwirkender Kraft gutgeheissen und die Verlängerung der Dienstzeit der ausgedienten Leute um drei Monate über die gesetzliche Dauer gebilligt hat. Die vierte Klasse, die am 14. Januar hätte entlassen werden sollen, muss daher bis zum 14. April unter den Waffen bleiben. Da die Wehrpflichtigen der ersten Klasse seit letztem August unter den Fahnen stehen und jetzt, wenn nötig, ins Feld rücken könnten, so hat nun das russische Heer eine noch nie dagewesene tatsächliche Stärke von wenig unter 1 700 000 Mann erreicht... Es besteht nicht die geringste Schwierigkeit, in diesem Jahr noch weitere 150 000 Rekruten einzuziehen."

Ein anderes Telegramm vom 29. März berichtet: „Die russische Regierung hat in einem Programm vorgesehen, den Bau von 330 Flugzeugen in Auftrag zu geben." Am 6. April 1914 kündigt derselbe Berichterstatter die russische „Probe-Mobilmachung" an.

Im Juli 1914 fuhr Präsident Poincaré nach St. Petersburg. Am 19. drahtete der dortige Korrespondent der „Times": „Für die Verbündeten sind häufige Besprechungen der europäischen Probleme eine nicht geringere Notwendigkeit als die Heeres- und Marine-Rüstungen. Natürlich beschäftigt sich Frankreich am meisten mit dem Fortschritt der russischen Armee, aber die russische „Wiedergeburt zur See", durch die bevorstehende In-Dienst-Stellung der ersten zwei von den acht grossen Schiffen des russischen Flotten-Programms ein-geleitet, ist das keineswegs, am wenigsten interessante poli-tische Ereignis seit Poincarés letztem Besuch in Russland."

Am 20. Juli 1914 bemerkte die „Nowoje Wremja" bei Er-örterung der Vorzüge der Triple-Entente:

„I h r e U e b e r l e g e n h e i t z u L a n d e u n d z u W a s -s e r r e c h t f e r t i g t e i n e e n e r g i s c h e r e S p r a c h e i m R a t e E u r o p a s."

Am 15. Juli 1914 hatte der britische Botschafter in Wien den Inhalt der bevorstehenden österreichisch-ungarischen Note an Serbien ermittelt[1]). Am 16. benachrichtigte er das Aus-wärtige Amt davon. Man muss vernünftigerweise annehmen, dass das Auswärtige Amt diese Nachricht dem britischen Bot-schafter in Petersburg mitteilte. Am 21. Juli waren Präsident Poincaré, der französische Ministerpräsident und der Minister des Aeussern in Petersburg und damals wurde ohne Zweifel das gemeinsame franko-russische Vorgehen beschlossen.

---

[1]) Ein Korrespondent, der ein eifriger Leser der Festlands-Presse ist macht mich bezüglich dieser Darstellung auf eine Kontroverse zwischen den beiden hervorragenden Sozialisten David und Kautsky in der „Neuen Zeit" aufmerksam. Die Sache ist von grösster geschichtlicher Bedeutung, und es ist daher gut, sie zu klären. Meine Behauptung, d e r b r i t i s c h e B o t s c h a f t e r h a b e d e n I n h a l t d e r N o t e a n S e r b i e n e r -m i t t e l t u n d i h n a m 16. J u l i n a c h L o n d o n w e i t e r g e -g e b e n, rief die Kontroverse hervor. David hatte auf meine Dar-stellung, in Erwiderung auf eine Kritik Kautskys an Davids i uch über den Krieg, nachdrücklich hingewiesen. In seiner Entgegnung bestreitet Kautsky die Richtigkeit meiner Behauptung; das britische Weissbuch beginnt am 20. Juli mit einem Telegramm Sir E Greys an den britischen Botschafter in Berlin, in dem Grey erklärt, er habe dem deutschen ,otschafter in London heute (20. Juli) gesagt, dass er „kürzlich nichts ge-hört habe" (ü er Wiens Absichten gegen Serbien). Kautsky schliesst ganz natürlich daraus — da er ungenügend unterrichtet ist —, dass meine Behauptung nur eine „Vermutung" sei. Kautsky geht jedoch fehl. Ich stellte keine Vermutung, sondern die Tatsachen auf. Offenbar hat K. den späteren Bericht des britischen Botschafters in Wien vom 1. September nicht gelesen, den das Auswärtige Amt als ein besonderes Heft nach der Verausgabung des Weissbuches veröffentlichte (siehe 6. Kapitel). In diesem Bericht wird K. den folgenden Satz finden: . . . „Graf Berchtord machte mir keine Andeutungen über den herauf-ziehenden Sturm, u n d e s w a r e i n e p r i v a t e Q u e l l e, a u s d e r i c h a m 15. J u l i d e n E n t w u r f ü b e r d i e k o m m e n d e n D i n g e e r h i e l t, d e n i c h I h n e n a m a n d e r n T a g e d r a h t e t e."
Wir haben daher das Eingeständnis Sir M. de Bunsens selbst, dass er am 15. Juli von der bevorstehenden Note an Serbien Kenntnis bekam und sie am 16. Juli an das Auswärtige Amt telegraphierte.

Ich habe es, denke ich, klar gemacht, warum Deutschland in militärischer Hinsicht Gründe hatte, um seine Sicherheit besorgt zu sein, und dass man in seinem Falle das Element der Furcht nicht als eitel Lüge abtun kann. Von diesem Standpunkt aus habe ich genug geschrieben — und genug zitiert —, um die Unhaltbarkeit der populären Idee nachzuweisen, dass Deutschland allein für diesen Krieg verantwortlich sei.

(Siehe hierzu insbesondere noch Abschnitt V des letzten Kapitels. D. Uebers.)

---

13. Kapitel.

Russland und das französische Gesetz über die dreijährige Militär-Dienstzeit.[1])

Ehe ich mich mit den Marine-Ausgaben der europäischen Nebenbuhler-Gruppen beschäftige, möchte ich auf Russlands Beziehungen zur Wiedereinführung des französischen D.-J.-G. vom Jahre 1913 näher eingehen.

`... Zu Beginn des Jahres 1912 war die gesamte französische Nation militarisiert. Damit will ich sagen, dass j e d e r k ö r p e r l i c h n i c h t u n t a u g l i c h e M a n n gezwungen war, z w e i J a h r e hintereinander, sowie eine Anzahl Wochen oder Tage in den folgenden Jahren bis zum Alter von 45 im Heere zu dienen. In dieser Hinsicht war die Lage Frankreichs unter den Grossmächten einzig. Das ist ein sehr wichtiger Punkt, der manchmal vergessen wird.

Wie dies mit Sir E. Greys Telegramm vom 20. Juli an unseren Berliner Botschafter in Einklang gebracht werden kann, danach zu fragen, ist nicht meine Sache. Diplomatie ist ein schreckliches und wunderbares Ding, und es ist nicht erstaunlich, wenn es die für die Veröffentlichung der amtlichen Berichte verantwortlichen Leute manchmal versehentlich fertig bringen, in dem Labyrinth von Ausflüchten die Wahrheit herauszulassen.

[1]) Weiterhin der Kürze halber D.-J.-G. genannt -Drei-Jahre-Gesetz (D. Uebers.).

Nun stellt ein dauernder Zustand dieser Art für jede Nation eine schreckliche Last dar. Seine Hauptursache war die von der republikanischen Regierung aufrecht erhaltene Revanche-Idee als dem Grundstock der ganzen auswärtigen Politik. Mit dem Aufgeben dieser Politik fiel die Last, aber sie war da, so lange der feste Entschluss der Republik, Elsass-Lothringen wiederzugewinnen, die auswärtige Politik beherrschte. In den letzten Jahren hatte die Last den erwähnten ausserordentlichen Umfang wegen des Wachstums der deutschen Bevölkerung angenommen. Während zahlreiche Deutsche einem längeren Militärdienst entgingen, vermochte Deutschland doch eine Armee zu unterhalten, die in ihrer Friedensstärke gross genug war, um Frankreich — bei seiner auswärtigen Politik — zu zwingen, a l l e n seinen Söhnen diesen Tribut aufzuerlegen, um mit seinem östlichen Nachbarn Schritt zu halten. Doch diese Fähigkeit des Schritthaltens musste allein schon wegen der Bevölkerungsfrage in zehn oder zwanzig Jahren automatisch schwinden.

Dies grausame Dilemma war es, das viele vaterlandsliebende Franzosen überzeugt hatte, dass die Revanche-Politik im nationalen Interesse aufgegeben werden müsse. Sie wurden in ihrer Ansicht durch den bemerkenswerten Wandel bestärkt, der sich im öffentlichen Empfinden der annektierten Provinzen vollzogen hatte. Vierzig Jahre zunehmenden materiellen Gedeihens sowie Wechselheiraten hatten eine tiefe Aenderung im Volksgefühl hervorgebracht. Diese würde sich in einem Gebiet, dessen Einwohner in der Hauptsache deutscher Abstammung sind und es stets waren, noch viel allgemeiner verbreitet haben, wenn nicht die deutschen Militärs bei verschiedenen Gelegenheiten eine so tappige Brutalität und Dummheit gezeigt hätten. Ausser in gewissen örtlichen Gebieten neigte die öffentliche Meinung mehr und mehr einer v o l l e n Autonomie innerhalb des Deutschen Reiches zu[1]).

---

[1]) Dass diese Autonomie nicht schon vor Jahrzehnten gewährt wurde, war der verhängnisvolle Fehler der preussisch-deutschen Politik. Das Revanche-Geheul hätte dann in Frankreich nicht so drohend anschwellen können, denn es ist keine Frage, dass sich die Mehrheit der Elsass-

Es ist meines Erachtens keine Uebertreibung, wenn ich sage, dass in Frankreich eine wirkliche P a r t e i entstanden war, die entschlossen auf eine allmähliche Annahme des Unabänderlichen und auf die Begrabung der Streitaxt hinarbeitete. Es war, kurz gesagt, eine Friedenspartei, doch ohne einheitliche politische Zusammensetzung. Sie wurde von Männern geführt, die sich — wie Jaurès und Caillaux — in inneren Angelegenheiten bitter befehdeten. Bücher von Marcel Sembat, George Bourdon[1]) und anderen warben im allgemeinen Publikum für die Bewegung, die trotz der furchtbaren Hindernisse, gegen die sie auf beiden Seiten der Grenze — und anderswo — zu kämpfen hatte, ständig an Boden gewann. Es ist leider nutzlos zu leugnen, dass das britische Auswärtige Amt jede lautere Annäherung zwischen Frankreich und Deutschland mit Besorgnis und Unruhe betrachtete; zur Zeit der zweiten Marokko-Krise gingen die „Times", der „Spectator" und andere Blätter dieser Richtung in ihren versteckten Drohungen gegen die friedlichen Neigungen des Kabinetts Caillaux erstaunlich weit, während der „Times" gewohnheitsmässiger Spott über Jaurès — den einzigen grossen Politiker, den die Republik seit Gambetta hervorgebracht, und fraglos den ehrlichsten und weitsichtigsten französischen Politiker — einen beissenderen Ton annahm. Der in der „Times" am 20. Juli 1911 veröffentlichte Pariser Brief, der in einem Leitartikel noch unterstrichen wurde, enthüllt, wie es sonst kein zugängliches zeitgeschichtliches Dokument (ausser den belgischen diplomatischen Berichten) tut, die Stellung der britischen diplomatischen Welt zu einer etwaigen deutsch-französischen Wieder-Aussöhnung.

Ueberflüssig zu sagen, dass den pan-slawistischen Elementen Russlands eine solche Vorstellung gerade so widerwärtig

L thüringer in einer Abstimmung v o r d e m Kriege für den Verbleib bei Deutschland entschieden hätten. Dies wird durch die jetzige Stimmung in Elsass Lothringen — nach der Niederlage Deutschlands — nicht im geringsten widerlegt, da es ja sogar „Deutsche" ausserhalb dieser Provinzen gibt, die aus materiellen Gründen mit Frankreich liebäugeln. Morels Darstellung über Elsass-Lothringen v o r dem Kriege bleibt zurecht bestehen (D. Uebers.).

[1]) „L'Enigme Allemand" („Das Rätsel Deutschland").

war wie der „Times" und allen, deren Ansichten dies Blatt zum Ausdruck bringt. —

Das also war die Lage Frankreichs, als die französische Regierung im Frühjahr 1913 die D.-J.-G.-Vorlage einbrachte: von jedem erwachsenen Franzosen solle verlangt werden, dass er drei aufeinanderfolgende Jahre im Heere diene. Dies machte die schon drückende Last unerträglich und die Vorlage wurde von ihren Gegnern in der innersten Ueberzeugung bekämpft, dass Krieg oder Revolution entstehen müsse, falls diese Bürde dem Volke auferlegt werde.

Wie kam die französische Regierung zu diesem Schritt? Die französischen Radikalen und Sozialisten haben während der leidenschaftlichen Debatten über die Vorlage wiederholt behauptet, dass Russland die französische Regierung energisch zur Annahme des D.-J.-G. dränge. Der darum tobende Kampf wurde zu einer Kraftprobe zwischen der Friedens- und Kriegs-Partei; zwischen denen, die einem Krieg mit Deutschland abgeneigt waren, und jenen, die danach trachteten; zwischen denen, die dagegen waren, dass Frankreich das blinde Werkzeug Russlands werde, und jenen, die bereit waren, Russlands Forderungen im weitestgehenden Masse zu erfüllen, um dadurch eine Gelegenheit für die Revanche zu bekommen. Ich lade den Leser ein, die Spalten der „Times" daraufhin durchzusehen. Sie unterstützte die ganze Zeit, während sich dieser verzweifelte Kampf in Frankreich abspielte, die chauvinistischen Elemente des französischen Volkes. Aber sie unterstützte sie nicht nur — das war bei der bitteren Verabscheuung Deutschlands und seines Kaisers, welche die politischen Leiter der Zeitung erfüllte, natürlich genug; sondern sie unterstützte sie mit einer solch konzentrierten Wut, einem solch überhitzten Eifer, mit solch heftigen Schmähungen der Gegner, dass man hätte meinen sollen, es handle sich eher um englische als französische Parteikämpfe. Wie 1905 und 1906 bei der ersten Marokko-Krise, wie 1911 bei der zweiten, so war die „Times" auch 1912—14 bezüglich des D.-J.-G. in jeder Hinsicht das Organ der extremen Franzosen. Es ist vollständig ausgeschlossen, dass die „Times" diesen Kurs ohne — um nicht mehr zu sagen — die stillschweigende Billigung des Auswärtigen Amtes gesteuert hätte, nicht notwendigerweise des Ministers des Aeussern, aber sicherlich seines Ressorts und der britischen Botschaft in Paris.

Die von den französischen Sozialisten erhobene Anschuldigung wurde am 16. Juli 1913 von Premier-Minister Barthou in der Kammer „dementiert", worauf verschiedene Abgeordnete riefen, der Finanzminister habe die Richtigkeit selber zugegeben. Eine sonderbare Szene folgte. Finanzminister Dumont erklärte, er habe gesagt, dass er das D.-J.-G. lieber annehmen, als den französischen Botschafter in Petersburg einer „Demütigung" aussetzen werde. Diese freimütigen Worte riefen den natürlichen Einwand hervor, warum der französische Botschafter gedemütigt sein sollte, falls die Kammer eine von der Regierung freiwillig geplante Gesetzes-Vorlage verwarf? Die Anschuldigung wurde in der Tat auch nach Annahme der Vorlage aufrecht erhalten, und am 6. Juni 1914 hielt es der „Temps" — in politischer Hinsicht ein Seitenstück der „Times" — für nötig, ein Dementi seines Petersburger Berichterstatters zu bringen. Die heitere Folge wurde selbstredend der britischen Oeffentlichkeit vorenthalten. Der „Temps" sah sich nämlich gezwungen, ein Dementi des Dementis erscheinen zu lassen; er erklärte am 8. Juni, der französische Botschafter in Petersburg (Paléologue) habe den Posten nur unter der ausdrücklichen Bedingung einer unbeschränkten Annahme des D.-J.-G. angenommen, „da er, über die Gesinnung des russischen Hofes und der Regierung genau unterrichtet, in der Lage war, der französischen Regierung zu berichten, dass man die durch diese Vorlage in Frankreich hervorgerufene Kontroverse eingehend verfolge, und dass er (Paléologue) zum Rücktritt genötigt sei, falls das Gesetz im geringsten beeinträchtigt würde."

Es fehlt nicht an weiteren Belegen. Am 4. August 1912 schrieb der Berichterstatter für Auswärtiges der Pariser Zeitung „Le Gaulois", „es sei durchaus nicht unmöglich, dass zwischen Russland und Frankreich Verhandlungen über neue Militär- und Marine-Abkommen schwebten, obwohl es unwahrscheinlich sei, dass die Oeffentlichkeit etwas davon erfahre, ehe die Vereinbarungen für die praktische Durchführung reif seien". Das war am Vorabend der Petersburger Reise des Präsidenten geschrieben, und die Vermutung erwies sich, soweit das Marine-Abkommen in Betracht kam, als sehr beachtenswert zutreffend: unmittelbar nach der Rückkehr des Präsidenten wurde der Abschluss einer franko-russischen Marine-Konvention bekanntgegeben. Dieser Konvention war, wovon uns der Pariser Berichterstatter der „Times" wieder freundlichst unterrichtete, „ein Meinungs-Austausch — vielleicht sollte ich sagen: waren Vereinbarungen — zwischen den britischen und französischen Marine - Behörden vorausgegangen". Auch in bezug auf das Militär-Abkommen hatte der Verfasser im „Gaulois" mit der Prophezeihung das Richtige getroffen, dass die Oeffentlichkeit nichts davon erfahren werde, ehe es für die praktische Durchführung reif sei. Denn in der Tat liess man das französische Volk bis zur Einbringung des D.-J.-G. darüber im Dunkeln.

Als man es schliesslich einbrachte, wurde es heftig vom furchtbaren Herrn Clémenceau bekämpft, der während seiner meteorischen Laufbahn mehr französische Regierungen als irgend ein anderer lebender Franzose stürzte. Das war eine ernste Angelegenheit und zwischen Clémenceau und Poincaré fand eine Zusammenkunft statt. Die dabei geführte vertrauliche Unterhaltung sickerte durch; das geschieht stets in Frankreich. Mehrere französische Blätter (darunter „L'Humanité" und „Gil Blas") brachten ausführliche übereinstimmende Berichte über des Präsidenten Argumente. „L'Humanité" schrieb: „Der Präsident erinnerte Clémenceau an seinen (Poincarés) Besuch in St. Petersburg vorigen Sommer, als er noch Minister des Auswärtigen war. Er setzte ihm die sehr klaren Eindrücke auseinander, die er während seines Aufenthaltes unter unseren Verbündeten gewonnen hatte. Der Präsident gab Clémenceau zu verstehen, d a s s ernste Ereignisse im Anzuge seien, dass über kurz oder lang ohne Zweifel die österreichische Frage aufgeworfen und dass sich unfehlbar ernste internationale Verwicklungen ergeben würden... In Petrograd waren Zweifel über die Bereitschaft Frankreichs laut geworden, dessen militärische Stellung seit dem Zwei-Jahre-Gesetz nichts weniger' als günstig im Vergleich zu der Lage gewesen sei, als das Bündnis geschlossen wurde. Man hatte dem Präsidenten freundschaftlich angedeutet, dass in Petersburg eine deutschfreundliche Partei sei, die beharrlich' — und nicht ganz unbegründet — vorbringe, dass keine Gleichheit mehr zwischen der Wehrmacht Deutschlands und Frankreichs bestände. Deshalb hätten er (Poincaré) und seine Minister die Wiedereinführung des D.-J.-G. beschlossen, um dadurch den von Frankreichs Bundesgenossen gewünschten Eindruck im Auslande zu erzielen. Darum auch sei Delcassé nach Russland geschickt worden. Tatsächlich sei das franko-russische Bündnis von einem Bruche bedroht, weil Frankreich nicht stark genug sei, oder es wenigstens nicht scheine."

Die Genauigkeit dieses Berichts, der hinsichtlich der kommenden Ereignisse so gehaltreich war, würde nie in Abrede gestellt. Bloss fünf Wochen vor Kriegsausbruch — am 23. Juni 1914 — veröffentlichte Justin de Godart, der später Untersekretär im französischen Kriegsministerium wurde, einen heftigen Artikel im Pariser „Courrier Européen", in dem er schrieb: „Ich bin vollkommen überzeugt, dass wir unsere Freiheit bezüglich unserer militärischen Organisation geopfert haben. Es ist ein offenes Geheimnis, dass der Präsident vor zwei Jahren von Petersburg den Auftrag oder zum mindesten den deutlichen Wink mitgebracht hat, Frankreich müsse das D.-J.-G. wieder einführen... Wir sind nicht länger Herren unserer Verteidigungs-Strategie. Unsere Vaterlandsliebe bäumt sich auf, wenn man uns sagt, dass die dreijährige Dienstzeit Frankreichs einziger Schutz ist. Ist die Republik wirklich der Sklave Russlands geworden?" —

Diese Zusammenstellung wäre ohne die einschlägigen treffenden Berichte des belgischen Gesandten in Paris (Baron Guillaume) unvollständig. Er schreibt am 21. Februar 1913, Delcassés Berufung auf den Petersburger Botschafterposten habe in Paris „wie eine Bombe" eingeschlagen,[1]) am 17. April 1913 berichtet er davon, „wie die öffentliche Meinung Frankreichs immer chauvinistischer und unbesonnener wird", und bespricht am 12. Juni 1913 folgendermassen das D.-J.-G.: „Es steht also nunmehr fest, dass in die französische Gesetzgebung - Bestimmungen aufgenommen werden sollen, die das Land wahrscheinlich nicht lange ertragen kann. Die Lasten des neuen Gesetzes werden für die Bevölkerung so schwer, die Ausgaben, die es mit sich bringt, werden so ungeheuer sein, dass das Land bald protestieren wird, und Frankreich wird sich dann vor die Frage gestellt sehen: entweder zu entsagen, was es nicht wird ertragen können, oder in kürzester Zeit Krieg zu führen. Die Verantwortung derer, die das Volk in diese Lage gebracht haben, wird schwer sein... Die Propaganda zugunsten des D.-J.-G., durch das ein Wiedererstehen des Chauvinismus herbeigeführt werden soll, war ausgezeichnet vorbereitet und durchgeführt; sie fing damit an, die Wahl des Herrn Poincaré zum Präsidenten der Republik zu fördern; sie setzt heute ihr Werk fort, ohne sich um die Gefahren zu kümmern, die sie hervorruft. Das Unbehagen im Lande ist gross."

Im Laufe der Monate nahmen Baron Guillaumes Befürchtungen zu. Er schreibt am 16. Januar 1914: „Ich hatte schon die Ehre, Ihnen zu berichten, dass es die Herren Poincaré, Delcassé, Millerand und ihre Freunde sind, welche die nationalistische, militaristische, und chauvinistische Politik erfunden und befolgt haben, deren Wiedererstehen wir feststellen konnten. Sie bildet eine Gefahr für Europa — und für Belgien. Darin erblicke ich die grösste Gefahr, die heute den Frieden Europas bedroht, nicht als ob ich zu der Annahme berechtigt wäre, dass die französische Regierung vorsätzlich den Frieden Europas stören will — ich glaube eher das Gegenteil —, sondern weil die Haltung des Kabinetts Barthou

---

[1]) Sehr beachtenswert sind auch diese Sätze Guillaumes aus einem Schreiben vom 3. März 1913: „Ich bemerke ...., wie die öffentliche Meinung in Frankreich alle Tage argwöhnischer und chauvinistischer wird. Man begegnet nur Leuten, die versichern, dass ein baldiger Krieg mit Deutschland gewiss, ja unvermeidlich ist". (D. Uebers.)

meiner Ansicht nach das Anschwellen militaristischer Neigungen in Deutschland in entscheidender Weise hervorgerufen hat. Die Kriegsgelüste der Türken und das D.-J.-G. scheinen mir die einzigen Gefahren zu bilden, die den Frieden Europas bedrohen. Ich glaube, die Gefahren darlegen zu können, welche die gegenwärtige Heeres-Gesetzgebung der Republik in sich birgt. Frankreich, durch den Geburten-Rückgang geschwächt, kann das System des D.-J.-G. nicht lange ertragen. Die Anstrengung ist zu gross, sowohl in finanzieller Hinsicht, wie im Hinblick auf die persönlichen Lasten. Frankreich wird eine solche Anstregung nicht ertragen können, und was wird es tun, um der schwierigen Lage zu entrinnen, in der es sich befinden wird?"

Am 8. Mai 1914 schreibt er: „Unstreitig ist die französische Nation in diesen letzten Monaten chauvinistischer und selbstbewusster geworden. Dieselben berufenen und sachverständigen Persönlichkeiten, die vor zwei Jahren sehr lebhafte Befürchtungen bei der blossen Erwähnung von möglichen Schwierigkeiten zwischen Frankreich und Deutschland äusserten, stimmen jetzt einen anderen Ton an; sie behaupten des Sieges gewiss zu sein, machen viel Aufhebens von den übrigens tatsächlich vorhandenen Fortschritten, die die französische Armee gemacht hat, und behaupten sicher zu sein, das deutsche Heer zum mindesten lange genug in Schach halten zu können, um Russland Zeit zu lassen, Truppen zusammenzuziehen und sich auf seinen westlichen Nachbarn zu stürzen. Eines der gefährlichsten Momente in der augenblicklichen Lage ist die Rückkehr Frankreichs zum D.-J.-G. Sie wurde von der militaristischen Partei leichtfertig durchgesetzt, und das Land kann sie nicht ertragen. Innerhalb zweier Jahre wird man auf sie verzichten oder Krieg führen müssen."

Seine letzte Warnung erteilt Baron Guillaume am 9. Juni 1914: „Der Pressefeldzug zugunsten des Prinzips der dreijährigen Dienstzeit war in den letzten Tagen äusserst heftig. Man griff zu allen Mitteln, um die öffentliche Meinung zu beeinflussen, und wollte dabei selbst die Person des Generals Joffre kompromittieren. Auch den französischen Botschafter in Petersburg haben wir — gegen allen Brauch — eine für die Zukunft Frankreichs recht gefährliche Initiative ergreifen sehen... Ist es wahr, dass das Petersburger Kabinett das Land zur Annahme des D.-J.-G. gedrängt hat und heute seine Aufrechterhaltung mit seinem ganzen Gewicht verlangt? Es ist mir nicht gelungen, über diesen heiklen Punkt Aufklärungen zu erhalten, aber er wäre von umso ernsterer Bedeutung, als die Männer, welche die Geschicke des Zarenreiches lenken, wissen müssen, dass die dem französischen Volke zugemutete Anstrengung zu gross ist und nicht lange andauern kann. Sollte sich daher die Haltung des Petersburger Kabinetts auf die Ueberzeugung gründen, dass die Ereignisse nahe genug bevorstehen, um sich des Werkzeuges bedienen zu können, das es seinem Verbündeten in die Hand drücken will?"

Wie Lowes Dickinson bemerkt[1]): „Welch einen finsteren Ausblick eröffnet dieser Abschnitt?... Ich möchte nicht zu verstehen geben, dass der hier ausgedrückte Verdacht berechtigt war. Der Verdacht selbst, das ist der Punkt." — Ja, aber als Dickinson das schrieb, standen ihm die oben wiedergegebenen französischen Beweisstücke nicht zur Verfügung. Kann nach ihrer Durchsicht ein geistig gesunder Mensch noch Zweifel über die wirklichen Tatsachen hegen?

Sicherlich bedeutet es die Apotheose der Heuchelei, wenn die „Times" angesichts dieser geschichtlichen Ereignisse in ihrem Leitartikel vom 15. Mai 1916 bemerkt: „Deutschland überfiel seine Nachbarn vorsätzlich und mit bösem Willen. Niemand dachte daran, es anzugreifen; es gab keine Koalition gegen Deutschland, und das war ihm bekannt. Im Vertrauen auf seine Bereitschaft und die Unvorbereitung seiner Nachbarn griff es sie plötzlich an."

[Zusatz des Uebersetzers: Dies sehr eindringlich wirkende Kapitel muss auf jeden Unbefangenen den Eindruck hervorrufen, dass gewaltige Kräfte in Russland und Frankreich am Werke waren, um zu gelegener Zeit einen Krieg gegen Deutschland-Oesterreich zu entfesseln. Dafür möchte ich aus den 1919

---

[1]) „Die europäische Anarchie",

veröffentlichten serbischen und russischen Dokumenten (siehe deutsches Weissbuch 1919) noch einige Belege anführen und verweise im übrigen auf das Schlusskapitel E. D. Morels vom Oktober 1919. Der serbische Gesandte Kosutitsch am 3. März 1909 nach Belgrad: „„Gutschkow erklärte mir: ‚... ist unsere (die russische) Rüstung einmal vollkommen durchgeführt, dann werden wir uns mit Oesterreich-Ungarn auseinandersetzen. Beginnt jetzt keinen Krieg, denn ‚dies wäre Euer Selbstmord; verschweigt Eure Absichten und bereitet Euch vor, es werden die Tage Euerer Freuden kommen'" (S. 112). Der serbische Gesandte Popowitsch am 27. März 1913 nach Belgrad: „Der (russische) Minister des Aeussern hat mir erwidert, er hege nach den grossen Erfolgen Vertrauen zu unserer Kraft und glaube, dass wir Oesterreich-Ungarn erschüttern werden. Demgemäss sollten wir uns mit dem begnügen, was wir bekommen werden, und dies als eine Etappe betrachten; denn die Zukunft sei unser...." (S. 127). Derselbe am 12. Mai 1913: „... Wiederum sagte er (Sasonoff) mir, dass wir für die künftige Zeit arbeiten müssen, wenn wir viel Land von Oesterreich-Ungarn bekommen werden" (S. 127). Iswolski an Sasonoff aus Paris am 12. September 1912: „Sollte jedoch der Zusammenstoss (Russlands) mit Oesterreich ein bewaffnetes Eingreifen Deutschlands nach sich ziehen, so erkennt Frankreich das von vornherein für einen „casus foederis" an und wird auch nicht eine Minute zögern, seine Verpflichtungen gegen Russland zu erfüllen[1])... (Poincaré sagte zu Iswolski), es sei ihm bekannt, dass die sachverständigen und verantwortlichen Persönlichkeiten die Chancen Russland-Frankreich's im Falle eines allgemeinen Zusammenstosses überaus optimistisch beurteilen..."[2]) (S. 148 und 149). Der russische Botschafter Benckendorff an Sasonoff aus London am 25. Februar 1913: „Wenn ich Cambons Unterredungen mit mir, die gewechselten Worte kurz wiederhole und die Haltung Poincarés hinzunehme, so kommt mir der Gedanke, der einer Ueberzeugung gleicht, dass von allen Mächten Frankreich die

---

[1]) Diese Versicherungen wiederholen sich fortgesetzt in den Dokumenten.
[2]) Und dennoch wurde das Drei-Jahre-Gesetz eingeführt!

einzige ist, die, um nicht zu sagen, dass sie den Krieg wünscht, ihn doch ohne grosses Bedauern sehen würde..." (S. 153). Sodann sind hier die Dokumente des Weissbuches S. 168—181 zu erwähnen, nach denen Russland im Frühjahr 1914 bis ins Einzelnste die kriegerische Eroberung der Meerengen von Konstantinopel vorbereitete, „von der nicht vorauszusetzen sei, dass sie ausserhalb eines europäischen Krieges unternommen werden könnte" (Sasonoff am 21. Februar 1914).

Die Gerechtigkeit gebietet es, zu betonen, dass sich Russland von Oesterreich herausgefordert und betrogen glaubte, da Oesterreich Bosnien annektierte, ohne in Russlands Interesse die Meerengenfrage neu aufzuwerfen, was Iswolski mit Graf Aehrenthal insgeheim abgemacht hatte. Man sieht eben, wie e i n Unrecht (Marokko, Bosnien) fortgesetzt neues Unheil heraufbeschwor, und dass daran a l l e Mächte schuldig sind.]

---

14. Kapitel.

Europäischer Marinismus.[1]

Im Juni 1900 brachte Deutschland sein berühmtes „Flottengesetz" ein, das eine Umwandlung und einen beträchtlichen Ausbau seiner Kriegsmarine vorsah; sie war zu der Zeit für eine Nation, die so sehr von der Einfuhr von Rohstoffen für ihre Industrie abhing, verhältnismässig unbedeutend. Was aber gaben damals Frankreich und Russland für ihre Marine aus? Es ist interessant, sich diese Zahlen vor Augen zu halten, weil man über den anglo-deutschen Zänkereien, die der fortschreitenden Ausführung des deutschen Programmes entsprechend stets schärfer wurden, den verhältnismässigen Stand der Nebenbuhlergruppen v o r dem Flottengesetz aus dem Gesicht verloren hat.

---

[1] „The Labour Leader", 15. Juli 1915.

Marine-Ausgaben in den fünf Jahren 1897—1901.

	Frankreich	Russland	Deutschland
1897	M. 208 880 000.—[1]	M. 124 780 000.—	M. 129 340 000.—
1898	„ 234 320 000.—	„ 141 780 000.—	„ 119 440 000.—
1899	„ 241 620 000.—	„ 173 040 000.—	„ 129 700 000.—
1900	„ 250 220 000.—	„ 199 240 000.—	„ 149 440 000.—
1901	„ 262 140 000.—	„ 233 180 000.—	„ 192 840 000.—

Deutschlands Flottenprogramm war offen und ehrlich. Es wurde mit einer Ausnahme eingehalten. Ein 1908 herausgebrachter Zusatz bestimmte, dass die Linienschiffe nach 20 statt nach 25 Jahren, wie ursprünglich vorgesehen, ersetzt werden sollten. Wiederholt versuchte man in England darzutun, Deutschland führe nebenher ein geheimes Programm der beschleunigten Herstellung durch. Diese Versuche gipfelten 1909 in einer der schimpflichsten Parlaments-Episoden der neueren Zeit, die Alan Burgoyne, Mitglied des Unterhauses, als „eines der unheilvollsten Stückchen parlamentarischen Humbugs" bezeichnete, „das je mit der Volksvertretung getrieben wurde". Ich will es hier nicht nochmals auftischen. Allen, die sich mit seinen übelriechenden Zügen wieder vertraut machen wollen, mögen auf Hirsts Buch[2] verwiesen sein. Aber wird einmal die Geschichte der anglo-deutschen Beziehungen während des verflossenen Jahrzehnts unparteiisch geschrieben, dann wird die Rolle, die diese Episode in der Verbitterung jener Beziehungen spielte, nach Verdienst beurteilt werden, und der Geschichtschreiber wird anmerken, dass der grobe am Parlament geübte Betrug ungerügt geblieben ist. Doch tut man gut, sich an die Worte Churchills nach dem grossen „Schrecken" zu erinnern: „Das (Flotten-) Gesetz wurde, wie vom Reichstag festgelegt, in keiner Weise überschritten, und ich bezeuge gerne die Tatsache, dass sich die betreffenden Darstellungen der deutschen Minister vollkommen bewahrheitet haben."

Meiner Aufstellung der Heeres-Ausgaben entsprechend bringe ich nun hierunter die Marine-Ausgaben Deutschlands,

---

[1] Das £ zu Mk. 20.— gerechnet (D. Uebers.).
[2] „The six Panics".

Oesterreichs und des franko-russischen Verbandes für die
zehn Jahre vor Kriegsausbruch (1905—14).

Die teutonischen Mächte.	Deutschland	3 704 103 280 M.
	Oesterreich-Ungarn	1 013 856 280 M.
	zusammen	4 717 959 560 M.
Der franko-russische Verband.	Frankreich	3 234 427 740 M.
	Russland	2 884 930 260 M.
	zusammen	6 119 358 000 M.

Wir finden also, dass in den Jahren 1905—14 F r a n k -
r e i c h u n d R u s s l a n d z u s a m m e n f ü r i h r e M a r i n e
t a t s ä c h l i c h 1 401 398 440 M. m e h r (= fast 30% mehr.
D. Uebers.) a l s D e u t s c h l a n d u n d O e s t e r r e i c h a u s -
g e l e g t h a b e n.

Bei den russischen Ziffern darf man natürlich nicht ausser
acht lassen, dass die Vernichtung der mächtigsten Schiffe
Russlands im Kriege mit Japan (1904/05) Neubauten notwendig machte. Diese Gründe kommen aber selbstredend nicht
für die französische Flotte in Betracht, die sich nach einem
Zeitraum des Niederganges wieder zu entwickeln begann. Es
ist auffallend, dass Frankreich im letzten Jahrzehnt für seine
Flotte nur 469 675 540 M. weniger als Deutschland ausgeworfen
hat; dies ist umso überraschender, als Frankreichs Marine-
Ausgaben in den Jahren 1910—14 ungeheuer in die Höhe
schnellten: seitdem also, wie wir im vergangenen Jahr erfahren haben, Frankreich im Falle einer allgemeinen europäischen Feuersbrunst britische Hilfe zugesichert worden war.
— Wenn wir übrigens die Wirkung des japanischen Krieges
auf die russische Flotte in Anrechnung bringen, so müssen
wir auch den Charakter der neuesten russischen Marine-Ausgaben und die Auslegung in Betracht ziehen, die sie unausgesetzt durch die Sprachrohre der britischen herrschenden
Klassen erfahren haben.

Im Juni 1912, acht Jahre nach dem japanischen Kriege,
bestimmte die Duma für die Marine einen Betrag von
860 000 000 M., der innerhalb fünf Jahren verausgabt wer-

den sollte, aber das russische Jahrbuch von 1914 bemerkt, dass in fünf Jahren, und „vielleicht sogar früher", von der Duma weitere 1 566 000 000 M. gefordert würden. Wir müssen uns der „Times" zuwenden, um das stets getreue Spiegelbild der russischen amtlichen Gedanken und ihre Auslegung durch die britische amtliche Gesinnung zu erhalten. Wir lesen in der Ausgabe vom 24. Juni 1912: „So bedeutungsvoll aber die Stellung der russischen Regierung zur Flotten-Vorlage hinsichtlich der inneren Politik erscheinen mag, hinsichtlich der äusseren ist sie noch weit, weit wichtiger. Als Admiral Grogorowitsch über die Vorlage sprach, wies er wiederholt auf das Verhältnis der russischen zur deutschen Flotte als dem Hauptgrund für das Wiedererstehen der russischen Seemacht hin. Diese Darlegungen genügen an sich, um die Richtung anzuzeigen, d i e R u s s l a n d s a u s w ä r t i g e P o l i t i k u n - w i d e r r u f l i c h e i n g e s c h l a g e n h a t, und darum sollte die Flotten-Vorlage endlich allen Argwohn zerstreuen und jeden hier und im Ausland etwa auftauchenden Zweifel über die Treue Russlands gegen seine Verbündeten und Verträge beseitigen. Die Einzelheiten des Schiffbau-Programms selbst wirken noch überzeugender. Der für die zukünftigen Schlachtgeschwader ausgewählte Schiffs-Typ zeigt, dass sie nicht ausschliesslich für Operationen innerhalb der engen Ostsee-Gewässer bestimmt sind. A l l e i m B a u b e f i n d l i c h e n o d e r v o r g e s e h e n e n D r e a d n o u g h t s w e r d e n s o l - c h e K o h l e n m e n g e n l a d e n k ö n n e n, d a s s s i e b e - f ä h i g t s i n d, ·e n t w e d e r i n d e r N o r d s e e o d e r i m M i t t e l l ä n d i s c h e n M e e r e z u o p e r i e r e n... O b - g l e i c h d a s v o n d e r D u m a g e n c h m i g t e P r o g r a m m e r s t i n f ü n f J a h r e n a u s g e f ü h r t s e i n s o l l, k a n n s e i n e W i r k u n g n i c h t v e r f e h l e n, s i c h l a n g e v o r d i e s e m Z e i t p u n k t g e l t e n d z u m a c h e n u n d d e r a u s w ä r t i g e n P o l i t i k R u s s l a n d s N a c h b a r m ä c h - t e n g e g e n ü b e r d e n R ü c k e n z u s t e i f e n."

Es hätte kaum eine direktere Drohung geben können!

Um abzuschätzen, wie sehr das Element der Furcht bei Deutschlands Rüstungen zu Lande und zu Wasser und bei den

Ereignissen, die zu diesem Kriege geführt haben, der ausschlaggebende Faktor war (und mein Haupt-Argument ist, dass gegenseitige Furcht der ganzen Tragödie zugrunde lag), müssen wir hier auch die Marine-Ausgaben Grossbritanniens in Betracht ziehen. Offensichtlich konnten Englands Flottenrüstungen nicht aus der deutschen Berechnung ausgeschaltet werden, da nicht allein die Art, wie das amtliche Grossbritannien, sondern auch wie die englische Oeffentlichkeit Deutschland mit Misstrauen, Argwohn und unruhevoller Besorgnis betrachtete, Deutschland zur Durchführung seines Flottengesetzes von 1900 veranlasste. Ueberdies wurde die enge Verbindung zwischen Russlands wachsenden Marine-Ausgaben und der russisch-britischen auswärtigen Politik schon dem blossen Auge, wieviel mehr also den amtlichen Informations-Quellen sichtbar. Der Vertrag der Herren Vickers, Ltd., mit der russischen Regierung war allgemein öffentlich bekannt. Am 25. Juni 1913 kündigte die „Times" mit augenfälliger Befriedigung an, Russland habe sich für seine Bedürfnisse englische Schiffsbau-Kenntnis und technischen Rat gesichert. Man erzählte uns von besonderen Fabriken, grossen Bestellungen für neue Geschütze usw. Sechs Monate später berichtete die „Times" wieder von einer Verbindung zwischen Vickers, Ltd. und den führenden Petersburger Banken zwecks Errichtung „ausgedehnter Geschützfabriken" in Russland — was als „sehr wichtig" für die anglo-russischen Beziehungen betrachtet wurde. Einen Monat vor dem Mord in Serajewo erklärte nach dem Petersburger Korrespondenten der „Times" der russische Minister des Auswärtigen Sasonoff in der Duma: „Die zwischen Frankreich und Grossbritannien, sowie zwischen Grossbritannien und Russland geschlossene feste Freundschaft hat Grossbritannien in den Bereich der vordem zwischen Russland und Frankreich bestehenden politischen Gemeinschaft gebracht..."

Unter Hinweis auf die Erörterungen bezüglich der Umwandlung der Triple-Entente in ein richtiges Bündnis (von Lord Esher — Mitglied des Komitees für die Reichs-Verteidigung — in der „Times" verfochten) fuhr Sasonoff fort: „Mir

scheint, dass man e i n e r   r e i n e n   F o r m s a c h e eine etwas
übertriebene Bedeutung beimisst. Es kann ein förmliches
Bündnis geben, das nicht auf wirklicher Gemeinsamkeit der
Interessen beruht und nicht von den wechselseitigen Gefühlen
der Völker getragen ist.[1] Andererseits kann es durch die Ein-
heitlichkeit der Ziele bestimmte politische Staats-Verbände
geben. Dann ist ein freundschaftliches Zusammenarbeiten
g a n z u n a b h ä n g i g v o n F o r m u n d I n h a l t d e s ge-
s c h r i e b e n e n W o r t e s gesichert...“[2]

Was betrugen nun Grossbritanniens Marine-Ausgaben in
den Jahren 1905—14?

7 838 329 400 M. [3]

Wir finden also, dass Deutschland in einem europäischen
Kriege damit zu rechnen hatte, auf dem Meere Feinden zu
begegnen — zweien ganz sicher, dem dritten ungewiss, aber
er musste in Betracht gezogen werden — Feinden, die in zehn
Jahren für Rüstungen zur See 13 957 687 400 M. gegen Deutschlands und seines Verbündeten entsprechenden Aufwand von
4 717 959 560 M. verausgabt hatten (= fast 3 mal mehr. D.
Uebers.), a l s o F e i n d e n, d e r e n F l o t t e n r ü s t u n g e n
9 239 727 840 M. m e h r a l s d i e D e u t s c h l a n d s u n d
O e s t e r r e i c h s z u s a m m e n, und 10 253 584 120 M.
m e h r a l s d i e D e u t s c h l a n d s a l l e i n b e t r u g e n.[4]

---

[1] Sasonoff dürfte hier das damalige Italien im Auge gehabt haben.
(D. Uebers.)

[2] Damals waren weitgehende englisch-russische Marine-Verhand-
lungen im Gange, siehe Abschnitt VII des letzten Kapitels (D. Uebers.).

[3] Davon sind ungefähr 800 Millionen Mark für Pensionen, Küsten-
schutz, Reserven, sowie Schiffahrts Unterstützungsgelder abzuziehen,
wofür die andern Staaten, ausser Frankreich und Italien, keinen entsprechenden Etat bestimmt haben.

[4] Die Frieden-Gesellschaft — London, E. C., 47 New Bond St. —
veröffentlichte 1916 eine detaillierte Tabelle unter dem Titel „Der bewaffnete Friede Europas 1914“. Darin werden die „jährlichen Kosten
für Heer und Marine“ des franko-russischen Verbandes und Oesterreichs-
Deutschlands so angegeben:

Russland	M. 2 119 119 600.—.	Oesterr.-Ungarn	M. 499 810 000.—
Frankreich	„ 1 621 319 340.—.	Deutschland	„ 1 180 695 400.—
zusammen Mk. 3 740 438 940.—.		zusammen Mk. 1 680 505 400.—	

Nach der gleichen Tabelle betrugen die Ausgaben Grossbritanniens
M. 1 608 600 000.—.

Man mag über Deutschland und die Deutschen sagen, was man will, aber kann man angesichts dieser Marine-Zahlen und der früher schon zusammengestellten und von niemand bestrittenen Heeres-Zahlen — kann man da noch weiterhin mit der nötigen Achtung vor Wahrheit und Ehrlichkeit behaupten, Deutschlands Rüstungen seien im Vergleich zu denen seiner Feinde derart gewesen, um es unfraglich zu machen, dass Deutschland eine ungeheuerliche Verschwörung „zur Unterjochung Europas"[1]) ausbrütete?

---

15. Kapitel.

Das Gespenst der Furcht.[2])

Aus „War the Offspring of Fear" („Krieg — das Kind der Furcht") von Bertrand Russell: „Es ist die allgemeine Herrschaft der Furcht, die das System der Bündnisse hervorgerufen hat; man hielt es für eine Garantie des Friedens, es erwies sich nun aber als die Ursache des Allerwelts-Unglückes ... Diese allgemeine Furcht hat schliesslich eine viel grössere Katastrophe heraufbeschworen, als man (durch die Bündnisse) je abzuwenden hoffte ..."

*　　　*
*

Ich möchte nun, dass diesem Vorwurf der „Deutsch-Freundlichkeit" offen ins Auge gesehen wird. Worauf fusst diese Anschuldigung? Darauf, dass es einige von uns ablehnen, mit unserem Vernunft-Vermögen derartige Taschenspieler-

---

[1]) Aus einem anderen Aufsatz von Morels „Truth and the War" (1915) sei noch angeführt: „Aber die Nachkommenschaft wird diese Legende nicht nur verwerfen; wenn sich die Nebel der Leidenschaften gelichtet haben und die Dinge wieder ihr wahres Aussehen annehmen, wenn die gegenwärtige Generation sich selbst wieder so sieht, wie sie wirklich ist, wird sie sich wundern, wie sie d i e s e L e g e n d e g l a u b e n konnte ..."
[2]) „The Labour Leader", 22. Juli 1915.

Kunststückchen zu treiben, um den volkstümlichen Glauben als richtig anzuerkennen, der Deutschland für diesen Krieg — mit der kaltblütigen Absicht, „Europa zu unterjochen", unternommen — die a l l e i n i g e Verantwortung aufbürdet. Einige von uns merken, wie kurzsichtig die Auffassung ist, die uns über diese Frage den Mund halten heisst, weil nicht zu schweigen unpopulär macht. Was bedeutet jedoch Unpopularität, wenn alles, was uns national und persönlich teuer ist, letzten Endes davon abhängt, dass die Nation diese Frage klar und offen ins Auge fasst?

Nach den Aeusserungen verschiedener Regierungs-Mitglieder, der Presse und in der Oeffentlichkeit einflussreicher Schriftsteller zu urteilen, sind die Anklagen gegen Deutschland gegenwärtig allgemein in der ganzen Welt als unerschütterlicher grundsätzlicher Rechtsspruch hingenommen, ein Rechtsspruch, der die nationale Kriegspolitik beherrschen muss; diese ist aber — vergessen Sie das nie nur einen Augenblick — nicht bloss eine militärische und maritime, sondern auch e i n e p o l i t i s c h e A n g e l e g e n h e i t. Dieser Rechtsspruch soll die immer lauter angekündigte Politik rechtfertigen und verständlich machen, dass dieser Krieg so lange fortgesetzt werden müsse, „bis sich Deutschland bedingungslos ergibt"; bis es bereit ist, sich einer jeden Demütigung zu unterwerfen, welche die Verbündeten für gut finden, ihm in der Stunde des vollständigen Sieges aufzuerlegen. Dieser Rechtsspruch soll die Bezeichnung „verräterisch" für jede Anregung einer Vermittlung durch neutrale Mächte oder etwaiger direkter vernünftiger Verhandlungen zwischen den Kriegführenden rechtfertigen. Aus diesem Rechtsspruch saugt der Bürgergeist des Hasses und der Rache seine Nahrung. Dieser Rechtsspruch wird von allen Dächern in die Welt posaunt, um alle von unseren regierenden Kreisen bei Kriegsausbruch gemachten Versicherungen und Erklärungen auszulöschen. Welche wahrhaft wirksamen und praktischen Waffen verbleiben, solange dieser Rechtsspruch unbestritten ist, denen, die des Glaubens sind, dass dieser Rechtsspruch auf falschen Voraussetzungen beruht und dass seine Annahme nicht zum nationalen und internationalen Heile, sondern zum nationalen und internationalen Unglück führt?

Mein Ziel ist, diesem Rechtsspruch seine über den Volksgeist erlangte Gewalt zu entreissen, und das nicht durch verkünstelte Gedankengänge und schwülstige Phrasen zu tun, sondern indem ich greifbare Tatsachen wieder in Erinnerung bringe. Man kann sie unter drei Haupt-Ueberschriften einteilen:

I. Deutschlands Lage im „Gleichgewicht der Mächte".

Es war allgemein bekannt, dass im Falle eines wegen der russisch-österreichischen Balkan-Eifersucht ausbrechenden Krieges 1. Frankreich seinem Verbündeten gegen Deutschland beistehen werde, wobei es den für seine Interessen bestgeeigneten Augenblick wählen würde — wenn man ihm die Wahl liess; 2. Deutschland sich daher gezwungen sähe, nach zwei Fronten zu kämpfen; 3. Deutschland Frankreich sofort angriffe, wozu es dank seiner viel rascher durchgeführten Mobilmachung in der Lage war; und 4. Deutschland zu diesem Zwecke wahrscheinlich durch belgisches Gebiet marschieren werde.

Schlussfolgerung: Deutschlands Angriff auf Frankreich war weder „frevelhafter Vorsatz" noch „unprovoziert" und beweist an sich nicht das Verlangen, „Europa zu unterjochen". Der Angriff war — bei dem bestehenden System von Bündnissen und Gruppen, das Europa in zwei feindliche Lager spaltete — die unvermeidliche Eröffnungs-Szene in einem allgemeinen europäischen Kriege. Man wusste das viele Jahre vor Kriegsausbruch und hatte es als unausbleiblich verkündet. Die, moralisch nicht entschuldbare, Besetzung Belgiens durch die deutschen Armeen stand im voraus tatsächlich fest.

II. Deutschlands Kriegs-Vorbereitungen.

1. Militarismus ist kein ausschliesslich deutsches Erzeugnis. 2. Mit der einzigen Ausnahme eines Banden-Feldzugs gegen einen Hottentotten-Stamm in Südwest-Afrika behielt

Deutschland sein Schwert 45 Jahre lang in der Scheide[1]) —
trotz all seinem Militarismus —, während j e d e r seiner gegenwärtigen Feinde im selben Zeitraum der Kurzweil des Krieges
gehuldig! und dadurch ausgedehnte Uebersee-Besitzungen erworben hat... 3. Deutschland rüstete und brachte seine Vorbereitungen auf die höchste Stufe der Wirksamkeit, was in
gleicher Weise ein Kennzeichen der industriellen und wissen-
schaftlichen Zweige seiner nationalen Organisation ist. 4. Aus
der Annahme, dass Rüstungen die Absicht und das Verlangen
nach Krieg zu erkennen geben, kann nichts gegen Deutschland
vorgebracht werden, was nicht ebenfalls auf seine Nachbarn
zuträfe: denn Deutschlands Hauptfeinde haben während des
Jahrzehnts vor dem Kriege (1905—14), das die allmählich
zunehmende Spannung in Europa sah, sogar mehr, weit mehr
für Rüstungen ausgegeben. 5. In diesem Zeitraum opferte
der franko-russische Verband für seine Heere 3 195 978 620 M.
mehr (= fast ein Viertel mehr. D. Uebers.) als die teutonischen
Staaten, und der militärische Effektiv-Bestand des Verbandes
übertraf bei weitem den der Mittelmächte. 6. Im gleichen
Zeitraum gab der franko-russische Verband für seine Flotte
1 401 398 410 M. mehr (= fast 30% mehr. D. Uebers.) als die
teutonischen Mächte aus; räumt man aber ein — und man
kann es nicht gut in Zweifel ziehen —, dass Deutschland die
etwaige Verwendung der britischen Flotte auf seiten seiner
Feinde in Betracht zog, so übertrafen deren Ausgaben die
Deutschlands und seines Verbündeten um 9 239 727 840 M.
(= sie betrugen fast das Dreifache. D. Uebers.) 7. Rechnet
man die Rüstungen zu Lande und zu Wasser zusammen, dann
opferten in dem Jahrzehnt 1905—14 Frankreich und Russland 4 597 377 060 M. mehr, und wenn Grossbritanniens Flotte
mit in die Wagschale geworfen wird, 12 435 706 460 M. mehr
(= über 60% mehr. D. Uebers.) als Deutschland und Oesterreich-Ungarn.

---

[1]) Aus einem anderen Aufsatz von Morels „Truth and the War" (1915):
„Deutschland rasselte oft laut und anstössig genug mit seinem Schwert,
besonders als es wegen seiner Stellung im „Gleichgewicht der Mächte"
nervös wurde; wie ein Mann, der über die Absichten seiner Nachbarn
besorgt ist, wohl seine Brust aufbläht und ingrimmig dreinschaut."

Schlussfolgerung: Die Behauptung, Deutschlands Rüstungen hätten auf die „Unterjochung Europas" abgezielt, kann einer Prüfung nicht standhalten. Man unternimmt es nicht, Völker zu unterjochen, die zahlenmässig ungeheuer überlegen sind und viele Milliarden mehr für Rüstungen ausgeben. Deutschlands Argument lautet, die Rüstungen seiner Feinde hätten die Unterjochung Deutschlands zum Ziel gehabt. Das ist angesichts dieser Zahlen mindestens so überzeugend.[1]) Die Wahrheit ist, dass die eine „Gruppe" die andere fürchtete, und dass, wie Sir E. Grey früher einmal ausführte, „die Zivilisation, wenn diese fürchterlichen Rüstungs-Ausgaben weitergehen, schliesslich zusammenbrechen muss. Diese grosse Last der Wehrmacht wird in Friedenszeiten angehäuft und wird, falls sie so sprungweise wie in der letzten Generation anschwillt, mit der Zeit unerträglich werden. Manche Leute glauben, dass diese Last zum Kriege führt, eben weil sie unerträglich wird. Ich (Grey) halte es für viel wahrscheinlicher, dass sie durch innere Revolution weggeschleudert wird, nicht indem Völker einander bekämpfen, sondern durch die Empörung der Massen gegen die drückenden Steuern... Die grossen Nationen der Welt sind gegenwärtig die Sklaven ihrer Heere und Flotten — und das in wachsendem Masse."

Ganz richtig. Aber es ist etwas spät am Tage, uns jetzt — da sich unglücklicherweise Sir E. Greys Vermutung als falsch erwiesen hat — uns jetzt zu sagen, die deutschen Rüstungen seien die einzige Ursache all des Unheils gewesen, wenn die Ausgaben der Triple-Entente dafür die der Deutschen ungeheuer übertroffen haben.

III. Deutschlands Furcht.

1. Deutschlands Befürchtungen waren echt und natürlich und sie wurden von englischen und französischen Staatsmännern und Militärschriftstellern lange vor Kriegsausbruch als berechtigt anerkannt. 2. Sie nahmen zu, je mehr Deutschlands Wehrmacht im Vergleich zu der seiner Nachbarn ab-

---

[1]) Vor allem jetzt nach dem Frieden von Versailles (D. Uebers.).

nahm. 3. Wenn Deutschland „Europa unterjochen" wollte, so hätte es gegen Frankreich und Russland zum Schlage ausgeholt, als ihm der überlegene Stand seiner Rüstungen bei verschiedenen Gelegenheiten während der letzten zwanzig Jahre einen sicheren und raschen Erfolg verhiess. Wäre Deutschlands höchstes Ziel die Eroberung des britischen Reiches gewesen, so hätte es Frankreich zur Zeit des Burenkrieges leicht erledigen können, oder sich mit dieser Macht und Russland in einer Koalition — die nach guten, glaubwürdigen Quellen Deutschland damals dringend nahegelegt wurde — gegen uns verbunden.

Schlussfolgerung: Die nächste Generation wird die gegen Deutschland erhobene Anklage lächerlich machen, es habe — allein verantwortlich — die Welt in den Krieg gestürzt, um einer abscheulichen Ehrsucht zu fröhnen. Der Krieg ist im Urgrund das Ergebnis der von den herrschenden Klassen jeder „Gruppe" vor einander gehegten Furcht, die durch eine lasterhafte, in der europäischen Staatskunst wurzelnde Philosophie hervorgerufen wurde. Dass diese Furcht in verhängnisvolle Erfüllung ausreifen konnte, liegt an der Tatsache, dass die Regierungen von der Demokratie gänzlich unkontrolliert waren, und ihre versteckten Nebenbuhlereien und Intrigen hinter dem Rücken der Völker gesponnen haben, wobei sie ihren Parlamenten die Wahrheit verbargen und ihre dunkeln und unverständigen Ziele mit einem Netzwerk geheimer Machenschaften umgaben. Die Völker vermochten sich nicht zu retten, weil es ihnen an der Vereinigung, an der Organisation und an der wirksamen Zusammenarbeit fehlte.

* * *

Die Frage, der sich die Demokratien heute gegenübersehen, ist einfach. Sollen die Ursachen dieses Krieges verewigt werden? Wenn ja, dann ist der Weg der Völker klar. Sie brauchen nur auch weiterhin den Rat derer anzunehmen, die sie in diesen Zustand geführt haben. Das ist sehr leicht und einfach. Es erfordert weder geistige Anstrengung, noch moralischen Mut. Es ist die Linie des geringsten Widerstandes. Das englische und französische Volk hat sein Ohr dann auch ferner jenen zu leihen, die ihm sagen, dass Deutschland „erdrückt" werden müsse, jenen, die Deutschlands „bedingungslose Uebergabe" verlangen. Und das deutsche Volk hat weiterhin auf jene zu horchen, die ihm sagen, dass England „erdrückt" werden müsse. Sie müssen fortfahren, die als „Patrioten" zu feiern, die diese Lehre aus behaglicher Entfernung von den Bestialitäten, aus der sie entstanden, predigen, und die anderer Meinung sind, als „Verräter" zu brandmarken. Sie sollten sich aber nicht selbst betrügen: Befolgen sie diesen Rat, so werden die kleinen Kinder von heute den Preis für die wahnwitzige Anmassung und die verbrecherische Rachgier ihrer Eltern zu bezahlen haben. Denn die Greuel werden alle von neuem beginnen. Daher muss der Kurs mit wachsam-offenen Augen und mit der Gewissheit gesteuert werden, dass uns die „Erdrückungs"- Politik weisser und weisser bluten lassen und dass die Frucht eines solchen „Sieges" im Munde faulen wird. Es ist besser, „Deutsch-Freund" und „Verräter" gescholten zu werden, als vor diesem Rate das Knie zu beugen.

Und wir brauchen es nicht, wenn wir nicht wollen. Denn es gibt einen anderen Weg; eine andere Politik; einen anderen Glauben.

Anhang.

Bruchstücke von hier nicht wiedergegebenen Aufsätzen Morels aus „Truth and the War" über Deutschlands wirtschaftliches Problem (1915).

Wenn wir für die Zukunft aufbauen wollen, m ü s s e n wir Deutschlands Standpunkt verstehen, da es nicht der einzige verantwortliche Urheber des Krieges war!... Will das englische Volk nicht dauernd Bewohner eines Irrenhauses sein, so muss es sich ohne Schwanken dazu entschliessen, den deutschen Gesichtspunkt offen und ehrlich zu prüfen und zu erkennen, dass er nicht durch einen militärischen Sieg aus der Welt geschafft werden kann....

Ich bin unerschütterlich davon überzeugt, dass eine schliessliche Aussöhnung zwischen Grossbritannien und Deutschland von wesentlicher Bedeutung für die Zukunft des Weltfriedens und für die wahrsten Interessen Englands ist...

Unter den tragischen Mängeln der Voraussicht, Gemütsart und Vernunft, die Europa in seinen gegenwärtigen Zustand versetzt haben, gibt es (mit der gehörigen Nachsicht für Deutschlands Fehler und die einem jeden „nouveau riche" eigentümliche Anmassung) keinen tragischeren Mangel und keinen, der für diesen Weltkrieg innerlicher verantwortlich war, als die Abneigung oder die Unfähigkeit — wahrscheinlich mehr die Unfähigkeit — der britischen regierenden Klassen, Deutschlands wirtschaftliches Problem zu verstehen, das während des letzten Vierteljahrhunderts den Charakter seiner internationalen Beziehungen in zunehmendem Masse beherrscht und bestimmt hat. Die Missgriffe der deutschen Diplomatie; die vom gewöhnlichen deutschen Beamten bezeigte krasse Unkenntnis der englischen Psychologie und Einrichtungen; die in Grossbritannien durch die Entwicklung der deutschen Flotte entfachten Besorgnisse; und die ungezügelte Freiheit der englischen und deutschen Hetzpresse — all das war voll daran beteiligt, 'die Hauptfragen in einem Nebel von falschen Begriffen zu verdunkeln. Aber der in englischen Regierungskreisen vortretende Mangel eines grosszügigen und verstehenden Erfassens von Deutschlands wirtschaftlicher, seinem automatischen Wachstum entspringender Lage und die aus dieser Lage sich ergebende unvermeidliche Wirkung, die sich in der Gründung und Rechtfertigung von Deutschlands „Weltpolitik" offenbarte: kurzum, der von den jüngsten Lenkern unserer auswärtigen Politik an den Tag gelegte Mangel an jener politischen Einsicht und Urteilsgabe, die man mit dem Namen Staatskunst bezeichnet, dieser Mangel war (zusammen mit der überall geübten Geheimtuerei in den diplomatischen Methoden) eine der Hauptursachen in der Erzeugung des Grades von Spannung in den anglo-deutschen Beziehungen, dank welchem, u n d d a n k w e l c h e m a l l e i n ein österreichisch-russischer Balkanzank die europäische Feuersbrunst entzündete ...

Das unerbittlich aus seinem Wachstum hervorgehende wirtschaftliche Problem Deutschlands habe ich im letzten Kapitel meines 1912 veröffentlichten Buches „Marokko in der Diplomatie" also beschrieben: „Der die auswärtige· deutsche Politik heutzutage leitende Beweggrund ist, dem deutschen Volke folgendes zu sichern: ungehinderten Zutritt zu den Uebersee-Märkten, einen grösstmöglichen Anteil an der Entwicklung dieser Märkte und eine Stimme beim Erwerb von Ueberseegebieten, die vielleicht im Laufe der Zeit in den internationalen Schmelztiegel geraten. Deutschland wird nicht vom Land- sondern vom Handels-Hunger beherrscht, und Handels-Hunger entspricht dem fundamentalen Bedürfnis seiner nationalen Existenz."

Ich unterschreibe heute (1915) jedes der damals geschriebenen Worte, und den statistischen Beweis für diese Wahr-

heit wird man in der Tatsache finden, d a s s m e h r a l s d i e
H ä l f t e v o n D e u t s c h l a n d s E i n f u h r a u s R o h-
s t o f f e n f ü r d i e I n d u s t r i e besteht. Die deutsche
„Weltpolitik", die der politische Verstand mit dem Wort „Angriff" in Verbindung brachte, weil er sie ausschliesslich von
der politischen Seite aus ansah, und die, wie uns die Jingo-
Presse morgens und abends in die Ohren posaunte, schon
ihres Namens wegen aggressiv sein müsse (obwohl seit der
Königin Elisabeth „Weltpolitik" das A und O unserer eigenen
nationalen Geschichte war) — die deutsche „Weltpolitik" ist das
Ergebnis, nicht der politischen Absicht, sondern der blossen
wirtschaftlichen Notwendigkeit Deutschlands, eine Folge
seines Wachstums. Ohne Zweifel kam sie oft in einer Weise
zum Ausdruck, die Argwohn erregen konnte, wenn schon ich
kaum glaube, dass irgend eine deutsche Aeusserung die seiner-
zeitigen Taten Grover Clevelands übertraf. Doch es ist Sache
der Staatsmänner, die unter der Oberfläche der diplomatischen
oder kaiserlichen Kundgebungen liegenden Beweggründe zu
entdecken und zu würdigen ...

D e u t s c h l a n d a l l e i n u n t e r d e n V ö l k e r n E u r o-
p a s sah sich den ungeheuren Schwierigkeiten des Wachs-
tum-Problems gegenüber[1])... Dennoch bewegte sich seine
während der vergangenen 25 Jahre t a t s ä c h l i c h b e f o l g t e
Politik in einer der gewaltsamen Aneignung von Uebersee-
Besitzungen vollkommen entgegengesetzten Richtung...
Deutschland hat seine Kolonien nicht durch Eroberungskriege,
sondern durch Verträge erworben...

[Nachdem Morel sodann von Englands Absicht, den
Uebersee-Handel Deutschlands zu vernichten und seine Kolonien wegzunehmen, gesprochen, schreibt er (1915)]: Doch

---

[1]) Trotzdem hat Deutschland in den 25 Jahren vor Kriegsausbruch
nur 672 592 qkm Land erworben, Grossbritannien dagegen 6 402 141 qkm,
Frankreich (einschliessl. Marokkos) 5 199 932 qkm, Belgien 2 350 000 qkm
und Italien ca. 1 200 000 qkm. Nur Japan mit 288 704 qkm, Russland
mit 113 985 qkm und die Vereinigten Staaten mit 659 992 qkm Land-
erwerb sind hinter Deutschland zurückgeblieben; diese Staaten sehen
sich aber auch nicht im entferntesten einem solchen Wachstum-Problem
gegenüber wie Deutschland (D. Uebers.).

wird Deutschland durch die unabänderlichen, die Existenz der Staaten beherrschenden Gesetze dazu getrieben, sich entweder freie Uebersee-Absatzgebiete zu sichern ... oder zu Grunde zu gehen!... Die Regierungen aller kriegführenden Länder haben wiederholt erklärt, sie führten den Krieg um eines Dauerfriedens willen. Ein solcher kann aber bloss durch das gemeinsame Bemühen gesichert werden, die einer jeden Nation eigentümlichen Bedürfnisse anzuerkennen ... dass also natürliches Wachstum einen Abfluss finden muss und künstlich nicht erstickt werden kann....

16. Kapitel.

An Professor Gilbert Murray.[1])

Wir[2]) glauben, dass Grossbritannien in den Vorkriegsjahren, wie das so oft in seiner Geschichte der Fall war, die Schlüssel von Krieg und Frieden in der Hand hielt. Wir glauben — und wir zollen damit der Grösse der Rasse unseren Tribut —, dass, wäre England nicht einer Richtung der auswärtigen Politik übermacht worden, die es nicht kontrollieren, in der es nicht mitwirken und die es nicht klar beurteilen konnte, weil es in vollkommener Unkenntnis ihrer Natur und der ihr etwa anhaftenden Verbindlichkeiten gehalten war, dass dann der nationale Scharfblick und gesunde Verstand Mittel und Wege gefunden hätten, Europa vor sich selbst zu retten. Wir sind der Meinung, dass die Geheim-Diplomatie, die unsere nationale Politik mit dem französischen Imperialismus und dem Zarismus Russlands identifizierte und die unser Volk zu einem Bruche mit Deutschland — die Fehler seiner Regierung erkennen wir vollauf an — und Oesterreich, und durch die Agonie eines wahnsinnig in die Länge gezogenen Krieges bis zum militaristischen Frieden von Versailles führte, dass diese Geheim-Diplomatie der

---

¹) Murray, ein Führer der liberalen Intellektuellen Englands und naher Freund Sir Edward Greys, hatte Herrn Morel im Septemberheft 1919 von „Foreign Affairs" heftig angegriffen; der Inhalt seiner Ausführungen — ein in der englischen Presse seit Kriegsausbruch oft behandelter Streitfall — geht aus dieser im Oktober 1919 in „Foreign Affairs" erschienenen Widerlegung des Herrn Morel hervor. Vgl. insbesondere das 2. Kapitel (D. Uebers.).

²) Der Verfasser spricht hier im Namen seiner „Union für demokratische Kontrolle".

grösste Irrtum und die grösste Tragödie in unserer Geschichte war. Vor allem aber glauben wir, mit einer Ueberzeugung, die nichts zu erschüttern vermag, dass, wenn die hässliche Vergangenheit und die hässliche Gegenwart nicht von einer sogar noch hässlicheren Zukunft gefolgt sein sollen, die ganze Wahrheit über die dem Kriege vorausgegangene internationale Diplomatie ans Tageslicht gebracht werden muss, und dass auf der unermüdlichen Verfolgung der Wahrheit in dieser Beziehung letzten Endes die Rettung der Menschheit beruht. Wir glauben, dass, so lange ein einflussreicher Teil des britischen Liberalismus aus Beweggründen, die wir in keiner Weise anfechten, denn wir halten sie für ehrenhaft, darauf beharrt, die Vorkriegs-Geheim-Handlungen der englischen, französischen und russischen Regierung zu verteidigen, zu rechtfertigen und sie nach unserer Ansicht vollkommen falsch zu bewerten, dass alsdann der englische Liberalismus keine wirksame Rolle spielen kann, Grossbritannien von der Reaktion zu erretten, die die natürliche Folge jener Handlungen ist und die das Land mit innerer Zerreissung und äusserem Unheil bedroht.

Wenn ich Professor Gilbert Murray recht verstehe, so behauptet er: 1. dass zwischen Frankreich und uns kein „Abkommen" zwecks gemeinsamen Handelns im Falle eines europäischen Krieges bestand, sondern nur eine „bedingte militärische Uebereinkunft"[1]); 2. dass unsere Regierung keine „Verpflichtung" eingegangen sei, Frankreich im Kriegsfalle mit Waffengewalt beizustehen; 3. dass das Unterhaus und das Reich am 3. August 1914 vollkommen frei entscheiden konnten, ob England auf der Seite Frankreichs in den Krieg eingreifen solle oder nicht; und 4. dass jede Erklärung des Gegenteils eine „bewusste Verdrehung" ist, die dem „Scharfsinn des Herausgebers dieser Zeitschrift"[2]) zuzuschreiben ist.

---

[1]) Uebereinkunft (convention): „Ein Abkommen oder Vertrag zwischen zwei Parteien, wie zwischen den Befehlshabern zweier Armeen; ein Abkommen, das einem endgültigen Vertrag vorausgeht oder an dessen Stelle steht." — Ogilvie.

[2]) E. D. Morel (D. Uebers.).

Auf diese Behauptungen des Professors Murray erwidere ich: 1. dass Sir E. Grey, mit Wissen einiger seiner Kollegen einschliesslich des Herrn Asquith, England verpflichtet hatte, Frankreich im Falle eines Krieges zwischen dem franko-russischen Verband einerseits und den Mittelmächten andererseits mit Waffengewalt zu unterstützen; 2. dass Sir E. Grey, indem er uns an Frankreich fesselte, uns in Wahrheit auch in die Unterstützung des zaristischen Russland verwickelte: eine Tatsache, der nun durch die im nächsten Kapitel angeführten amtlichen Dokumente weiterer Nachdruck verliehen wird; 3. dass am 3. August 1914 weder das Unterhaus noch das Land eine Frage wirklich frei entscheiden konnten, die schon hinter ihrem Rücken entschieden war; und 4. dass das Gegenteil zu behaupten das behaupten heisst, was in der Tat unwahr ist.

Ich sage nicht, und ich möchte auch keinen Augenblick den Gedanken nähren, dass sich Professor Murray durch die Aufstellung von Behauptungen, die ich für nachweisbar unwahr halte, einer „bewussten Verdrehung" schuldig macht — was, mit dürren Worten ausgedrückt, wissentlich falsche Behauptungen vorzubringen bedeutet. Ich traue ihm den Besitz ehrlicher Ueberzeugungen zu, die er anscheinend denen abspricht, die nicht seiner Ansicht sind, weil bewusst zu verdrehen unehrlich sein heisst. Aber ich bekenne, dass ich es nicht verstehe, wie ein Mann von gewöhnlicher Urteilskraft und Einsicht, von einem geschulten Verstande wie dem Professor Murrays ganz zu schweigen, sich überreden kann, dass, wenn in Friedenszeiten und während einer langen Reihe von Jahren zwischen den Heeres- und Marine-Stäben zweier Staaten militärische und maritime Pläne und Anordnungen zwecks gemeinschaftlicher Kriegsoperationen erörtert und bis in die kleinsten Einzelheiten ausgearbeitet werden, dass dann nicht zwischen den Regierungen jener Staaten eine nahe Wechselbeziehung von solch bindendem Charakter geschaffen wird, dass sich keine Seite, ohne sich eines Treubruches schuldig zu machen, davon lossagen kann, wenn das, diese gemeinsamen Massnahmen vorsehende Ereignis eintritt.

Solche Abmachungen sind natürlich bedingt. Sie treffen Vorsorge für Umstände und Lagen, die sich vielleicht nicht einstellen. Aber wenn sie sich einstellen, treten die Abmachungen in Kraft — falls nicht so gut wie ein Treubruch begangen werden soll. Solche Abmachungen sind, wenn im Geheimen getroffen, tausendmal gefährlicher als ein offener Bündnis-Vertrag, der öffentliche Kenntnis und daher die Fähigkeit des Volkes voraussetzt, ihn zu kontrollieren und zu beurteilen, kurzum, der nationale Verantwortung und mehr noch, eine der Welt bekannte nationale Politik voraussetzt. Lord Rosebery hatte dazu am 13. Januar 1912 in Glasgow, nach Ueberwindung der zweiten Marokko-Krise, einige kluge und prophetische Worte zu sagen: „Ich masse mir nicht an, mehr zu wissen, als Sie oder sonst ein Leser der Zeitungen wissen muss, dass wir gewisse Verbindlichkeiten, Uebereinkünfte, „ententes" haben — ich wollte lieber, es wären feste Bündnisse, weil Bündnisse doch schliesslich begrenzen und bestimmen —, wir haben gewisse vage Verpflichtungen, deren Natur ich nicht zu kennen gestehe, aber in bezug auf die man jedenfalls behaupten kann, dass sie, in gewissen Umständen, deren Eintreten keineswegs unwahrscheinlich ist, eine sofortige Verpflichtung zu einem gigantischen Kriege einschliessen...."

Selbst wenn es möglich wäre, solch eine geheime, aber rechtskräftig genehmigte Zusammenarbeit und Vorbereitung der Heeres- und Marine-Stäbe zweier Staaten als einen streng auf den Bereich seiner eigenen Tätigkeit beschränkten und von der Diplomatie der betreffenden Regierungen isolierten Faktor zu betrachten, so würde er doch einen ungeheuren Einfluss in einem Gesellschaftskreis ausüben, dessen letztes geheiligtes Mittel in internationalen Beziehungen eingestandenermassen auf der Gewalt beruht. Praktisch ist es aber unmöglich — eben weil der Charakter der internationalen Beziehungen das ist, was er ist —, dass die Zusammenarbeit und Vorbereitung kriegerischer Handlungen in Friedenszeiten von der allgemeinen Politik isoliert werden können. Der Kriegsmechanismus ist von dem diplomatischen Mechanismus

215

untrennbar. Er ist in der Tat ein integrierender Bestandteil des diplomatischen Mechanismus. Wenn der Kriegsmechanismus zweier Staaten miteinander verkettet ist, dann wird nicht nur eine Gemeinschaft der beruflichen Interessen und der beruflichen Gedankenarbeit unter den einflussreichen, mit dem Waffenhandwerk verquickten Elementen der beiden Länder geschaffen, sondern auch ein diplomatisches Band der engsten Art. Die auf diese Weise angeknüpften Wechselbeziehungen durchdringen unmerklich jeden Kanal, durch den die öffentliche Meinung der Einwirkung zugänglich ist — den Kanal der Presse, der Finanz, der Politik. Zudem wird der blosse Verlauf der Zeit solch einer geheimen und rechtmässig gebilligten Zusammenarbeit weitere Macht verleihen. Die „Unterhaltungen" — um den diplomatischen Jargon zu gebrauchen — zwischen den britischen und französischen Militärbehörden dauerten 8 Jahre, und mit jedem Jahr ihrer Fortdauer erstarkte das dadurch geknüpfte Band mit allem, was drum und dranhing, als ein Faktor in der allgemeinen Politik der beiden Staaten, und wurde so der Ausdruck dieser Politik. Wir konnten in der Tat keine, wie Professor Gilbert Murray es nennt, „bedingte militärische Uebereinkunft" mit Frankreich haben, ohne uns auf Verpflichtungen gegen Frankreich zur Erfüllung der Bedingungen jener Uebereinkunft festzulegen, ob diese nun in einem formellen Dokument verkörpert waren oder nicht. Und es gehörte, um Lord Hugh Cecils Frage anzuführen, zu den Bedingungen der Uebereinkunft, „eine sehr grosse Truppenmacht ausser Landes zu schicken, um in Europa zu operieren". Dass dem so war, wurde stillschweigend geleugnet mit der ausdrücklichen Ablegung des Bestehens der „Verpflichtung" selbst. Als aber das Ereignis eintrat, wurde die Truppenmacht prompt fortgeschickt.

Ferner war Sir E. Grey, als er seine Einwilligung zu jener Uebereinkunft mit Frankreich gab und jene Verpflichtung gegen Frankreich einging, sich bewusst, oder wenn er das nicht war, dann kannte er die internationale Lage weniger als der durchschnittliche, gut unterrichtete „Mann in der Strasse", dass Frankreich und Russland durch ein

Bündnis miteinander verbunden waren, dessen Charakter die dauernde Zusammenarbeit der französischen und russischen Stäbe zu einer unvermeidlichen Notwendigkeit machte.

Professor Murray beanstandet das Wort „Abkommen", um das fragliche Verhältnis zu bezeichnen. Er beanstandet auch das Wort „Verpflichtung". Er sagt, es hätte keine „Verpflichtung" bestanden und der Sekretär des Auswärtigen und der Premier-Minister hätten dem Lande die Wahrheit gesagt, als sie das Bestehen einer „Verpflichtung" in Abrede stellten. Nun, was die „Verpflichtung" angeht, so trifft Professor Murrays Vorwurf der „bewussten Verdrehung" noch eine ganze Anzahl anderer Leute ausser den Herausgeber dieser Zeitschrift. Am 6. August 1914 erklärte Lord Lansdowne im Oberhaus, dass die geheime Zusammenarbeit „Ehrenverpflichtungen" bedeuteten, — „nicht weniger heilige Verpflichtungen, weil sie nicht in einem unterzeichneten und gesiegelten Dokument verkörpert sind". So dass in Lord Lansdownes Augen die „Verpflichtung", deren Bestehen Professor Murray leugnet, eine Verpflichtung von besonderer Heiligkeit war, da sie die nationale Ehre einschloss. Lloyd George wies am 7. August 1918 in seiner Rede im Unterhaus auf unseren „Pakt" (compact) mit Frankreich hin. Wir hatten einen Pakt mit Frankreich, dass, falls man es böswillig angriffe, Grossbritannien ihm zur Hilfe eilen würde." Später in der Debatte schränkte er das Wort „Pakt" ein und sagte: „Meines Erachtens bestand eine Ehrenverpflichtung". Wir finden also Lord Lansdowne und Lloyd George in vollkommener Uebereinstimmung über das Bestehen einer Ehrenverpflichtung seitens unserer Regierung, einer Verpflichtung, im Falle eines Krieges, in den Frankreich gegen Deutschland verwickelt wäre, „eine sehr grosse Truppenmacht ausser Landes zu schicken, um in Europa zu operieren". Aber was denn sonst hat Sir E. Grey selber am 3. August 1914 dem Unterhause mitgeteilt!

Beachten Sie auch, was Präsident Poincaré im September 1912 Iswolski erklärte: „Dieser Beschluss (die Verlegung des 3. französischen Geschwaders von Brest nach Toulon) ist

im Einverständnis mit England getroffen worden und bildet
die weitere Entwicklung und Vervollständigung der bereits
früher zwischen den französischen und englischen Marine-
stäben getroffenen Vereinbarungen."[1]) Beachten Sie ferner
Sasonoffs Bericht an den Zaren, nachdem er Grey im September 1912 gesehen hatte: „Aus diesem Anlass bestätigte mir
Grey aus eigenem Antrieb das, was ich bereits von Poincaré
wusste, und zwar: das Vorhandensein eines Abkommens
zwischen Frankreich und Grossbritannien, nach dem England
sich im Falle eines Krieges mit Deutschland verpflichtete,
Frankreich nicht nur zur See, sondern auch auf dem Kontinent durch Landung von Truppen zu Hilfe zu kommen."[2])
Erinnern Sie sich schliesslich dessen, was sich am 3. September 1919 in der französischen Kammer zutrug, als Franklin-Bouillon bei seiner Kritik des in diesem Jahre (1919)
zwischen der französischen, britischen und amerikanischen
Regierung abgeschlossenen Dreibundes erklärte, Frankreich
sei durch die anglo-französische Verständigung von 1912,
„die uns die Hilfe von sechs Divisionen zusicherte", besser
beschützt gewesen, und — auf eine Unterbrechung durch
Herrn Tardieu — zugab, dass der „Text" der Verständigung
die sechs Divisionen nicht genau bezeichnete, aber dass die
Zusammenarbeit der Stäbe im voraus „alles für die Mobilisation und die sofortige Einschiffung von sechs Divisionen
geregelt hatte". An dieser Stelle bemerkte Herr Renaudel:
„Das der Untersuchungs-Kommission über den Schwer-Trans-
port-Verkehr vorgelegte Material zeigt klar, dass der Generalstab mit der britischen Intervention rechnete"; dem stimmte
Franklin-Bouillon mit den Worten zu: „Ich verstehe solch eine
Wortklauberei nicht", während Admiral Bienaimé ausrief:
„Das Marine-Abkommen lautete ebenso genau. Ich bestätige
es, denn ich hielt es selbst in meinen Händen."

Auf jeden Fall ist diese Wort-Haarspalterei kindisch. Auf
die Tatsache selber kommt es an — die Tatsache, die man
dem Unterhause und dem Lande verheimlichte und,

---

[1]) Deutsches Weissbuch 1919, Seite 149 (D. Uebers.).
[2]) A. a. O. Seite 195 (D. Uebers.).

wenigstens in ihren Verwicklungen und Folgen, sogar einigen von Sir E. Greys eigenen Kollegen verhehlte, deren mehrere zurücktraten, als ihnen ihre volle Bedeutung offenbar wurde, und deren zwei auf ihrem Rücktritt beharrten; die Tatsache, die unbedingt und wiederholt von Sir E. Grey und Asquith geleugnet wurde; die Tatsache, dass diese geheime militärische und maritime Zusammenarbeit der beiden Stäbe seit Jahren vor sich gegangen war, und dass infolge davon und als ihr Ergebnis die Ehre das britische Volk, jedoch ohne sein Wissen, verpflichtete, sich im Falle eines Krieges auf die Seite des franko-russischen Verbandes gegen die Mittelmächte zu stellen. Der berühmte — von Professor Murray angeführte – Notenwechsel zwischen Sir Edward Grey und Cambon[1]) war lediglich ein bekannter diplomatischer Trick. Die Noten wurden zu offensichtlichen politischen Zwecken geschrieben. Ein Minister, der seine Ermächtigung zu geheimen Verständigungen von der Art unserer Verständigung mit Frankreich (und dadurch auch mit Russland) erteilt, muss vorschützen, dass das Parlament frei sei, sie zu verwerfen. Er vermag sich nicht auf einen Bündnis-Vertrag einzulassen, ohne das Land zu befragen, was seinen Plänen äusserst hinderlich, wenn nicht gar verhängnisvoll sein könnte und ohne die vorherige Einwilligung des Kabinetts unmöglich wäre. Er muss daher, wenn er seine Absicht erreichen will, so manövrieren, dass er das Bestehen eines formellen Abkommens ableugnen kann. Das ist die regelrechte diplomatische Methode — die keineswegs Sir E. Grey allein eigen ist. All das hatte Lord Hugh Cecil ohne Zweifel im Auge, als er seine Frage prägte, denn er gab Acht, das Wort „Abkommen" nicht zu gebrauchen. Er wendete das Wort „Verpflichtung" an und begrenzte sogar dessen Bedeutung: „keine vertragliche Verpflichtung, sondern eine Verpflichtung, die aus einer vom Ministerium im Verlaufe von diplomatischen Verhandlungen abgegebenen Zusicherung entstanden ist." — „Ich muss sagen" (I ought to say) — antwortete Asquith — „dass es nicht wahr

---

[1]) Dass sich England freie Hand vorbehalte (D. Uebers.).

ist." Die Gebeine der Expeditions-Armee haben die Wahrheit bewiesen.

Die ganze Geschichte wurde im anerkannt besten Stile der Geheim-Diplomatie behandelt,[1]) und als Sir E. Grey am 3. August 1914 die Tatsachen enthüllte, ist keiner darauf hereingefallen, der es nicht wollte. Der liberalen Presse, die bis zum allerletzten Augenblick unser Freisein von allen Verbindlichkeiten leidenschaftlich verkündet hatte, kam das Geständnis wie ein betäubender Schlag und sie verbarg ihre Entrüstung nicht; der „Manchester Guardian" ging sogar so weit, Sir E. Greys Benehmen als „diese lange Kette von Treulosigkeiten gegen die Volksrechte" zu beschreiben. Kürzlich noch hat das gleiche Blatt bei der Behandlung des Argumentes, dass die Ehre uns zwang, Frankreichs wegen in den Krieg zu ziehen, ausgerufen: „Wessen Ehre?... Die Ehre derer, die Frankreich die Hoffnung einflössten, dass wir Verantwortungen auf uns nehmen würden, die sie die ganze Zeit den Engländern ängstlich zu verhehlen trachteten? Wenn jemand dieser doppelten Perfidie, gegen England und gegen Frankreich, schuldig war, so vermöchte nicht das Blut aller englischen Soldaten und Matrosen, es vermöchten nicht alle Tränen der Witwen und Waisen ihm die Ehre wieder zu verschaffen, die er so schamlos verloren hat."

Ich kann den Mann verstehen, der sagt: „Ja, es bestand eine Verpflichtung. Ja, man hat uns nicht die Wahrheit gesagt. Aber die Männer, die uns die Wahrheit vorenthielten,.

---

[1]) Dieselbe A r t kann man in Sir E. Greys Antwort auf Herrn Onthwaites Frage vom 30. Mai 1916 bemerken, als dieser wissen wollte, ob Prof. Miljukoffs Aeusserungen, dass Russlands „höchstes Kriegsziel" die Besitznahme von Konstantinopel sei, die Ansichten der russischen Regierung darstellten, und ob wir zur Fortsetzung des Krieges zu diesem Zwecke verpflichtet seien. Sir E. Grey wand und drehte sich, um vor dem Parlament die Wahrheit zu verbergen. Es sei „nicht notwendig oder wünschenswert, sich amtlich über nichtamtliche Behauptungen auszulassen"; das geehrte Mitglied bitte um eine Erklärung, die abzugeben er, Sir E. Grey, „nicht für wünschenswert halte" usw. Die Wahrheit war natürlich, dass Sir E. Grey schon beinahe zwei Jahre vorher eine Geheim-Abmachung mit der zaristischen Regierung getroffen hatte, in der er seine Zustimmung zu einer russischen Annexion Konstantinopels und der Meerengen gab.

taten dies zum Besten ihres Landes, und die Ereignisse haben sie gerechtfertigt." Aber ich kann die Gedankengänge des Mannes nicht verstehen, der, wie Professor Murray, sowohl die Verpflichtung wie den Betrug leugnet. T. P. O'Connor hat den Fall am 4. April 1917 sehr gut im Unterhaus ausgedrückt: „Ich möchte mich nicht auf Streitfragen einlassen, aber ich entsinne mich der Rede, die der vorige Staatssekretär des Auswärtigen gehalten hat — ein sehr befähigter und geachteter Staatssekretär. Jeder, der im Hause anwesend war, wird sich an seine Rede erinnern, die uns dem Krieg überantwortete. Die Hauptsache darin war nicht, dass wir Verträge eingegangen waren, sondern dass wir uns auf Verständigungen und auf Mitteilungen eingelassen hatten. Als ich und die anderen Mitglieder des Hauses diese Dinge hörten, konnten wir uns des Gefühls nicht erwehren, dass wir ehrenpflichtig gebunden waren (falls wir nicht als eine ihren Unternehmungen untreue Nation betrachtet werden sollten), Frankreich, wenn es angegriffen werde, beizustehen. Natürlich bin ich der Meinung, dass dies auch unsere Interessen geboten... Die Tatsache bleibt bestehen, dass wir hinter unserm Rücken, hinter dem Rücken der beiden Häuser des Parlaments und, wenn das Gerücht wahr ist, hinter dem Rücken der Kollegen des vorigen Sekretärs des Auswärtigen, in solche Beziehungen zu Frankreich getreten waren, die uns zum Kriegseintritt verpflichteten." — Herr Samuel: „Darf ich das geehrte Mitglied daran erinnern, dass die französische Regierung ausdrücklich darauf hingewiesen wurde, dass wir uns vollkommen freie Hand vorbehielten?" — O'Connor: „Der sehr geehrte Herr Samuel muss mein Gedächtnis nicht für so schlecht halten, dass es sich dessen nicht entsinne. Ich kenne diese Einschränkungen, durch die man Verständigungen immer schützen kann; aber wenn Sie anfangen, grosse Fragen gemeinschaftlicher Verteidigung und gemeinsamer Interessen zu erörtern, so verpflichten Sie sich dadurch, welche Einschränkungen Sie auch machen, der Verbündete dieser Nation zu sein. Ich sage nicht, dass es unrecht ist. Aber welchen Wert hat es, von demokratischer Kontrolle, oder sogar von ministerieller Kontrolle zu reden, wenn eine grosse Nation wie die unsere jahrelang praktisch für den Krieg verpflichtet werden kann, ohne dass die Vertreter des Volkes Kenntnis von den Tatsachen haben?"

Auch verstehe ich Professor Murrays Behauptung nicht, das Unterhaus und das Reich wären, als Sir E. Grey dem Unterhaus enthüllte, was er ihm so viele Jahre verhehlt hatte, frei gewesen, zu entscheiden, ob sie sich von der „Ehrenverpflichtung" lossagen wollten, die er „hinter dem Rücken der beiden Häuser des Parlaments" eingegangen war. „Es ist ein Hohn" — sagte der „Manchester Guardian" damals — „dem Unterhaus die Verantwortung aufzuhalsen, innerhalb eines Augenblicks und unter Verhältnissen grosser Aufregung über eine Politik zu entscheiden, die seit Jahren heranreifte." Lord Loreburn hat erst wieder am 9. August 1919 diesen Gemeinplatz in „Common Sense" mit unwiderleglicher Kraft dargestellt.[1])

Sir E. Grey hat dem Parlament nur in rein technischem Sinne eine Politik vorgelegt und um eine Entscheidung darüber gebeten. Er trat mit einer vollendeten Tatsache vor das Parlament. In einem Augenblick, da die Gefilde Europas unter dem Tritte bewaffneter Legionen erzitterten; in einem Augenblick, da die öffentliche Meinung durch die Hetzereien einer inspirierten Presse (die „Times" hatte seit Tagen offen für den Krieg gelärmt) in wütende Aufregung gepeitscht war; in einem Augenblick, da die Flotte mobilisiert und der Mobilmachungsbefehl für das Heer tatsächlich schon ergangen war:[2]) schmiss Sir E. Grey plötzlich die der Nation so lange verborgen gehaltenen Karten auf den Tisch. Er tat mehr. Er sagte dem Haus, dass kraft der Beziehungen, die unter seiner Leitung insgeheim mit Frankreich angeknüpft worden waren, Frankreich seine Flotte im Mittelmeer konzentriert

---

[1]) Von Lord Loreburn ist seitdem ein bemerkenswertes Buch, „How the War Came" (Wie der Krieg kam) erschienen, das nach der Niederschrift dieses Aufsatzes herauskam.

[2]) Wir mobilisierten am 3. August 11 Uhr vormittags, d. h. etwa 4 Stunden, ehe sich Sir E. Grey im Unterhaus zu seiner Rede erhob.

und seine anderen Küsten unverteidigt gelassen hatte, und dass er sich Tags zuvor Frankreich gegenüber verpflichtet habe, die britische Flotte werde die französische Küste verteidigen, falls die Deutschen sie angriffen. Er hatte mit anderen Worten England schon zu einer gewichtigen Kriegshandlung gegen Deutschland zugunsten Frankreichs verpflichtet, falls Deutschland von dem Vorteil Gebrauch machte, der ihm, im maritimen Sinne, durch eine Anordnung der französischen Flotte erwachsen war, eine unseren Interessen (und denen Russlands) günstige Anordnung, die Frankreich gemäss insgeheim, mit Sir E. Greys Ermächtigung, verabredeten maritimen Plänen getroffen hatte. Das Unterhaus konnte den Folgen von Sir E. Greys Handlungsweise nur entgehen, indem es, unter Umständen beispiellosen internationalen Ernstes, die Regierung auf der Stelle hinauswarf. Solch ein noch nie dagewesener Schritt wäre für das Unterhaus, oder für jede andere gesetzgebende Körperschaft unter ähnlichen Verhältnissen unmöglich gewesen: und Sir E. Grey war sich dessen vollauf bewusst.

Angesichts dieser Tatsachen, welche die feste Grundlage der von meinen Kollegen und mir selbst gefassten Meinung bilden, kann Professor Gilbert Murrays Behauptung, es hätte kein Abkommen oder eine Verpflichtung bestanden, als vollständig ins Wasser gefallen betrachtet werden. Ich für meinen Teil wiederhole heute, was ich am 5. Oktober 1914 in einem veröffentlichten Brief[1]) an den Vorsitzenden der „Liberal Association" von Birkenhead schrieb, als ich meine Parlaments-Kandidatur niederlegte: „Denn während die Politik, derartige Verpflichtungen gegen Festlands-Mächte einzugehen, klug sein mag oder nicht, ist doch ein System, das einem Teil des Kabinetts hinter dem Rücken des Parlamentes eine solch ungeheure Verantwortung auf sich zu nehmen erlaubt, kein System, das die Demokratie um ihrer eigenen Sicherheit willen dulden darf. Und ein System, das es den verantwortlichen Ministern gestattet, im Parlament aufzutreten und

---

[1]) Siehe 4. Kapitel (D. Uebers.).

das zu leugnen, was geplant, vorbereitet und ausgeführt wurde, ist kein System, dem ich, der ich an das Prinzip der Regierung des Volkes für das Volk glaube, Treue schwören kann. Die überwältigende Bedeutung der Geständnisse vom 3. August 1914 ist heute durch die vom Krieg geweckten Leidenschaften verdunkelt. Aber sie sind eine Herausforderung an die Grund-Prinzipien der Volks-Regierung, und die Demokratie kann gegen diese Herausforderung nicht gleichgültig sein. Sie muss sie annehmen. Steht, wenn sie dies tut, der Liberalismus nicht hinter der Demokratie, so wird der Liberalismus aus unserem politischen Leben verschwinden."

———

Der Uebersetzer: Der nachstehende Aufsatz erschien als Beilage zur Oktober-Nummer 1919 von „Foreign Affairs" und wurde bald darauf von der englischen Unabhängigen Arbeiter-Partei mit einem Vorwort von Philip Snowden als Flugschrift veröffentlicht und in Massen verbreitet. Einige nachträgliche Aenderungen und Ergänzungen des Herrn Morel konnten in meiner Uebersetzung noch berücksichtigt und das Vorwort des Herrn Snowden mit seiner gütigen Erlaubnis hier eingeschaltet werden. Es lautet:

*

Herr E. D. Morel hat mehr als jeder andere Mann in England während des Krieges getan, um dessen wahren Charakter zu entschleiern und um der Oeffentlichkeit die Wahrheit über die unheilvolle Diplomatie beizubringen, die der Welt dies furchtbare Unglück auferlegt hat.

Die Genugtuung, seine allgemein unbeliebte Haltung von unerwarteter Seite gestützt zu finden, ist selten einem Manne so rasch zuteil geworden wie Herrn Morel. Lord Rosebery sagte einmal, es würden wahrscheinlich 50 Jahre vergehen, bis alle Tatsachen über den Grossen Krieg zutage gefördert seien. Aber in den letzten paar Monaten sind eine Anzahl hochwichtiger diplomatischer Dokumente veröffentlicht worden; es handelt sich in der Hauptsache um die von der Sowjet-Regierung im russischen Auswärtigen Amt entdeckten Papiere. Sie haben die magere Kenntnis jener, die sich um die auswärtigen Angelegenheiten bekümmerten, über die Vor-Kriegs-Diplomatie der Alliierten bestätigt und erweitert, und eine zusammenfassende Uebersicht darüber gibt Herr Morel in dieser Flugschrift, die als eine Ergänzung seines so bemerkenswerten Buches „Truth and the War" gelten kann.

Dies während des Krieges veröffentlichte Buch hat viel dazu beigetragen, den artigen und behaglichen, durch die Entstellungen und Täuschungen alliierter Staatsmänner genährten Glauben zu erschüttern, dass der Krieg einzig auf Rechnung der Machenschaften des deutschen Militarismus und des Ehrgeizes dieses Landes auf Erlangung einer Weltherrschaft zu setzen sei. Solange diese einfache und bequeme Erklärung des Krieges aufrecht erhalten bleibt, besteht keine Wahrscheinlichkeit für die Schaffung gerechter internationaler Beziehungen, noch wird dann die Immoralität und Ungerechtigkeit des Pariser Vertrages anerkannt und verdammt werden. Wenn sich die Völker Europas vollkommen bewusst geworden sind, dass man sie betrogen hat, und dass ihre Unterstützung des Krieges durch falsche Darstellungen und durch die Unterdrückung der Wahrheit gesichert wurde, werden sie sicherlich in ihrem gerechten Zorne nicht nur die für die Geheim-Verträge verantwortlichen Männer wegfegen. Geheimverträge, die den Krieg hervorgerufen haben, sondern sie werden auch für immer d e m System der Diplomatie ein Ende machen, das es einigen wenigen Personen in allen Ländern ermöglichte, ihre unheilvollen Pläne mit solch jammerwürdigen Folgen auszuführen.

In dieser Schrift fasst Herr Morel das dokumentarische Beweismaterial, das in dem der Friedenskonferenz überreichten deutschen Weissbuche veröffentlicht ist, sowie die Tatsachen zusammen, die in dem sehr bemerkenswerten Buche von M. Boghitschewitsch enthalten sind, der mehrere Jahre vor Kriegsausbruch serbischer Geschäftsträger in Berlin war und dem sich aussergewöhnliche Gelegenheiten boten, zu erfahren, was in der europäischen Diplomatie, namentlich bezüglich russischer Intrigen auf dem Balkan, vor sich ging. Einige von uns blieben seit Kriegsausbruch der Ueberzeugung, es würde, wenn die Wahrheit ans Licht komme, sichtbar werden, dass die Hauptverantwortung auf der russischen Regierung laste.

Die Haltung der britischen Arbeiter-Partei dem Kriege gegenüber bei seinem Ausbruch und ihre spätere Haltung wirft ein helles Licht auf die Wirkung, die ministerielle Unwahrheiten auf furchterregte Gemüter und leidenschafts-entflammte Gefühle auszuüben vermögen. Am Tage nach der Kriegserklärung Grossbritanniens an Deutschland trat der Vollzugs-Ausschuss der Arbeiterpartei in London zusammen, erwog alle Umstände der Lage und fasste einen, später von der parlamentarischen Arbeiterpartei angenommenen Beschluss, der zum Ausdruck brachte, dass der Krieg durch fremde Minister verursacht worden sei, die eine diplomatische Politik zum Zwecke der Aufrechterhaltung eines Gleichgewichts der Mächte befolgten, und dass unsere eigene nationale Politik der Verständigungen mit Frankreich und Russland nur die Macht Russlands, sowohl in Europa wie in Asien, stärken und gute Beziehungen mit Deutschland gefährden konnte.

Die Tatsachen, die zur damaligen Zeit den Forschern der auswärtigen Angelegenheiten zugänglich waren, rechtfertigten solch eine Erklärung der Kriegsursachen. Die Veröffentlichung der Geheim-Verträge drei Jahre später und die in der vorliegenden Schrift enthaltenen Tatsachen stellen diese Auslegung der Kriegsursachen auf eine unangreifbare Grundlage. Kein verständiger Mensch mit einem offenen und vorurteilsfreien Sinne vermag das Beweismaterial zu prüfen, das jetzt durch die in dieser Schrift behandelten Dokumente dargeboten wird, und noch länger an dem Urteil festzuhalten, dass d i e Erklärung der Kriegsursachen, die fünf Jahre lang die Masse des Volkes irregeführt hat, der Wahrheit entspricht.

Das Material über die wirklichen Kriegsursachen und über die erstlinie Verantwortung Russlands und Frankreichs, gefördert durch die strafbare Einfalt (culpable simplicity) Sir Edward Greys, ist glücklicherweise nicht auf das beschränkt, was uns aus feindlichen Quellen allein zufliesst. In der Tat wird uns das ganze hier zusammengefasste Beweismaterial von Diplomaten der alliierten Mächte verschafft. Ausser ihren Schriften haben wir kürzlich Bestätigungen erhalten: durch das bemerkenswerte, von Earl Loreburn (einem Kollegen Sir Edward Greys) verfasste Buch; durch Lord Haldanes Aufdeckung seiner Berliner Unterhandlungen im Jahre 1912, die den bündigen Beweis erbringen, dass Grossbritannien wegen seiner Verpflichtungen gegen Frankreich und Russland verhindert war, die Möglichkeit besserer Beziehungen mit Deutschland zu nutzen; durch Lord Frenchs Bekenntnisse bezüglich der militärischen Vorbereitungen, die Frankreich und Grossbritannien zusammen für einen Krieg gegen Deutschland trafen; und in jüngster Zeit durch den, überraschendes Aufsehen erregenden Bericht Lord Fishers über seinen dem König Eduard gemachten Vorschlag, Deutschland ohne Kriegserklärung zu Wasser und zu Lande anzugreifen.

Der Gesamt-Eindruck dieses Beweismaterials lässt keinen Zweifel mehr über die hauptsächlichste Kriegsursache aufkommen, die, wie M. Boghitschewitsch, der Minister unseres serbischen Verbündeten, sagt, in erster Linie der Vorsatz Russlands war, Oesterreich zu vernichten, um die russische Vorherrschaft auf dem Balkan zu erringen; und die zweitens in dem Verlangen Frankreichs bestand, sich für seine vor 50 Jahren durch Preussen erlittene Niederlage zu rächen.

Herrn Morels Schrift wird veröffentlicht, um denen die Wahrheit vor Augen zu halten, die sie kennen zu lernen wünschen. Den andern, welche die Finsternis dem Lichte vorziehen, wird sie nicht gefallen; jene aber, die die Wahrheit wissen wollen, wenn diese auch ihre alten Ueberzeugungen und Vorurteile zertrümmert, werden die hier niedergelegten Tatsachen mit der Aufmerksamkeit, die ihre Bedeutung verdient, lesen und prüfen.

17. Kapitel.

Vorkriegs-Diplomatie. — Neue Enthüllungen.

„Die Wahrheit ist auf dem Marsch. Nichts wird sie aufhalten".

Aus der New Yorker „Nation" vom 23. August 1919: „Lloyd Georges Erklärung, dass England dem Ruin entgegensieht, ist ohne Zweifel nur wenig übertrieben. Wer aber ist für diese schreckliche Lage verantwortlich? Nun, hauptsächlich die, welche die Geheimverträge schlossen und der Geheim-Diplomatie mit Russen und Franzosen fröhnten, und dann Lloyd George selber, der den Krieg fortsetzte lange, nachdem er zur Zufriedenheit aller Freunde Frankreichs und Belgiens hätte klug beendet werden können ... Woche um Woche verlangt man von der Welt, sie solle, um der Gesundheit Ihrer Seele willen, ihre Nase zuhalten und aus nächster Nähe den stinkenden und giftverpesteten Lauf der Diplomatie in Augenschein nehmen."

Aus „Wie der Krieg kam" von Earl Loreburn: „In der Tat überliess sie (Sir E. Greys Politik) den Frieden Grossbritanniens der Gnade des russischen Hofes (S. 107)... Dies war die Natur der Regierung (Russlands), in deren Hände das Schicksal Frankreichs durch das franko-russische Bündnis gelegt war, und deren Händen man auch das Geschick des britischen Reiches anvertraute, als die franko-britische Entente so ausgelegt und angewendet wurde, wie es geschah (S. 111)... wir wurden in den Krieg gezogen, weil Herr Asquith und Sir E. Grey und deren Vertraute durch Schritte, deren einige bekannt sind, während andere noch unbekannt sein mögen, uns in eine solche Lage Frankreich, und daher auch Russland gegenüber gebracht hatten, dass sie, als es zur Entscheidung kam, fanden, sie könnten sich nicht weigern, dieser Länder wegen die Waffen zu ergreifen, obgleich sie das bis zum Schlusse vor dem Parlament und wahrscheinlich vor sich selbst leugneten."

* * *

I. Eine Wolke von Betrug.

Die kürzliche Herausgabe diplomatischer Dokumente von der grössten geschichtlichen Bedeutung macht es notwendig, die von Professor Gilbert Murray in dieser Zeitschrift eingeleitete Erörterung einen Schritt weiter zu verfolgen.

Eine Wolke von Betrug hat England stets eingehüllt, seitdem jene verhängnisvolle Reihe von Schritten unternommen wurde, die Grossbritanniens auswärtige Politik in zunehmendem Masse derjenigen Frankreichs dienstbar machten, dessen eigene auswärtige Politik in wachsendem Umfang nicht in Paris, sondern von Petersburg aus diktiert worden war. Die Leute, die vor dem Kriege diese Wolke im vaterländischen Interesse zu zerstreuen versuchten, wurden weggefegt. Und da sie bei Kriegsausbruch und während des Krieges hartnäckig in ihren Bemühungen fortfuhren, wurden sie beschuldigt, die Feinde ihres Landes zu sein. Sie haben aber konsequent dem Interesse ihres Landes zu dienen gesucht.

Die britische Nation wähnte vor dem Kriege, sie sei in der Lage, ein unabhängiges Urteil über ihre auswärtigen Angelegenheiten zu fällen, und sie glaubte, die Herrin ihres eigenen Geschickes zu sein. Während des Krieges bildete sich das Volk ein, für den Sieg zu kämpfen, um gewisse Ziele zu erringen — nur um sich in einem Netzwerk von Geheim-Verträgen gefangen zu sehen, die diese Ziele unerreichbar machten. In Wahrheit befand sich die Nation vom Anfang bis zum Ende — von 1904 an — so machtlos im Netz der Geheim-Diplomatie, wie eine Fliege im Spinnengewebe.[1])

Die öffentliche Meinung wurde im Marokko-Streit — sowohl 1905 wie 1911 — dank der Tatsache aufs gröbste irregeführt, dass man ihr die Geheim-Klauseln des anglo-französischen Abkommens (und den französisch-spanischen Geheim-Vertrag[2]) verheimlichte. Der Marokko-Streit war der Ausgangspunkt der Unterordnung der britischen Politik unter die französischen imperialistischen Interessen durch geheime, hinter dem Rücken des Volkes geschlossene Abmachungen. Er war auch die Inauguration der ersten jener Reihe von Verletzungen internationaler Vertrags - Verpflichtungen, die England schliesslich auf das Schlachtfeld führten. Verwirrt und entrüstet sah sich Grossbritannien sodann im Jahre 1907 die Freiheit Persiens in Gemeinschaft mit dem kaiserlichen Russland unterdrücken und die lasterhafteste und verbrecherischste Regierung der Welt mit den Mitteln versorgen, die politische Emanzipationsbewegung ihrer verfolgten Untertanen zu erdrosseln. Von da an wurden die Maschen immer stärker und dichter. Während der 8 Jahre, die Zeugen der geheimen Zusammenarbeit unserer Streitkräfte mit denen Frankreichs waren — der 8 Jahre vor dem Kriege —, war diese geheime Zusammenarbeit, die auf ein Bündnis (ohne die

---

[1]) Auch dieser Aufsatz war vor dem Erscheinen von Earl Lorebnrns Buch „Wie der Krieg kam" geschrieben. Ich habe gewisse in jenem Werke enthaltene Schlüsse ausgewählt und sie an die Spitze dieses Kapitels gesetzt, weil die von mir behandelten neuen Enthüllungen weiteres Material liefern, durch das die Richtigkeit jener Schlüsse geprüft werden kann.

[2]) Den die britische Regierung inspiriert hatte und dessen Inhalt ihr nach der Unterzeichnung formell mitgeteilt wurde.

einem Bündnis eigenen Sicherungen der Oeffentlichkeit, Begrenzung und Bestimmtheit) hinauslief, der richtung- und massgebende Einfluss in der auswärtigen Politik Grossbritanniens. Aber das Volk wusste nichts davon. Die Haltung des Auswärtigen Amtes und seiner inspirierten Presse während der österreichischen Annexion von Bosnien im Jahre 1908 war der nächste Vorfall, der zeigte, wie beherrschend schon die Stellung war, die Russland auf den Gang der britischen Diplomatie erlangt hatte. Der verstorbene Sir Charles Dilke sah das klar. In seiner Rede im Unterhaus am 22. Juli 1909 legte er Verwahrung dagegen ein, dass Sir E. Grey den Gedanken vertrat, das Auswärtige Amt wünsche das anglorussische Abkommen über Persien in eine allgemeine „Entente" auszudehnen; er fand es schwierig, unser „offizielles Entsetzen" über den brutalen Mord der Serben an ihrem Königspaar[1]) damit in Einklang zu bringen, dass wir uns so bald darauf mit Russland in einer Unterstützung Serbiens

---

[1]) König Alexander von Serbien und seine Königin Draga wurden 1903 von serbischen Offizieren ermordet, die der unter dem Namen der „Schwarzen Hand" bekannten Organisation angehörten. König Alexander war der Repräsentant der Obrenowitsch-Dynastie. Besondere Anschuldigungen wurden nachher gegen Peter Karageorgewitsch, den Repräsentanten der rivalisierenden Karageorgewitsch-Dynastie, erhoben (der nach dem Morde den Thron bestieg und bei Kriegsausbruch unser lieber Verbündeter war), dass er vor dem Morde mehrere der Verschwörer an verschiedenen Plätzen Europas getroffen habe. Es ist auch interessant, sich ins Gedächtnis zu rufen, dass, als Fürst Michael Obrenowitsch 1868 durch Anhänger der Karageorgewitsch-Dynastie den Meucheltod fand, König Peter, damals ein junger Mann, der Mitschuld an dem Verbrechen angeklagt wurde. Er flüchtete nach Oesterreich. Die damalige serbische Regierung erbat seine Auslieferung, was aber verweigert wurde. Im Juni 1903 brach die britische Regierung die diplomatischen Beziehungen mit Serbien ab und nahm sie, glaube ich, im Sommer 1906 wieder auf. Die Scheidung war aber nur „offiziell", denn die diplomatische Verbindung mit Serbien wurde durch den serbischen Agenten Alexander Jovitschitsch aufrecht erhalten, der Zutritt zum Auswärtigen Amt hatte und alle unformellen Geschäfte erledigte. Es verdient Beachtung, dass sich König Peter enger Familien-Verbindungen mit dem russischen kaiserlichen Hause erfreute. Seine Frau war eine Tochter des Königs von Montenegro; eine ihrer Schwestern war mit dem Grossfürsten Nikolaus, eine andere mit dessen Bruder verheiratet. König Peters Tochter war mit dem Grossfürsten Konstantin vermählt. Grossfürst Nikolaus war der Vertraute des Zaren und übte einen grossen Einfluss am russischen Hofe aus. Er war bei Kriegsausbruch der Oberbefehlshaber der russischen Truppen.

gegen Oesterreich vereinigten, „zu weitgehend sogar für die französische Beteiligung", und er rügte in kräftigen Worten den Einfluss Iswolski's auf das Auswärtige Amt.[1])

Die zweite Marokko-Krise 1911 offenbarte die mächtigen Schritte, welche die Politik unserer Identifizierung mit dem — von allen fortschrittlichen und liberalen Richtungen Frankreichs bekämpften — französischen Imperialismus in den dazwischenliegenden Jahren gemacht hatte. Auch hierbei wird die Haltung des britischen Auswärtigen Amtes erst verständlich, wenn der ganze Umfang, sowie die Verwicklungen und Folgen der vom Auswärtigen Amt seit 1906 eingeschlagenen geheimen Politik gewürdigt werden.[2]) Angesichts heftiger, der Krise folgender Proteste seitens der liberalen und Arbeiter-Parteien leitete man die Haldane-Unterhandlungen ein. Sie waren meines Erachtens notwendigerweise zu einem Misserfolg verurteilt, weil ein lauterer diplomatischer Ausgleich mit Deutschland, eine ehrliche Prüfung der zwischen den beiden Ländern bestehenden bedeutenden Misshelligkeits-Ursachen ganz unmöglich war, solange die britische Politik von der Tat-

[1]) Oesterreich wurde auf die Anregung Lord Salisburys hin auf dem Berliner Kongress 1878 mit der Verwaltung von Bosnien und der Herzegowina betraut. Es verwaltete diese Provinzen während 30 Jahren mit anerkanntem Erfolg. 1908, nach der türkischen Revolution, annektierte es sie und beging so eine technische Verletzung der Berliner Kongress-Akte — ein geringes Vergehen im Vergleich zu Disraelis zynischer Erwerbung von Zypern. Aber das britische Auswärtige Amt geriet in grosse Aufregung. Die wütenden Leitartikel der „Times" während dieses ganzen Zeitraumes werden all denen, die sich mit der auswärtigen Politik befassen, in Erinnerung sein, ebenso die Kontroversen, die um gewisse Erklärungen tobten, die man Sir E. Cartwright, dem britischen Botschafter in Wien (der in der Folge abberufen wurde), und Sir A. Nicholson, dem britischen Botschafter in St. Petersburg zuschrieb. In seinem weiter unten erwähnten Buche „Kriegsursachen" schreibt M. Boghitschewitsch, der frühere serbische Geschäftsträger in Berlin: „Während England anlässlich des Berliner Kongresses Oesterreich seine volle Unterstützung zusicherte, überbot es 1909 selbst Russland in seiner österreichisch-feindlichen Haltung. . . . Oesterreichische politische Kreise suchten damals die Erklärung für dieses sonderbare Verhalten Englands in der Tatsache, dass alle Versuche König Eduards, Oesterreich von Deutschland zu trennen, erfolglos geblieben waren". (S. 31.)

[2]) Die erstaunliche Haltung des Auswärtigen Amtes während dieser ganzen Geschichte ist in meinem 1912 veröffentlichten Buche „10 Jahre Geheim-Diplomatie" eingehend behandelt. Bis auf den heutigen Tag hat es niemand gewagt, die darin niedergelegten Tatsachen zu bestreiten.

sache überschattet blieb, dass die britischen und französischen militärischen Spitzen gerade damit beschäftigt waren, für den Fall eines Krieges zwischen den Mittelmächten und dem franko-russischen Verband gemeinsame Operationspläne gegen Deutschland und seinen Verbündeten auszuarbeiten.[1]) Die Haldane-Besprechungen ebneten den Weg für minder wichtige Verständigungen. Sie trugen dazu bei, die herrschende Spannung etwas zu lockern. Sie vermochten aber nicht die Grundlage zu berühren, so lange die britische Regierung insgeheim verpflichtet war, sich im Kriegsfalle auf die Seite der Feinde Deutschlands zu stellen. Wie konnten denn unter diesen Umständen unsere Beziehungen zu Deutschland friedlich und stabil werden? In der Tat trug der Anschein einer Besserung in den englisch-deutschen Beziehungen nur dazu bei, die Gefahr zu erhöhen — ein Ergebnis der Unkenntnis, in der sich das britische Volk befand; und in eben dem Masse verschlimmerte der falsche Schein die am Volke begangene Täuschung. Ich suche auf keine Weise weder die Herausforderungen, die England von Deutschland zuteil wurden — obwohl sich keineswegs nur die eine Seite Herausforderungen leistete — noch die dadurch hervorgerufenen Befürchtungen zu verkleinern. Man hätte diese vielleicht als Rechtfertigung einer Politik des offenen Bündnisses mit Frankreich, aber eingeschränkt durch Vorbehalte bezüglich dessen Abmachungen mit Russland, gelten lassen können. Ja man hätte sie vielleicht sogar als Rechtfertigung eines offenen Bündnisses mit Frankreich und Russland gelten lassen können, obschon sich dagegen starker öffentlicher Widerstand erhoben hätte. Doch sie rechtfertigten nicht, und konnten nicht die am britischen Volk begangene Politik der Verheimlichung und des Betruges rechtfertigen.

Gerade die Grösse der Täuschung verlieh dann dem Kriege den Charakter eines Krieges à outrance, notwendigerweise von einem Frieden der Rache gefolgt, von dem die Welt bloss durch die feste Standhaftigkeit des Präsidenten Wilson hätte verschont bleiben können, als er — bei Eintritt Amerikas

---

[1]) Siehe 2. und 3. Kapitel (D. Uebers.).

in den Krieg — in der Lage war, unnachgiebig gegen die während des Krieges abgeschlossenen Geheimverträge aufzutreten. Anscheinend jedoch hat die britische Regierung die Kenntnis dieser Geheim-Dokumente dem Präsidenten Wilson vorenthalten, ebenso wie man sie dem britischen Volke vorenthalten hatte.

So erforderten auch die V o r kriegs-Täuschungen, als der Krieg ausbrach und während seines ganzen Verlaufes, die Häufung von Betrug auf Betrug. Der Krieg musste als Deutschlands Krieg geschildert werden, für den Deutschland allein und ausschliesslich verantwortlich war — indem es in seiner Boshaftigkeit ein friedfertiges und arbeitsames Europa zur Befriedigung seiner Wollust in die Barbarei zurückschleuderte. Frankreich musste als „böswillig angegriffen" beschrieben werden. Die vom zaristischen Russland in der Schürung und Herausforderung des Krieges und in Sir E. Greys V o r kriegs-Diplomatie gespielte Rolle musste eifrig und achtsam unterdrückt werden. All dem verliehen die Deutschen kräftigen Beistand durch die Dummheit ihrer Vorkriegs-Politik, durch ihre, konsequent Missgriffe begehende Diplomatie, durch ihre erstaunliche Unempfindlichkeit gegen psychologische Faktoren, durch ihren sträflichen Einfall in Belgien und dessen Behandlung und durch ihre militärische und diplomatische Führung des Krieges. Aber Tatsachen werden nicht aus der Welt geschafft, weil die Deutschen bei jeder Gelegenheit in die Hände ihrer Feinde arbeiteten, und auch nicht, weil sie durch ihr Vorgehen während des Krieges — obschon viele besonders gegen sie erhobene Anklagen in der Folge aufgeklärt und widerlegt wurden — sich die Sympathie der öffentlichen Meinung der ganzen Welt verscherzten.

Ich habe nie versucht, Deutschlands Betragen in dieser Hinsicht zu entschuldigen. Noch habe ich je den Gedanken genährt und gepflegt, dass Deutschlands Anteil an der Verantwortung für den Krieg nicht ein sehr schwerer sei. Aber ich habe immer dafür gekämpft, dass die Beschuldigung, Deutschland sei a l l e i n verantwortlich für den Krieg, unwahr und in der Tat widersinnig ist. Der Verbreitung dieser

Unwahrheit haben wir es zu verdanken, dass die moralische Sanktion der öffentlichen Meinung erlangt wurde, dem deutschen Volke, nachdem es sich seiner autokratischen Herrscher entledigt, einen in der Weltgeschichte beispiellosen punischen Frieden aufzuzwingen. Dieser sogenannte Friede muss revidiert werden, oder seine Wirkungen werden von Generation zu Generation ein Fluch sein für die kommenden Geschlechter. Jene, die ihn diktiert haben, rechtfertigen sich ihren Völkern gegenüber auf der Grundlage, u n d n u r a u f d e r G r u n d - l a g e der ausschliesslichen Schuld Deutschlands am Kriege. Wenn also die Revision dieser Friedensbestimmungen gesichert werden soll, so ist es notwendiger denn je, geduldig, eifrig und unverdrossen auf die Ueberzeugung der Völker hinzuarbeiten, dass man die Schuld am Kriege nicht ganz einer Seite zuschreiben kann. Das zu erreichen ist nur möglich, indem der Demokratie Grossbritanniens und der anderen Länder das neue diesbezügliche Material vorgelegt wird, das sich ständig anhäuft, aber mit dem sich bekannt zu machen das allgemeine Publikum fast ausserstande ist.

*   *
*

II. Die Lage 1912. — Das franko-russische Marine-Abkommen. — Russlands Doppel-Absicht. — Der Geheim-Handel über Konstantinopel.

Die neutralen Länder, und jetzt auch Amerika, erhalten allmählich Kenntnis 1. von den kürzlich im Auftrag der Sowjet-Regierung herausgegebenen Enthüllungen über die Kriegsursachen (der Sowjet-Regierung verdanken wir auch die Bekanntmachung der während des Krieges zwischen den Alliierten geschlossenen Geheim-Verträge); 2. von dem dokumentarischen Beweismaterial, das in dem, der Friedenskonferenz überreichten deutschen Weissbuch veröffentlicht ist; 3. von dem sehr bemerkenswerten Buche „Kriegsursachen" (und den darin angefügten Dokumenten) des früheren serbischeu Diplomaten M. Boghitschewitsch;[1]) und 4. von dem französischen Gelbbuch über das franko-russische geheime Militär-Abkommen. Von den an erster Stelle genannten Enthüllungen sagte die New Yorker „Nation" am 23. August 1919: „Der von Pokrowski[2]) gezogene Schluss ist, wie wir glauben, unentrinnbar — dass schuld an dem unbegreiflichen Verbrechen von 1914 „nicht der eine oder der andere Imperialismus ist, sondern der Imperialismus überhaupt — der französische, englische oder russische in nicht geringerem Masse als der deutsche oder österreichische."[3]) Und die Zeitschrift spricht mit Spott und Hohn von den „schmutzigen Gerippen", die jetzt aus den diplomatischen Schränken gezerrt werden.

Die anderen oben erwähnten Dokumente scheinen den amerikanischen Lesern (September 1919; d. Uebers.) noch nicht zugänglich zu sein.

Diese Umkehr der New Yorker „Nation" (die führende Wochenschrift des amerikanischen Liberalismus und sein literarischer Vorposten) ist beachtenswert, doch nicht überraschend angesichts des dokumentarischen Beweismaterials, das, ausser wenn seine Echtheit erfolgreich bestritten werden kann — und es ist kein Anzeichen eines Versuches dazu vorhanden — in seiner Häufung überwältigend wirkt, obschon es nur d i e Schlussfolgerungen bekräftigt und rechtfertigt, die einige von uns[4]) schon zu Beginn des Krieges vorgebracht und seitdem immer aufrecht erhalten haben.

Ich kann aus Raummangel nicht alle diese Enthüllungen behandeln, die beinahe ein ganzes Buch erfordern würden, wenn ich sie in einer wirklich verständlichen und umfassenden Weise darstellen wollte. Ich greife den Faden der Geschichte da auf, wo er für meinen Zweck besonders wichtig wird, nämlich zu Beginn des Jahres 1912.

---

[1]) Deutsche Ausgabe, Zürich 1919 (D. Uebers.).
[2]) Der von der Sowjet-Regierung mit der Bearbeitung der Dokumente Beauftragte. Die Enthüllungen erschie en ur-prünglich in der „Pravda", dem amtlichen Organ der Sowjet-Regierung.
[3]) Deutsches Weissbuch 1919, Seite 188 (D. Uebers.).
[4]) Von der „Union of Democratic Control", vor allem Herr Morel (D. Uebers.).

Die ersten Monate dieses Jahres, das die gegenwärtige Geschichte Europas bestimmen sollte, sahen Herrn Poincaré als Premier-Minister und Minister des Aeussern der französischen Republik;[1]) Iswolski als russischen Botschafter in Paris; den Balkan in Gärung; die englisch-deutschen Beziehungen durch die Marokko-Krise blutwund gerieben; Lord Haldane auf einer Mission in Berlin; und — wie wir seit 3. August 1914 wissen — die französischen und britischen Armee- und Marine-Stäbe in enger und geheimer Zusammenarbeit.

Dieser Zusammenarbeit wurde im Juli des gleichen Jahres 1912 weitere Bedeutung durch die Unterzeichnung eines franko-russischen Marine-Abkommens verliehen, dem eine neue, der russischen Kriegsstrategie günstige Disposition der französischen Flotte vorausgegangen war, und dem später eine breitere, am 3. August 1914 von Sir E. Grey teilweise enthüllte Uebereinkunft mit Grossbritannien folgte. Iswolski berichtete am 5. Juli 1912 aus Paris: „Fürst Liven[2]) teilte mir mit, dass ... der Chef des französischen Marinestabes vollkommen die Notwendigkeit eingesehen habe, uns im Interesse beider Verbündeter die Aufgabe der Herrschaft über das Schwarze Meer zu erleichtern, nämlich durch einen entsprechenden Druck auf die Flotten unserer möglichen Gegner... Zu diesem Zwecke erklärt Frankreich sich bereit, noch zu Friedenszeit die Konzentrierung seiner Seestreitkräfte im Mittelmeer mehr nach Osten zu verlegen, d. h. nach Bizerta."[3])

Im August 1912 war Poincaré in St. Petersburg. „Der Krieg datiert in Wahrheit von diesem Besuch", bemerkt Robert Dell in einer guten Analyse von Iswolskis Laufbahn (Londoner „Nation", 23. August 1919). Nach der Rückkehr des Präsidenten wurde der Abschluss des Marine-Abkommens bekannt gegeben, und der Pariser Berichterstatter der „Times" konnte erklären, dass dem Abkommen „ein Meinungs-

---

[1]) Er wurde am 14. Januar 1912 Premier-Minister und am 17. Januar 1913 zum Präsidenten der Republik gewählt.
[2]) Russischer Admiral und Chef des russischen Marine-Stabes.
[3]) Deutsches Weissbuch 1919, Seite 145 (D. Uebers.).

austausch — vielleicht sollte ich sagen Vereinbarungen — zwischen ' den britischen und französischen Marine - Behörden vorausgegangen waren." Dass der „Times"-Berichterstatter genaue Kenntnis von der Sache hatte, wissen wir jetzt (siehe weiter unten). Die franko-britische maritime Zusammenarbeit war also bis zum Sommer 1912 auch auf Russland ausgedehnt worden. Von da an erörterten die drei Admiralitäten die strategischen Dispositionen gemeinsam, obgleich noch kein formelles Marine-Abkommen zwischen Grossbritannien und Russland bestand.

Doch war während Poincarés Besuch in Petersburg nicht nur über ein Marine-Abkommen unterhandelt worden. Des Zaren Minister hatten dem Präsidenten auch eine beträchtliche Vermehrung der französischen Armee aufgedrungen. Das konnte bloss durch die Verlängerung der Militär-Dienstpflicht für alle Franzosen auf 3 Jahre erreicht werden. (Das Drei-Jahre-Gesetz[1]) wurde im folgenden Frühjahr eingebracht und im August 1913 angenommen.)

Inzwischen war die Lage auf dem Balkan explosiv geworden. Seit der Annexion Bosniens durch Oesterreich im Jahre 1908 hatte das zaristische Russland, das bis zu diesem Ereignis nie ein Interesse an den serbischen Angelegenheiten gezeigt hatte,[2]) sich unausgesetzt die serbischen nationa-

---

[1]) Siehe 13. Kapitel (D. Uebers.).

[2]) Alle Beredsamkeit über die engen und herzlichen Beziehungen zwischen Russland und Serbien, die die zaristische Regierung zwangen, Serbiens Partei zu ergreifen, all diese Beredsamkeit, die sich während der letzten 5 Jahre in die britische Presse ergoss, entbehrt vollständig der geschichtlichen Grundlage. Russland hatte die Serben nie beschützt; ganz im Gegenteil. Es hatte versucht, Bulgarien zu seinem Vorposten auf dem Wege nach Konstantinopel zu machen, aber die Serben stets mit verächtlicher Gleichgültigkeit behandelt. 1830 hatte sich der Zar als Schiedsrichter in einem Streite zwischen Serbien und der Türkei über die Besatzungen der serbischen Festungen zugunsten der Türkei ausgesprochen, eine E t-cheidung, die die Wirkung hatte, Serbien unter türkischer Vormundschaft zu belassen. Russland erkaufte im russisch-türkischen Kriege 1876 Oesterreichs Neutralität durch einen Geheimvertrag, der Oesterreichs Recht auf eine unbeschränkte Besetzung Bosniens und der Herzegowina anerkannte, zweier Provinzen, die in der Hauptsache von Serben bewohnt sind und auf die Serbien Ansprüche erhob. Der Berliner Kongress verwandelte diese Vereinbarung in ein allgemeines europäisches Mandat. Auf eben diesem Kongress — der

listischen Aspirationen mit dem festen Vorsatz zunutzege-
macht, das österreichisch-ungarische Kaiserreich zu zertrümmern.[1]) Diesem Ziele widmete der russische Gesandte
in Belgrad, Herr Hartwig[2]) seine Anstrengungen, während
andere Agenten der russischen Regierung geschäftig in Galizien intrigierten. Herrn Hartwig war unter der Aegide Russlands die Errichtung des Balkanbundes gelungen, dessen
Angelpunkt der serbo-bulgarische Vertrag vom 29. Februar
1912 war, mit seinem — jetzt zum erstenmal, glaube ich, von
M. Boghitschewitsch vollständig veröffentlichten Supple-
ment.[3]) Nach den Bestimmungen dieser Geheim-Anlage hing
ein bewaffnetes Vorgehen seitens der Unterzeichner des Vertrages von Russland ab, dessen „Entscheidung für beide ver-

---

dem russisch-türkischen Kriege folgte — drang Russland auf die Einverleibung rein serbischer Gebiete in das neue bulgarische Fürstentum;
und Serbien hatte vor allem Oesterreich für das Misslingen der russischen
Wünsche zu danken. Schliesslich gab Russland 1908 sein Einverständnis
dazu, dass Oesterreich seine lange Besetzung Bosniens und der Herzegowina durch einen formellen Akt der Annexion „regularisiere", gegen ein
Versprechen der österreichischen diplomatischen Unterstützung des von
Russland beabsichtigten Schrittes, die Frage der Meerengen aufzuwerfen
zwecks Aufhebung der verschiedenen europäischen Verträge, welche den
russischen Kriegsschiffen die Fahrt durch die Dardanellen verboten.
Kurzum: Serbien war von Russland vor 1908 nie benutzt worden ausser
als ein Mittel, um Oesterreich ruhig zu halten. Serbien lag eben nicht
auf dem Weg nach Konstantinopel! Erst nach 1908, als Oesterreich
übereilt die Annexion Bosniens verkündete und sein Russland gegebenes
Versprechen nicht hielt, knüpften Iswolskis Wut und der Kummer
Serbiens, seine gross-serbischen Aspirationen gehemmt zu sehen, ein gemeinsames Band.
    [1]) Die Beweise dafür in den Berichten serbischer Gesandter aus
Petrograd, Paris und London von 1908 bis 1911, in „Kriegsursachen"
von M. Boghitschewitsch veröffentlicht, sind ebenso zahlreich wie staunen-
erregend.
    [2]) Hartwig übte einen beträchtlichen Einfluss auf die Serben aus.
De Schelking, der viele Jahre im russischen diplomatischen Dienst tätig
war, schreibt in seinem Buche „Das Spiel der Diplomatie von einem
europäischen Diplomaten": „Schon kurz nach seiner Ankunft in Belgrad
verschaffte sich Hartwig eine völlige Ausnahme-Stellung. Der König,
Prinz Alexander, Paschitsch — keiner von ihnen fasste einen Entschluss,
ohne ihn vorher befragt zu haben. . . . Jeden Morgen war sein Ge-
schäftszimmer von serbischen Staatsmännern belagert, die kamen, um
sich bei ihm Rats zu holen".
    Nach Lazarewitsch (siehe Abschnitt VIII) waren Prinz Alexander
und Paschitsch Mitglieder der „Schwarzen Hand"-Organisation,
welche die Anordnungen für die Ermordung des Erzherzogs Franz
Ferdinand traf!
    [3]) „Kriegsursachen" S. 129 ff.

tragschliessende Parteien bindend ist". „Die von Russland in Aussicht gestellte Gewinnung Bosniens und der Herzegowina für Serbien", sagt Boghitschewitsch, „spielte dabei eine grosse Rolle". Bulgarien sollte Kompensationen in Mazedonien erhalten. Boghitschewitsch fährt fort: „Kronprinz Alexander (von Serbien) — und das erachte ich als historisch wichtig festzustellen — teilte mir mit, dass ihm der Kaiser von Russland gelegentlich des Abschlusses dieses Vertrages gesagt habe, dass nunmehr die Aspirationen Serbiens gegenüber Oesterreich-Ungarn bald in Erfüllung gehen werden." (S. 36.)

Ein im selben Jahr unterhandeltes Militär-Abkommen sah vor, dass Bulgarien für den Fall eines austro-serbischen Zusammenstosses den Serben mit 200 000 Mann zu Hilfe kommen solle. Als Iswolski im September 1912, kurz vor dem ersten Balkankrieg (den zu entfesseln der Hauptzweck des Vertrages war), dem Präsidenten Poincaré den Vertrag zeigte, bezeichnete ihn dieser sogleich als „ein Werkzeug des Krieges" („C'est un instrument de guerre!")[1]). Es kann vernünftigerweise kein Zweifel darüber bestehen, dass Russland den ersten Balkankrieg — obschon er für seine Pläne ein wenig zu früh ausgebrochen zu sein scheint — als den ersten Schritt in seiner Doppel-Absicht förderte, Oesterreich zu zertrümmern und Konstantinopel zwecks Russifizierung der Meerengen zu erwerben — „ein Prolog zu dem Kriege um Konstantinopel", wie Pokrowski bemerkt.[1])

Die russischen Diplomaten verheimlichten Sir E. Grey. vor dem grossen Kriege so weit als möglich ihre Absichten auf die Türkei; aber sofort bei seinem Ausbruch deckten sie ihre Karten auf, und Sir E. Grey hatte keine andere Wahl als nachzugeben, wie er immer seit dem persischen Abkommen von 1907 Schritt um Schritt den russischen Forderungen nachgegeben hatte. Den ersten Wink über diese Tatsache gab uns Herr Trepoff, der russische Premier-Minister, als er am 2. Dezember 1916 in der Duma bekannt gab, Russland habe

---

[1]) Deutsches Weissbuch 1919, Seite 192 (D. Uebers.).

1915 ein Abkommen mit Grossbritannien und Frankreich geschlossen, das „in der bestimmtesten Form das Recht Russlands auf die Meerengen und Konstantinopel bestätigt". Im Mai 1916 aber hatte sich Sir E. Grey, im Unterhaus befragt über die in Umlauf befindlichen Gerüchte, dass solch ein Abkommen geschlossen worden sei, geweigert, eine Auskunft zu erteilen: ein typisches Beispiel für die verächtliche Behandlung, die der britischen gesetzgebenden Körperschaft zuteil wurde, solange Sir E. Grey das Auswärtige Amt innehatte. Ein weiterer Beweis — wäre ein solcher überhaupt nötig gewesen — wurde rasch durch des Zaren Bescheid auf das erste deutsche Friedensangebot vom 12. Dezember 1916 geliefert, in dem er das deutsche Angebot als ein Bekenntnis der herannahenden „vollständigen Niederlage" bezeichnete und ankündigte, dass Russland den Krieg bis zur Besitznahme von Konstantinopel und der Meerengen fortsetzen werde. Der Wortlaut des Geheim-Abkommens wurde im Herbst 1917 von der Sowjet-Regierung veröffentlicht und im Dezember 1917 vom „Manchester Guardian" abgedruckt; es war im März 1915 abgeschlossen worden.

*   *   *

III. Die Poincaré-Iswolski- und Grey-Sasonoff-Unterhaltungen im September 1912. — Sasonoffs Bericht an den Zaren. — Asquith über Lord Haldanes Berliner Mission.

Da die Dinge auf dem Balkan mit dem Spätsommer 1912 das im vorigen Abschnitt geschilderte vorgerückte Stadium erreicht hatten, wurde es wichtig, dass sich des Zaren Minister in der allerbündigsten Weise der Haltung Poincarés und Sir E. Greys versicherten, falls der Krieg, der nun bald entfesselt werden sollte, die Grossmächte hineinziehe. Iswolski übernahm die Mission in Paris und Sasonoff, Minister des Aeussern, reiste zu diesem Zwecke nach London. Die Interviews fanden im September 1912 fast zu gleicher Zeit statt.

Wir wollen, ehe wir Iswolskis und Sasonoffs Berichte lesen, einen Augenblick in unserer Darstellung innehalten, um uns e i n e n Punkt ganz klar zu machen: Hier war keine Frage eines, aus einem besonderen französisch-deutschen Konflikte (wie im Marokko - Fall) entspringenden französisch-deutschen Zusammenstosses; keine Frage der Unterstützung eines „böswillig angegriffenen" Frankreich, wie es die anglo-französischen Militär- und Marine-Abkommen vorsahen. Die einzige hier vorliegende Frage war ein, aus einem lokalen (von der russischen Diplomatie sorgfältig vorbereiteten) Balkankrieg entstehender austro-russischer Zusammenstoss, in bezug auf den es als eine absolute Gewissheit bekannt war, dass Deutschland an der Seite Oesterreichs intervenieren musste, dessen Vernichtung sonst durch eine Vereinigung der Russen und Serben, und wahrscheinlich auch der Bulgaren, ein im Voraus feststehender Schluss gewesen wäre, wodurch sich Deutschland seines einzigen sicheren Verbündeten in Europa beraubt gesehen hätte. Die alleinige in Betracht kommende Frage war also die Stellungnahme Frankreichs und Grossbritanniens, falls Deutschland — in Uebereinstimmung mit den veröffentlichten Bestimmungen seines Bündnis-Vertrages mit Oesterreich — intervenierte, um Oesterreichs Vernichtung zu verhindern, d. h. die Haltung, die Frankreich und Grossbritannien in einem Streit, der sie gar nicht unmittelbar anging, einnehmen würden.

Die russischen Diplomaten müssen von den ihnen gegebenen Versicherungen mehr als befriedigt gewesen sein. Präsident Poincaré beeilte sich, Iswolski zu versichern, dass, wenn Deutschland Oesterreich zu Hilfe käme, „Frankreich dies von vornherein für einen „casus foederis" anerkennen und auch nicht eine Minute zögern würde, seine Verpflichtungen[1]) gegen Russland zu erfüllen."[2])

---

[1]) Die Bestimmungen des franko-russischen Bündnisses waren noch nicht veröffentlicht, als der Krieg ausbrach, und Sir E. Grey sagte, er kenne sie nicht.
[2]) Iswolski an Sasonoff. Deutsches Weissbuch 1919, Seite 193 (D. Uebers.).

Also kein Vorbehalt, keinerlei Warnung: „carte blanche" für Russland!

[Poincaré gab am 17. und 18. November 1912 Iswolski erneut diese Versicherung. Den vollen diesbezüglichen Wortlaut der Berichte Iswolskis an Sasonoff siehe deutsches Weissbuch 1919, Anlage 5 und 6, Seite 149 und 150. Ausserdem nahm Poincaré die Gelegenheit wahr, zu gleicher Zeit dem italienischen Botschafter in Paris, Herrn Tittoni, eine ähnliche Erklärung abzugeben. „Poincaré sagte zu Tittoni, dass, wenn der österreichisch-serbische Konflikt zu einem allgemeinen Kriege führe, Russland voll und ganz auf die bewaffnete Unterstützung Frankreichs rechnen könne" (Iswolski am 21. November 1912 an Sasonoff; a. a. O., Anlage 7, Seite 151). Hiervon Kenntnis genommen, telegraphierte Sasonoff an Iswolski: „Wir sind Poincaré sehr dankbar dafür, dass er dem italienischen Botschafter erklärt hat, Frankreich sei bereit, uns zu unterstützen" (a. a. O. Anlage 8, Seite 152).][1])

Iswolski berichtete auch Poincarés Ansicht: „dass die sachverständigen und verantwortlichen Persönlichkeiten die Chancen Russland - Frankreichs im Falle eines allgemeinen Zusammenstosses überaus optimistisch beurteilen."[2])

Und er fährt, Poincarés Erklärungen zusammenfassend, fort: „Was speziell die Lage im Mittelmeer angeht, so verstärkt der eben gefasste Entschluss, das dritte französische Geschwader aus Brest noch Toulon zu verlegen, die Vorherrschaft der französischen Flotte in diesen Gewässern. Dieser Beschluss, fügte Herr Poincaré hinzu, ist im Einverständnis mit England getroffen worden und bildet die weitere Entwicklung und Vervollständigung der bereits früher zwischen den französischen und englichen Marinestäben getroffenen Vereinbarungen."[2])

Ein interessanter Kommentar — dieser letzte Satz — zu Sir E. Greys Enthüllungen im Unterhaus vor zwei Jahren.

---

[1]) Dieser eingeklammerte Abschnitt stammt von Herrn Morel (D. Uebers.).

[2]) A. a. O. Seite 149 (D. Uebers.).

242

Aber wenn Präsident Poincaré gegen Iswolski kein Geheimnis aus seinen Ansichten und Absichten machte, so war Sir E. Grey in seinen Unterhaltungen mit Sasonoff sogar noch deutlicher. Der Bericht, den Sasonoff seinem kaiserlichen Herrn schickte, wurde glücklicherweise, um der Wahrheit willen, durch die Sowjet-Regierung den Archiven des Zarismus entrissen. Dies sind seine wesentlichen Stellen: „... hielt ich (Sasonoff) es für nützlich, in einer meiner Unterredungen mit Grey eine Information darüber einzuholen, was wir von England im Falle eines bewaffneten Zusammenstosses mit Deutschland zu erwarten hätten... Euer Kaiserlichen Majestät ist es bekannt, dass Poincaré während seines Petersburger Aufenthalts im vergangenen Sommer mir gegenüber den Wunsch äusserte, klarzustellen, inwiefern wir (Russland) auf die Hilfe der englischen Flotte im Falle eines solchen Krieges rechnen können. Nachdem ich Grey vertraulich in den Inhalt unseres Marine-Abkommens mit Frankreich eingeweiht und darauf hingewiesen hatte, dass laut dem abgeschlossenen Vertrag die französische Flotte um die Sicherung unserer Interessen auf dem südlichen Kriegsschauplatz bemüht sein wird, indem sie die österreichische Flotte hindert, nach dem Schwarzen Meer durchzubrechen, fragte ich den Staatssekretär, ob nicht England seinerseits uns den gleichen Dienst im Norden erweisen könnte durch Ablenkung des deutschen Geschwaders von unserer Küste in der Ostsee. Grey erklärte, ohne zu schwanken, dass, wenn die in Frage stehenden Umstände eingetreten sein würden, England alles daransetzen würde, um der deutschen Machtstellung den fühlbarsten Schlag zuzufügen... Aus diesem Anlass bestätigte mir Grey aus eigenem Antrieb das, was ich bereits von Poincaré wusste, und zwar: das Vorhandensein eines Abkommens zwischen Frankreich und Grossbritannien, nach dem England im Falle eines Krieges mit Deutschland sich verpflichtete, Frankreich nicht nur zur See, sondern auch auf dem Kontinent, durch Landung von Truppen, zu Hilfe zu kommen."[1])

---

[1]) A. a. O. Seite 194 und 195. Bei all diesen Auszügen folge ich dem Wortlaut des deutschen Weissbuches 1919; der Uebers.

Im selben Bericht führt Sasonoff auch Unterhaltungen mit König Georg und Bonar Law an, die, obwohl sehr interessant, unsere Kenntnis nicht besonders bereichern.

Als ein Beispiel der Art und Weise, wie die Leute, welche die auswärtigen Angelegenheiten in der Hand haben, mit den Geschicken der Völker spielen, lohnt es sich, daran zu erinnern, dass drei Monate v o r der oben erwähnten Unterredung Asquith am 25. Juli 1912 im Unterhaus in bezug auf die englich-deutschen Beziehungen versicherte: „Unsere Beziehungen mit dem grossen Deutschen Reich sind, wie ich mich freue, es sagen zu können, in diesem Augenblick die der Freundschaft und des Wohlwollens, und sie werden dies, ich fühle mich dessen sicher, wahrscheinlich bleiben. Lord Haldane machte anfangs dieses Jahres einen Besuch in Berlin; er ging auf Unterhaltungen und einen Meinungs-Austausch ein, die seither beiderseits in einem Geist vollkommener Offenheit und Freundschaft fortgesetzt wurden."[1])

Man beachte den zum Ausdruck gebrachten Glauben in die freundschaftliche Zukunft und die „vollkommene Offenheit"!

Vier Monate n a c h Sir E. Greys Erklärung an Sasonoff wies Lord Haldane, Sir E. Greys enger Vertrauter, öffentlich folgendermassen auf seine Unterhaltungen in Berlin hin (Leeds, 17. Januar 1913 — wohlgemerkt, kein Anzeichen hier einer Entdeckung Lord Haldanes, dass diese von den bösen Lehren eines Nietzsche und Treitschke durchtränkten Männer den Wunsch gehabt hätten, Europa zu beherrschen!): „Ich glaube, wir haben da nicht viel unberührt gelassen, und das Ganze durchzog der Geist dieser grossen Männer — und es waren wirklich sehr grosse Männer —, die sich bemühten, die Dinge von etwas Höherem, von einem weiteren Gesichtspunkt anzusehen als dem einer blossen Kontroverse

---

[1]) Das war der V o r-Kriegs-Asquith über die Haldane-Unterhandlungen. Beachte den N a c h-Kriegs-Asquith über dieselben Unterhandlungen 3. Kapitel Seite 69; lies diese Stelle auch in Verbindung mit der oben folgenden V o r-Kriegs-Darstellung Lord Haldanes nach.

zwischen zwei Nationen, und die den Standpunkt der Menschheit zu verwirklichen suchten."
Die künftigen „Hunnen"!

• •
•

IV. Die Balkan-Kriege. — Russlands serbische Politik.

Von da an wussten die Leiter der russischen Politik, wo
sie standen. Man hatte ihnen in der Tat so gut wie freie Hand
gelassen, wie Jaurés, der damals offenbar Präsident Poincarés
Handlungsweise kannte, eine Stunde vor seiner Ermordung
Herrn Robert Dell sagte.[1])

Der Balkan-Krieg brach einen Monat später aus, zur
gehörigen Zeit von einem zweiten abgelöst, als die Balkan-
Verbündeten nach der Niederlage der Türkei — und zum
unendlichen Missfallen Petrograds — über einander herfielen
und sich um die Beute rauften. Boghitschewitsch schafft viel
Material von beträchtlichem Interesse herbei, das Licht auf
die von Deutschland gemachten energischen Anstrengungen
wirft, Oesterreich zurückzuhalten und während der scharfen
Krisen, die diese Ereignisse begleiteten und ihnen folgten, den
Frieden Europas aufrecht zu erhalten. Diesen Bemühungen
wird auch ein, in Anbetracht der Quelle besonders auffallender
Tribut gezollt, denn er stammt von keinem Geringeren als dem
russischen Botschafter in London, dem Grafen Benckendorff
(Bericht an Sasonoff vom 25. Februar 1913.[2]) Da jedoch die
von Deutschlands Herrschern gespielte Rolle damals allgemein anerkannt war und nur in Vergessenheit geriet, als es
notwendig wurde, sie so hinzustellen, als hätten sie sich
während 40 Jahren gegen den Frieden der Welt verschworen,
so ist es nicht nötig, diese Anstrengungen hier zu schildern.
Andererseits zeigen die von Boghitschewitsch in seinem Buche
wiedergegebenen Dokumente, dass, wenn die russischen Minister ihrerseits einen Druck auf Serbien ausübten, um dessen

---

[1]) R. Dell in der Londoner „Nation" vom 23. August 1919.
[2]) Deutsches Weissbuch 1919, Seiten 153—159.

Forderungen herabzuschrauben und es zu grösseren Konzessionen Bulgarien gegenüber zu veranlassen, damit ein — Russlands Politik und seinen Plänen so unbequemer — Zusammenstoss zwischen Bulgarien und Serbien vermieden werde, dass der Köder, den sie dabei vorhielten, der eines rapide herannahenden neuen Krieges war, in dem Serbien eine reichliche Kompensation durch die Erwerbung österreichischen Gebietes erhalten werde. So schreibt am 26. November 1912 der serbische Gesandte in Bukarest, sein russischer und französischer Kollege hätten ihm den Rat gegeben, Serbien solle „möglichst vorbereitet die gewichtigen Ereignisse erwarten, die unter den Grossmächten eintreten müssen";[1] und der serbische Gesandte in Petrograd führt in seinen Berichten folgende Aeusserungen des russischen Ministers des Auswärtigen an; am 27. Dezember 1912: „... er (Sasonoff) hege nach den grossen Erfolgen Vertrauen zu unserer (Serbiens) Kraft und glaube, dass wir Oesterreich-Ungarn erschüttern werden. Demgemäss sollten wir uns mit dem begnügen, was wir bekommen werden, und dies als eine Etappe betrachten; denn die Zukunft sei unser";[2] am 12. Mai 1913: „Wiederum sagte mir Sasonoff, dass wir für die künftige Zeit arbeiten müssen, wann wir viel Land von Oesterreich bekommen werden. Ich entgegnete ihm, dass wir Bitolia (Monastir) den Bulgaren schenken werden, wenn wir Bosnien und andere Länder bekommen werden",[2] und am 17. November 1913: „Bei dieser Gelegenheit sagte Sasonoff, Serbien sei der einzige Staat am Balkan, zu dem Russland Vertrauen hegt, und Russland werde alles für Serbien tun."[3]

[In diesen Bekenntnissen ihrer Absichten erwiesen sich die russischen Diplomaten lediglich konsequent in der Haltung, die sie seit der österreichischen Annexion Bosniens eingenommen hatten; so berichteten: Paschitsch am 12. November 1908 anlässlich einer besonderen Petersburger Mission ein Interview mit dem Zaren, in dem dieser meinte, „die

---

[1] A. a. O. Seite 125 (D. Uebers.).
[2] A. a. O. Seite 127 (D. Uebers.).
[3] A. a. O. Seite 130 (D. Uebers.).

bosnisch-herzegowinische Frage werde nur durch einen Krieg entschieden werden;"[1]) — Kosutitsch, der serbische Gesandte in Petrograd, am 19. März 1909, der Präsident der Duma habe ihm gesagt: „wir werden jede Vergewaltigung Serbiens als den Beginn eines europäischen Brandes betrachten, in den wir jetzt nicht eingreifen können; dieser wird aber in der Zukunft auflodern, wenn wir imstande sein werden, unser Wort zu erheben;"[2]) — Vesnitsch, der serbische Gesandte in Paris, am 5. Oktober 1908 ein Interview mit Iswolski, in dem ihm dieser versicherte: „Im Jahre 1878 (Berliner Kongress) hat Oesterreich Russland mit seinen Verbündeten auf die Anklagebank geführt; jetzt werden wir Oesterreich hinführen;"[3]) — der serbische Minister Milowanowitsch, auf einer besonderen Mission in Berlin, am 25. Oktober 1908, Iswolski habe „seine Ueberzeugung und Hoffnung geäussert, dass dieses Vorgehen (Annexion Bosniens) bald sich an Oesterreich-Ungarn blutig rächen werde", aber „jetzt müsse ein Zusammenstoss vermieden werden, da weder militärisch noch diplomatisch der Boden vorbereitet sei."[4]) Und so weiter; siehe „Kriegsursachen" von M. Boghitschewitsch. Es mag hier vielleicht nützlicherweise hervorgehoben sein, dass, obschon die Signatär-Mächte des Berliner Kongresses von 1878 insofern eine rechtmässige Beschwerde gegen Oesterreich hatten, weil dies seine 30jährige Verwaltung und Besetzung Bosniens und der Herzegowina, ohne die andern zu befragen, schroff in eine formelle Annexion verwandelte, dass Serbien deshalb aber doch 1908 keinen höheren Anspruch auf Bosnien und die Herzegowina als im Jahre 1878 erheben konnte. Sein Anspruch war rein nationalistischer und imperialistischer Natur und entsprang dem Wunsche, aus dem kleinen Serbien ein grosses zu machen. Es ist ganz richtig, dass die Einwohner der beiden Provinzen in der Hauptsache Serben waren; aber das waren

---

[1]) A. a. O. Seite 112 (D. Uebers).
[2]) A. a. O. Seite 115 (D. Uebers.).
[3]) A. a. O. Seite 101 (D. Uebers.).
[4]) A. a. O. Seite 109 (D. Uebers.).

sie auch während der langen türkischen Herrschaft gewesen. Ebenso 1878. Die russische Diplomatie fragte nichts nach dem serbischen Anspruch an sich, und hatte sich nie darum gekümmert. Sie nutzte ihn nur jetzt, nach der Annexion, zu ihrem Vorteil aus, weil Oesterreich sie in der Meerengen-Frage (siehe oben) „hereingelegt" hatte, was die zukünftige russische Politik bestimmte; und Russland gelang es schliesslich, auch Frankreich und Grossbritannien in diese Politik zu verwickeln.][1])

Die Wahrheit natürlich ist, dass die militärischen Vorbereitungen Russlands damals (1913) noch nicht weit genug vorgeschritten waren. In diesem Zusammenhang nimmt man mit Interesse aus einem früheren Bericht des serbischen Geschäftsträgers in London (21. September 1911) an den serbischen Minister des Aeussern zur Kenntnis, ihm seien „von sehr zuverlässiger Seite" folgende in einem Gespräche gefallene Aeusserungen Paul Cambons (französischer Botschafter in London) mitgeteilt worden: der Marokko-Handel werde nicht zum Kriege führen, „aber Frankreich sowohl als auch seine Verbündeten sind der Ansicht, dass selbst um den Preis grösserer Opfer der Krieg auf einen entfernteren Zeitraum verschoben werden müsse, d. h. auf 1914 bis 1915. Die Notwendigkeit dieses Aufschubs diktiert nicht so sehr die materielle militärische Vorbereitung Frankreichs — die vorzüglich ist — als die noch nicht durchgeführte Reorganisation des Oberkommandos. Diese Frist ist auch für Russland notwendig."[2])

Boghitschewitsch berichtet ferner eine Aeusserung (wir haben natürlich nur sein Wort dafür), die der damalige serbische Minister des Aeusseren Paschitsch nach Abschluss des zweiten Balkankrieges persönlich zu ihm gemacht hat, und von der er sagt, er habe sie seinerzeit als „Ausfluss unmotivierten Grössenwahns" angesehen: „Ich hätte schon im ersten Balkankriege, um auch Bosnien und die Herze-

---

[1]) Der eingeklammerte Abschnitt stammt von Herrn Morel (D. Uebers.).
[2]) A. a. O. Seite 119 und 120 (D. Uebers.).

gowina zu erwerben, es auf den europäischen Krieg an-
kommen lassen können; da ich aber befürchtete, dass wir
dann Bulgarien gegenüber in Mazedonien grössere Konzessionen zu machen genötigt wären, wollte ich zunächst den
Besitz Mazedoniens für Serbien sichern, um dann erst zur
Erwerbung Bosniens und der Herzegowina schreiten zu
können."[1])

* * *

V. Die russischen Kriegs-Vorbereitungen 1912—13. — Das französische dreijährige Militärdienst-Gesetz.

Die Szene geht jetzt vom Balkan zu den Drahtziehern
in den grossen Hauptstädten Europas über.

Den Interviews Iswolskis und Sasonoffs mit Präsident
Poincaré, bezw. Sir E. Grey (September 1912) folgte eine
weitere ungeheure Erhöhung der russischen Heeresausgaben,
was von der „Times" mit grosser Befriedigung begrüsst
wurde; sie wies beständig darauf hin: aber selbstverständlich
stellte sie sie lediglich als eine Antwort auf die deutschen Ver-
stärkungen dar. Doch die Chronologie stimmt nicht. Die Heeres-
und Marine-Ausgaben Russlands wuchsen von 1 260 864 040,—
Mark im Jahre 1911 auf 1 402 418 780,— Mark im Jahre 1912
an, während sich die Ausgaben Deutschlands nur von
1 250 150 780,— Mark auf 1 292 095 500,— Mark[2]) erhöhten —
eine Zunahme von etwa 140 Millionen Mark auf russischer
Seite gegen rund 42 Millionen auf der deutschen. Ausserdem
waren 1. die im dritten Jahre dienenden russischen Soldaten
im Herbst, statt heimgeschickt zu werden, unter den Fahnen
behalten worden, 2. hatten im Herbst Probe-Mobilisationen
grossen Massstabes in den Bezirken Warschau, Wilna, Kiew
und Odessa stattgefunden, und 3. war gesetzlich bestimmt
worden, dass alle im letzten Vierteljahr 1892 Geborenen
schon 1913 statt erst 1914 in den Heeresdienst eintreten

---

[1]) „Kriegsursachen" S. 65 (D. Uebers.).
[2]) Das Pfund zu M. 20.— umgerechnet (D. Uebers.).

sollten.[1]) Es hatte sich jedoch noch etwas von beträchtlicher Bedeutung ereignet. Präsident Poincaré war im August 1912 von Petrograd mit dem Befehl des Zaren in der Tasche zurückgekehrt, das dreijährige Militärdienst-Gesetz einzuführen.[2]) Die Kenntnis der bevorstehenden Aenderungen verbreitete sich im Herbst 1912 in diplomatischen und einigen politischen Kreisen, und es wäre in einem so von Korruption und Intrige zerfressenen Lande wie dem des zaristischen Russland wirklich sonderbar gewesen, hätten die Deutschen nicht sehr bald Wind davon bekommen, was in Zarskoje Selo vor sich gegangen war. Im Januar 1913 wurde Poincaré zum Präsidenten der französischen Republik gewählt. Die ersten Monate' dieses Jahres erlebten den Beginn einer Art allmählichen Mobilisation der gesamten Streitkräfte Russlands. Aber erst am 8. April 1913 brachte der deutsche Kanzler seine, eine riesige Verstärkung vorsehende Heeres-Vorlage ein, die er in seiner Rede mit den russischen Rüstungen begründete, obwohl das kommende französische Militär-Gesetz in Berlin offenbar bekannt gewesen sein musste. Zuvor schon hatte die russische Regierung einen allgemeinen Erlass an die Presse gerichtet, der jede Erwähnung militärischer Massnahmen verbot, und ein besonderer Ukas[3]) hielt die im vergangenen Herbst getroffene Anordnung bezüglich der Soldaten, die das dritte Dienstjahr hinter sich hatten, aufrecht, was bedeutete, dass ungefähr die Hälfte der russischen Armee auf Kriegsfuss gesetzt und in den an Oesterreich angrenzenden Bezirken zusammengezogen war.

Diese Tatsachen wurden von französischen Militärs und später vom russischen Kriegsminister zugegeben. In seinem, im Frühjahr 1914 veröffentlichten „Deutschland in Gefahr" sagt Oberst Boucher, ein sehr volkstümlicher französischer Militärschriftsteller: „Deutschland ist heute an allen seinen Grenzen bedroht... Um Angriffen zu begegnen, die es von allen Seiten bedrohen, ist Deutschland gezwungen, seine

---

[1]) Siehe hierzu besonders Kapitel 12 (D. Uebers.).
[2]) Siehe 13. Kapitel (D. Uebers.).
[3]) „Le Matin", 2. Januar 1913.

Heeresmacht bis zum äussersten zu steigern... Deutschland nahm sein Wehr-Gesetz von 1913 zum Schutze gegen die slawische Gefahr an."

Man beachte auch Lloyd Georges klassische Erklärung in der „Daily Chronicle" vom 1. Januar 1914.[1])

Die russischen Rüstungen wurden später in einem Artikel zusammengefasst, der (wie ein früherer, auf den noch hingewiesen wird), der unmittelbaren Inspiration des russischen Kriegsministers zugeschrieben, am 13. Juni 1914 in der Petersburger „Birschewija Wjedomosti" erschien — zwei Wochen vor der Ermordung des Erzherzogs Franz Ferdinand in Serajewo; er war betitelt: „Russland ist bereit: Frankreich muss es auch sein." Dies sind die auffallendsten Stellen darin: „Im Ausland ist man bereits völlig unterrichtet über die kolossalen Opfer, die wir zu dem Zwecke dargebracht haben, um dem franko-russischen Bündnis eine wirklich ansehnliche Kraft zu verleihen. Die vom Kriegsministerium in der Organisation der russischen bewaffneten Macht durchgeführten Reformen übertreffen alles, was jemals nur irgendwo in dieser Richtung getan worden ist. Unser jährliches Rekrutenkontingent ist nach dem letzten kaiserlichen Befehl von 450 000 auf 580 000 Mann gebracht worden. Demnach haben wir eine jährliche Vermehrung der Armee um 130 000 Mann. Gleichzeitig ist die Dienstzeit um ein halbes Jahr verlängert worden, so dass also während jedes Winters vier Rekrutenkontingente unter der Fahne stehen werden. Mit Hilfe einfacher arithmetischer Berechnung kann man die Ziffernangaben über unsere Armee feststellen, die so gross sind, wie sie noch niemals ein Staat aufgewiesen hat: 580 000 × 4 = 2 320 000. Diese Zahlen bedürfen keines Kom-

---

[1]) Sie steht an der Spitze des 9 Kapitels und wird daher hier nicht wiederholt; man unterlasse aber nicht, sie nachzulesen. Herr Morel machte an dieser Stelle des vorliegenden Aufsatzes folgende Anmerkung: Am 3 Juli 1919 teilte Loyd George dem Unterhause mit, dass die deutsche Armee 1914 — von der er am 1. Januar 1914 in der „Daily Chronicle" gesagt hatte, dass sie nichts habe, was einem zwei-Mächte-Standard auch nur nahekommt — dass diese Armee der „Schrecken der Welt" war (D. Uebers.).

mentars. Einen solchen Luxus kann sich nur das grosse mächtige Russland erlauben. Zur Vergleichung sei erwähnt, dass die deutsche Armee nach dem letzten Militärgesetz 880 000, Oesterreich etwa 500 000 und Italien ungefähr 400 000 Mann hat... Es ist noch zu bemerken, dass alle diese Heeresvermehrungen in der Friedenszeit ausschliesslich zu dem Zwecke geschahen, die Armee möglichst schnell auf den Kriegsfuss stellen zu können, d. h. im Interesse einer möglichst schnellen Mobilmachung. In dieser Hinsicht haben wir noch eine grosse Reform durchgeführt, indem wir ein ganzes Netz strategischer Eisenbahnen projektiert und zu bauen angefangen haben. Auf diese Weise haben wir alles getan, um dem Gegner bei der Mobilmachung zuvorzukommen und gleich in den ersten Tagen des Krieges möglichst schnell die Armee zu konzentrieren. Dies wünschen wir auch von Frankreich. Eine je grössere Anzahl Soldaten es zur Friedenszeit hält, um so schneller wird es bereit sein."[1]

„Dies wünschen wir auch von Frankreich", wurde diplomatisch durch unaufhörlichen Druck auf die französische Regierung übersetzt, die Opposition gegen die Beibehaltung des dreijährigen Militärdienstgesetzes niederzuwerfen, das fortdauernd den bittersten Groll unter den Links-Parteien erregte. Dies im August 1913 durch die französische Kammer gejagte Gesetz war von der Opposition unter Jaurès, der klar den Krieg kommen sah, falls es beibehalten bliebe, wütend bekämpft worden und sie bekämpfte es noch fortgesetzt. Vor seiner Annahme durch die Kammer war das Drängen der russischen Minister so unanständig geworden, dass es der französische Botschafter in Petrograd übelgenommen hatte; infolgedessen wurde er „persona non grata" und durch Herrn ... Delcassé ersetzt. Die Berufung von Deutschlands unversöhnlichem Feind auf den Petersburger Botschafterposten schlug in Paris „wie eine Bombe" ein, wie Baron Guillaume,

---

[1] Es kann kaum ein Zweifel darüber bestehen, dass der Artikel tatsächlich — ursprünglich in noch schärferer Form abgefasst — vom Kriegsminister Suchomlinoff herrührte; siehe deutsches Weissbuch 1919, Seite 186—188 (D. Uebers.).

der belgische Gesandte in Paris, am 21. Februar 1913 an seine Regierung berichtete. Inzwischen hatte die „Times" einen leidenschaftlichen Feldzug zugunsten des Gesetzes eröffnet und dessen französische Gegner mit Vorwürfen überschüttet. Es ist kein Geheimnis, dass die „Times" während dieser ganzen unruhvollen Zeit die Ansichten der britischen Botschaften in Paris und Petrograd und die bitter-deutschfeindliche Partei im Auswärtigen Amt widerspiegelte. Die damaligen Berichte der belgischen Gesandten aus Paris und Berlin sind in dieser Beziehung eine lehrreiche Lektüre, und das würde ohne Zweifel auch mit den Berichten anderer Gesandter der kleineren Mächte der Fall sein, wenn sie öffentlich zugänglich wären. Am 17. April 1913 verzeichnet der Gesandte in Paris den „mehr und mehr chauvinistisch und unbesonnen" werdenden Ton in Paris. Am 12. Juni schreibt er, Frankreich werde die Last des neuen Gesetzes nicht lange ertragen können: „Frankreich wird sich dann vor die Frage gestellt sehen: entweder zu entsagen, was es nicht wird ertragen können, oder in kürzester Zeit Krieg zu führen... Die Propaganda zugunsten des Gesetzes über die dreijährige Dienstzeit, durch die ein Wiedererstehen des Chauvinismus herbeigeführt werden soll, war ausgezeichnet vorbereitet und durchgeführt; sie fing damit an, die Wahl des Herrn Poincaré zum Präsidenten der Republik zu fördern; sie setzt heute ihr Werk fort, ohne sich um die Gefahr zu kümmern, die sie hervorruft."

Die Gesinnung der Herrscher Frankreichs um diese Zeit schildert ein seltsam verräterischer und zynischer Bericht des Londoner russischen Botschafters an Sasonoff, datiert den 25. Februar 1913, als Krieg und Frieden wegen der durch die Balkankriege hervorgerufenen Verwicklungen in der Schwebe hingen: „Wenn ich seine (Cambons) Unterredungen mit mir, die gewechselten Worte kurz wiederhole und die Haltung Poincarés hinzufüge, kommt mir der Gedanke, der einer Ueberzeugung gleicht, dass von allen Mächten Frankreich die einzige ist, welche, um nicht zu sagen, dass sie den Krieg wünscht, ihn doch ohne grosses Bedauern sehen würde.

Jedenfalls hat mir nichts gezeigt, dass Frankreich aktiv dazu beiträgt, in dem Sinne eines Kompromisses zu arbeiten. Nun, der Kompromiss — ist der Friede; jenseits des Kompromisses liegt der Krieg... Es (Frankreich) hat, sei es mit Recht oder Unrecht, vollständiges Vertrauen zu seinem Heere; der alte gärende Groll ist wieder aufgetaucht, und Frankreich könnte sehr wohl annehmen, dass die Umstände heute günstiger sind, als sie es später jemals sein würden..." Und der russische Diplomat fährt fort: „Einerseits bietet uns diese Gemütsverfassung Frankreichs eine Garantie, aber andererseits darf es doch nicht geschehen, dass der Krieg aus Interessen ausbricht, die mehr französisch als russisch sind, und jedenfalls nicht unter Umständen, die günstiger für Frankreich als für Russland sein könnten."[1])

Ein intimes Streiflicht, dieser letzte Satz, auf die Unterwelt der Geheim-Diplomatie! Den unheilvollen Bewohnern dieser Welt — seien es nun Russen, oder Deutsche, oder Franzosen, oder Briten — ist „Krieg", was Blutbad, Elend, Verhungern und den Ruin für Millionen demütiger und unschuldsvoller Menschen bedeutet, eine Partie Schach. Sie berechnen, wie sie ihre Gegner hereinlegen können — und wie sie es zu verhindern vermögen, dass sie von ihren augenblicklichen Freunden selber hereinlegt werden.

*   *

VI. Das Heranreifen der russischen Pläne. — Paschitschs Interview mit dem Zaren. — Der Kriegsrat über Konstantinopel.

Wir gelangen jetzt zu den ersten Wochen des verhängnisvollen Jahres 1914. Die Spannung in den internationalen Beziehungen nahm ständig zu. Die deutsche und die russische Presse waren voll gehässiger Anschuldigungen und Gegenklagen. Die Rüstungsausgaben gingen allerseits sprunghaft

---

[1]) Deutsches Weissbuch 1919, Seite 158–159.

in die Höhe. Der Einfluss der Kriegshetzer in den verschiedenen Hauptstädten wuchs. Sie und ihre Geschäftsfreunde, die internationalen Rüstungs-Fabrikanten, spielten einander in die Hände. In England setzten die „Times" und ihre Satelliten ihren giftigen Feldzug fort, dem die deutschen Jingoes mit weniger Geschicklichkeit nacheiferten. Das zaristische Russland machte jetzt im Verfolg seiner doppelten Absicht zwei weitere Schritte.

Am 2. Februar 1914 gewährte der Zar dem serbischen Ministerpräsidenten Paschitsch ein Interview von einstündiger Dauer. Paschitschs Bericht ist in „Kriegsursachen" vollständig veröffentlicht.[1] Er bietet ein fesselnd-anschauliches Bild der Intrigen, denen bald die Jugend Europas zum Opfer fallen sollte. Paschitsch beglückwünschte den Zaren überschwenglich, „dass sich Russland so gut gerüstet hat"; er bittet ihn um 120 000 Gewehre, um Munition und einige Haubitzen. Der Zar gibt sein Einverständnis, dass Sasonoff eine Liste des von Serbien benötigten Materials erhalte. Der Zar frägt, wieviele Soldaten Serbien jetzt aufstellen könne. Paschitsch antwortet „eine halbe Million"; worauf der Zar bemerkt: „Das ist genügend, das ist keine Kleinigkeit, damit kann man viel ausrichten." Paschitsch sondiert die Möglichkeit einer ehelichen Verbindung zwischen dem Sohn König Peters und einer der Grossfürstinnen. Der Zar nimmt den Gedanken recht wohlgefällig auf. Paschitsch ruft entzückt aus: „Wenn es uns beschieden ist, eine Tochter des Kaisers von Russland zur Königin zu haben, dann wird sie die Sympathie des ganzen serbischen Volkes geniessen und sie kann, wenn Gott und die Verhältnisse es zulassen, die Zarin des südslawischen serbisch-kroatischen Volkes[2] werden. Ihr Einfluss und ihr Glanz wird die ganze Balkanhalbinsel umfassen."

Das Interview endet mit der Versicherung des Zaren: „Für Serbien werden wir alles tun; grüssen Sie den König und sagen Sie ihm (russisch): „Für Serbien werden wir alles

---

[1] Siehe auch Deutsches Weissbuch 1919, Seite 130—136 (D. Uebers.).
[2] Das schloss natürlich die Zertrümmerung Oesterreichs ein.

tun." „Wir" haben die Serben sicherlich wohlunterrichtet über „unsere" Pläne gehalten!

Am 23. Juli 1914, dem Tag, an dem Serbien das österreichische Ultimatum übermittelt wurde, schickte der serbische Gesandte in Petrograd der serbischen Regierung und den übrigen Gesandtschaften Serbiens eine Zirkulardepesche, „dass die russische Regierung die Mobilisierung von zwei Millionen Mann angeordnet habe und dass die Kriegsbegeisterung in Russland eine ungeheure sei."[1]) So viel über den ersten Schritt; nun zum zweiten. Am 21. Februar 1914 wurde in Petrograd mit der Genehmigung des Zaren ein Kriegsrat abgehalten „zur Ausarbeitung eines allseitigen Aktionsprogrammes, um eine für uns (d. h. Russland) günstige Lösung der historischen Meerengenfrage sicherzustellen." Das Memorandum und das Protokoll der Konferenz, dem Zaren am 5. März vorgelegt und zuerst von der Sowjet-Regierung, dann an Hand durchgeschlüpfter Auszüge auch in einem oder zwei englischen liberalen Blättern mit Anmerkungen versehen veröffentlicht, sind im deutschen Weissbuch vollständig wiedergegeben (Seite 169—181). Das Memorandum beginnt mit der Voraussage, dass die „erwartete Krisis", „die möglicherweise sehr bald eintreten kann", die sofortige Verstärkung der russischen Streitkräfte im Gebiete des Schwarzen Meers verlangt. Verschiedene Möglichkeiten werden erörtert: „Unsere historische Aufgabe bezüglich der Meerengen besteht in der Ausdehnung unserer Herrschaft auf dieselben... Es ist viel Wahrscheinlichkeit vorhanden, dass es uns bevorsteht, die Meerengenfrage während eines europäischen Krieges zu lösen."

Im Protokoll hören wir Sasonoff die Meinung äussern: „Man kann nicht voraussetzen, dass unsere Aktion gegen die Meerengen ausserhalb eines europäischen Krieges unternommen werden könne. Man muss annehmen, dass unter solchen Umständen Serbien gezwungen sein wird, seine gesamte Macht gegen Oesterreich-Ungarn zu werfen." Der Chef des

---

[1]) „Kriegsursachen" S. 82.

Generalstabs „hebt die grosse Bedeutung eines serbischen Angriffs auf Oesterreich-Ungarn für Russland hervor, wenn Russland und Oesterreich-Ungarn die Waffen gegeneinander erheben sollten. Nach bei ihm eingelaufenen Mitteilungen sei Oesterreich gezwungen, vier oder fünf Korps für den Kampf gegen Serbien abzusondern..." Der Chef des Generalstabes gab ferner „seiner Ueberzeugung dahin Ausdruck, dass der Kampf um Konstantinopel ausserhalb eines europäischen Krieges unmöglich sei." Der Marineminister beklagte, dass Russland die Abtretung des Schiffes „Rio de Janeiro" seitens Brasiliens an die Türkei nicht habe verhindern können. „Das Marineressort gibt sich jetzt alle Mühe zu verhindern, dass noch andere Dreadnoughts durch Verkauf in die Hände der Türkei übergehen. Seiner kaiserlichen Majestät war es genehm, diese Erwägung gutzuheissen und zu befehlen, die im Auslande befindlichen Dreadnoughts zu erwerben."

Nun von Petrograd nach Paris. Mehrere französische Kabinette gingen in dem wilden Kampf um die Behauptung des dreijährigen Militärdienst-Gesetzes hintereinander in die Brüche. Die Minister des Zaren gerieten in grosse Unruhe. Herr Paléologue war Delcassé als Botschafter in Petersburg gefolgt, und durch ihn scheint der Zar eine peremtorische Botschaft an das erste Viviani-Kabinett gesandt zu haben, was den Rücktritt zweier seiner Mitglieder verursachte.[1] Am 12. März 1914 brachte die „Birschewija Wjedomosti" einen heftigen Artikel, in dem sie erklärte, die russische Kriegs-Strategie werde nicht länger „defensiv" sondern „aktiv" sein.[2] Am 12. März 1914 sprach auch die „Golos Moskwy", ein einflussreiches konservatives Blatt, von der kommenden, Zeit, da „das Ueberschreiten der österreichischen Grenze durch das russische Heer eine unvermeidliche Entscheidung sein wird"; Dr. Paul Mitrofanoff erklärte im Juni 1914 in

---

[1] Robert Dell in der Londoner „Nation" vom 23. August 1919. Siehe auch im 13. Kapitel die Unterhaltung Clemenceau—Poincaré und Baron Guillaumes Berichte an die belgische Regierung.
[2] Auch dieser ursprünglich viel schärfere Artikel stammte von Kriegsminister Suchomlinoff, siehe deutsches Weissbuch 1919, Seite 181 bis 186 (D. Uebers.).

den „Preussischen Jahrbüchern": „Es ist den Russen klar
geworden: wenn alles so verbleibt, wie es jetzt ist, geht der
Weg nach Konstantinopel durch Berlin"; usw. usw. Der
militärische Berichterstatter der „Times" strich diese Rüstungen kräftig heraus: „Anzeichen deuten darauf hin, dass Russland die Defensiv-Strategie aufgegeben hat. Die Vermehrung
der Geschütze in den russischen Armee-Korps, die wachsende
Schlagkraft der Armee, sowie die geplanten und schon ausgeführten Verbesserungen an den strategischen Eisenbahnen
sind alles Dinge, die man nicht ausser Betracht lassen kann.
Sie sind wohl dazu angetan, die Deutschen besorgt zu machen."
(3. Juni 1914.) Der Petersburger Berichterstatter der „Times"
war nicht weniger geschäftig. Er berichtete am 12. März
1914, dass „in einer Geheimsitzung der Duma ausserordentliche Heeres- und Marine-Kredite besprochen wurden"; —
am 19. März, dass die russische Armee „nun eine noch nie
dagewesene numerische Stärke erreicht habe" (dieser Aufsatz war überschrieben: „Russlands Riesenheer: Noch nie
dagewesene Friedensstärken"); — und am 6. April, dass eine
„Probe-Mobilmachung" im Gange sei. Einen russischen amtlichen Rechenschaftsbericht über das gesammelte Ergebnis
all dieser Rüstungen findet man in den auf Seite 251—52
wiedergegebenen Abschnitten aus der „Birschewija Wjedomosti" vom 13. Juni 1914.[1])

* *
*

VII. Sir Edward Greys Besuch in Paris im April 1914 und was dort vorging. — Die anglo-russische Marine-verständigung. — Lord Fisher und die geplante Landung in Pommern.

Inmitten dieser sich häufenden Anzeichen pan-slawisti-
scher Erregung und Drohungen fuhren Sir E. Grey — und
König Georg — am 21. April 1914 nach Paris, wo eine
Konferenz mit französischen Ministern stattfand. Iswolski

---

[1]) Siehe auch das 12. Kapitel (D. Uebers.).

sandte am 29. April einen Bericht darüber an Sasonoff. Dies Dokument wurde in den russischen Archiven gefunden und von der Sowjet-Regierung veröffentlicht. Bei seiner Lektüre behalte der Leser im Auge, dass Herr King am 28. April 1914, vier Tage nach der Rückkehr Sir E. Greys nach London, im Unterhaus folgende Fragen an Sir E. Grey richtete: „Ob ihm bekannt sei, dass kürzlich — zwecks gemeinsamen Vorgehens auf dem Kontinent für den Fall gewisser Möglichkeiten — Aufforderungen zu einer weiteren militärischen Verständigung zwischen den Mächten der „Triple-Entente" ergangen seien, und ob die Politik Englands noch frei von allen Verpflichtungen sei, sich an militärischen Operationen auf dem Kontinent zu beteiligen."

Sir Edward Grey erwiderte darauf: „Die Antwort auf den ersten Teil der Anfrage lautet verneinend und was den zweiten Teil betrifft, so ist die Lage heute die gleiche, wie sie vom Premier-Minister in Beantwortung einer Anfrage in diesem Hause am 24. März 1913 dargestellt wurde."[1])

Iswolskis Bericht über diese Pariser Konferenz ist von der allergrössten Bedeutung. Er lautet:

„Der Meinungsaustausch zwischen den französischen und englischen Staatsmännern berührte vor allen Dingen die Beziehungen zwischen Frankreich und England. Vor dem Eintritt in den Meinungsaustausch wurde von beiden Parteien einmütig anerkannt, dass die zwischen den beiden Ländern bestehenden Abkommen keinerlei formaler Veränderung oder Ergänzung bedürfen, und dass Frankreich und England bei der Fortsetzung einer konsequenten und loyalen Anwendung der sogenannten „entente cordiale" in allen entstehenden politischen Fragen dadurch mit jedem Tage die sie einigenden Bande befestigen und entwickeln. Dabei wurde auch anerkannt, dass Russland auf engste Weise mit Frankreich und

---

[1]) Der Kern von Asquiths Erwiderung bei dieser Gelegenheit war: „... wenn zwischen europäischen Mächten ein Krieg ausbricht, so bestehen keine unveröffentlichten Abkommen, die die Freiheit von Regierung oder Parlament in der Entscheidung beschränken oder hemmen könnten, ob Grossbritannien an einem Krieg teilnehmen soll oder nicht".

England in deren gemeinsamer Politik in Gemeinschaft tritt. Dieser Gedanke ist, wie Sie natürlich bemerkt haben, vollkommen deutlich in der hier und in London nach der obenerwähnten Konferenz veröffentlichten Pressemitteilung ausgedrückt. Herr Doumergue[1]) sagte mir, dass jedes Wort dieser Mitteilung, die von Cambon redigiert wurde, sorgfältig erwogen und revidiert war, und zwar nicht nur durch ihn selbst, sondern auch durch Sir Edward Grey, der die in der Mitteilung enthaltene Erwähnung Russlands sowie den Hinweis darauf, dass das Ziel der drei Mächte nicht nur, die Aufrechterhaltung des „Friedens", sondern auch das „Gleichgewicht" sei, vollkommen gebilligt hat.[2]) Nach beendigter Besprechung verschiedener auf der Tagesordnung stehender Fragen der laufenden Politik ging Herr Doumergue zur Frage nach den Beziehungen zwischen Russland und Frankreich über und äusserte die zwischen ihm und mir verabredeten Wünsche Sir Edward Grey gegenüber. Dabei führte er zugunsten einer engeren anglo-russischen Verständigung in der Hauptsache zwei Argumente an: 1. die Bemühungen Deutschlands, uns vom Drei-Einvernehmen abzubringen, als eine angeblich unsichere und schwache politische Kombination, und 2. die Möglichkeit, durch Abschluss eines Marine-Abkommens zwischen uns und England einen Teil der englischen Seestreitkräfte für energische Handlungen nicht nur in der Ost-

---

[1]) Der französische Premier-Minister und Minister des Aeussern.
[2]) Die Pressemitteilung, die in den Blättern vom 24. April erschien, lautete: „Im Verlaufe der Unterhaltungen, die zwischen Sir E. Grey und Herrn Doumergue bei Gelegenheit des Besuches Ihrer Majestäten des Königs und der Königin in Paris stattgefunden haben, wurden verschiedene, die beiden Länder berührende Fragen in Betracht gezogen, und es hat sich die Identität der Ansichten der beiden Minister über alle Punkte gezeigt. Indem sie die Ergebnisse der von den beiden Regierungen, zusammen mit der Kaiserlich Russischen Regierung, befolgten Politik verzeichnen, stimmen Sir E. Grey und Herr Doumergue vollkommen in der Notwendigkeit überein, dass die drei Mächte ihre ständigen Bemühungen um die Aufrechterhaltung des Gleichgewichts der Mächte und des Friedens fortsetzen sollten". — „Frieden" steht, wie man beachten wolle, an zweiter Stelle. Der „Temps" meinte in seinem Kommentar darüber: „Die Mitteilung sagt genug, und man braucht nicht hervorzuheben, dass die „entente" die „Triple-Entente", und dass sie mehr als je auf gemeinsames Handeln vorbereitet ist".

und Nordsee, sondern auch im Mittelmeer frei zu machen. (Herr Doumergue wies u. a. Sir E. Grey darauf hin, dass wir in zwei Jahren ein starkes Ostseegeschwader aus Dreadnoughts haben werden.) Sir Edward Grey antwortete Herrn Doumergue, dass er persönlich mit den ihm gegenüber ausgesprochenen Gedanken vollkommen sympathisiere und vollkommen bereit wäre, ein Abkommen mit Russland zu schliessen, ähnlich den Abkommen, die zwischen England und Frankreich vorliegen. Er verschwieg jedoch Herrn Doumergue nicht, dass nicht nur inmitten der Regierungsparteien, sondern auch unter den Kabinettsmitgliedern Elemente vorhanden sind, die gegen Russland voreingenommen und zur weiteren Annäherung an das letztere wenig geneigt sind. Er drückte aber doch die Hoffnung aus, dass es ihm gelingen wird, Herrn Asquith und andere Kabinettsmitglieder seinem Standpunkt geneigt zu machen, und schlug folgenden „modus procedendi" vor: zunächst könnten beide Kabinette in London und Paris nach gemeinsamer Verabredung die zwischen Frankreich und England bestehenden Abkommen dem St. Petersburger Kabinett mitteilen, und zwar erstens die von den General- und Marine-Stäben ausgearbeitete Militär- und Marinekonvention, die, wie es Ihnen bereits bekannt ist, einen sozusagen bedingten Charakter haben, und zweitens die politische Verständigung, die formal durch den Briefwechsel zwischen Sir Edward Grey und dem französischen Botschafter in London besiegelt ist; in diesen Briefen ist es zum Ausdruck gebracht, dass im Falle, da England und Frankreich sich nach dem Gang der Ereignisse zum gemeinsamen aktiven Auftreten entschliessen, sie die erwähnten Konventionen „in Betracht ziehen werden". Gleichzeitig mit dieser Mitteilung könnten die Kabinette in London und Paris uns darüber befragen, wie wir uns zu dem von dem Auftreten berührten Gegenstande verhalten, was uns wiederum den Anlass geben könnte, in einen Meinungsaustausch mit England über den Abschluss einer entsprechenden anglo-russischen Verständigung einzutreten. Nach dem Gedanken von Sir Edward Grey könnte zwischen uns und England nur eine Marinekonvention und keine Militärkonvention abgeschlossen werden, denn die Landstreitkräfte Englands sind schon im voraus verteilt und können offenkundig nicht mit russischen Streitkräften gemeinsam operieren. Sir Edward Grey fügte hinzu, dass er sofort bei seiner Rückkehr nach London den oben wiedergegebenen Aktionsplan dem Herrn Asquith und den anderen Kollegen zur Beurteilung vorlegen wird. Auf die Frage des Herrn Doumergue, ob er nicht glaube, dass es wünschenswert wäre, dem Abkommen zwischen Russland, Frankreich und England nicht die Form von parallelen Abmachungen, sondern eines einheitlichen „Drei-Einvernehmens" zu geben, antwortete Sir Edward Grey, dass er persönlich eine solche Möglichkeit nicht ausschliesse, davon könne aber erst später im Zusammenhang mit der technischen Ausarbeitung des geplanten anglo-russischen Abkommens die Rede sein.

Alle drei auf der Konferenz Anwesenden, Herr Doumergue, Cambon und de Margerie[1]) sagten mir, dass sie über die von Sir E. Grey ausgedrückte, klar ausgesprochene und bestimmte Bereitwilligkeit, den Weg einer engeren Annäherung an Russland zu beschreiten, erstaunt gewesen seien. Nach ihrer Ueberzeugung tragen die von ihm bezüglich des Herrn Asquith und der anderen Kabinettsmitglieder gemachten Vorbehalte lediglich einen formalen Charakter, und wenn er im voraus von ihrem Einverständnis nicht überzeugt wäre, hätte er sich so konkreter Vorschläge enthalten."[2])

Die „Ueberzeugung" der französischen Konferenz-Mitglieder war offenbar wohlbegründet, denn wir finden Sasonoff, vermutlich einige Tage später, aber das Datum ist nicht angegeben, Folgendes dem Zaren melden:

„Der französische Botschafter teilte mir mit, dass laut dem von ihm aus Paris erhaltenen Geheimtelegramm die grossbritannische Regierung beschloss, den englischen Admi-

---

[1]) de Margerie stand an der Spitze des Stabes vom Auswärtigen Amt, was ungefähr dem permanenten Untersekretär im britischen Auswärtigen Amt entspricht.

[2]) Deutsches Weissbuch 1919, Seite 197—199 (D. Uebers.).

ralstab zum Eintritt in Verhandlungen mit französischen und russischen Marineagenten in London zu bevollmächtigen, mit dem Zweck, technische Bedingungen einer möglichen Einwirkung der Seestreitkräfte Englands, Russlands und Frankreichs auszuarbeiten. Herr Paléologue (französischer Botschafter in Petersburg) fügte hinzu, dass nach Abmachung zwischen der englischen und französischen Regierung wir über den Inhalt der bis jetzt zwischen England und Frankreich für den Fall gemeinsamer Operationen zu Lande und zu Wasser abgeschlossenen Abkommen unterrichtet sein müssen.[1])

Alleruntertänigst erkühne ich mich, Eurer Kaiserlichen Majestät darüber zu berichten, angesichts der besonderen Wichtigkeit der wiedergegebenen Mitteilung."[2])

Der Zarismus hatte endlich das erreicht, was eines der Hauptziele seiner Diplomatie gewesen war — er hatte England gründlich in seine Bahn gezogen.

Die von der russischen Admiralität ihrem Hauptagenten gegebenen Anweisungen über die Erfordernisse der russischen Strategie, die, wie man hoffte, England erleichtern werde, und die „eine Landung in Pommern" einschlossen; Grossbritanniens Versorgung der russischen Ostsee-Flotte mit einer Anzahl Schiffen, um „vor dem Beginn von kriegerischen Operationen" den russischen Mangel an Transport-Möglichkeiten zu beheben; die unbesonnene Geschwätzigkeit und der Uebereifer der Russen, das Geschäft abzuschliessen; die Gerüchte, die über den bevorstehenden Handel in die Presse gelangten; den Verdruss Sir E. Greys darüber und die beruhigenden Erklärungen, die dem deutschen Botschafter abzugeben er für notwendig hielt — all das hat Professor Pokrowski, der Bearbeiter der von der Sowjet-Regierung veröffentlichten Dokumente, behandelt. Mir fehlt der Raum, mich im Einzelnen damit zu befassen. Aber Lord Fishers

---

[1]) Dies heisst wohl, dass die von den französischen und britischen Armee- und Marine-Stäben ausgearbeiteten D e t a i l-Pläne den Russen mitgeteilt würden.
[2]) Deutsches Weissbuch 1919, Seite 200 (D. Uebers.).

vor kurzem in der „Times" erschienene Artikel verleihen
der geplanten Landung in Pommern besonderes Interesse.
Pokrowski führt aus, dass, um nicht den Argwohn der deutschen Diplomatie zu erregen, die Weiterführung der auf diese
Weise von Sir E. Grey in Paris eingeleiteten Verhandlungen
keinen wichtigen Persönlichkeiten, deren ungewöhnliches Hin-
und Herreisen nur Aufmerksamkeit erregt hätte, anvertraut
wurde, sondern dem russischen Marineagenten in England,
Kapitän Wolkoff. In den „Beschlüssen", mit denen dieser
vom russischen Admiralstab versehen wurde, hiess es u. a.:
„Auf dem nördlichen Kriegsschauplatze verlangen unsere
Interessen, dass England einen möglichst grossen Teil der
deutschen Flotte in der Nordsee festhält. Das würde die er-
drückende Uebermacht der deutschen Flotte über die unserige
kompensieren und im günstigen Falle vielleicht erlauben,
eine Landungsoperation in Pommern vorzunehmen."

Diese Landung in Pommern wurde nach den von der
Sowjet-Regierung ausgegrabenen Dokumenten augenscheinlich
von der britischen Admiralität ernstlich in Betracht gezogen,
und man musste grosse Diskretion in der Sache walten lassen.
So hören wir den Londoner russischen Botschafter am 2. Juni
1914 in einem Briefe den Kapitän Wolkoff auf die Notwendigkeit hinweisen, „dass man über die Landung in Pommern und
über die zu diesem Zweck zu erfolgende Entsendung von
englischen Transportschiffen nach der Ostsee, noch vor Beginn des Krieges, nur mit grosser Vorsicht sprechen darf,
damit das übrige nicht gefährdet wird."[1]

---

[1] Deutsches Weissbuch 1919, Seite 200 und 201. Anmerkung des
Uebersetzers: Aus den „Beschlüssen" des russischen Admiralstabes möchte
ich noch den folgenden Satz anführen: „Die englische Regierung könnte
uns in dieser Sache einen wesentlichen Dienst erweisen, wenn sie ein-
willigte, vor Eröffnung der Kriegsoperationen eine genügende Zahl von
Handelsschiffen in unsere Ostseehäfen überzuleiten, um unsere fehlenden
Transportmittel zu ersetzen". — Da es sich um eine Truppenlandung grössten
Stils handelte und es ganz ausgeschlossen war, die dazu benötigten Transp rt-
schiffe innerhalb weniger Tage u n b e m e r k t von England nach der Ostsee
kommen zu lassen, lag seitens der russischen Verschwörer ohne Zweifel
der Gedanke vor, England zu veranlassen, dass es, „um auf alle Fälle
vorbereitet zu sein", während eines gewissen Zeitraumes zum Transport ge-
eignete Handelsschiffe insgeheim in der Ostsee anhäufe: Und so geht aus den

Wenn wir alle diese Dinge betrachten, ist es interessant, sich die zahllosen im Verlaufe des Krieges von britischen Ministern abgegebenen Erklärungen ins Gedächtnis zurückzurufen, dass Deutschland die Kriegsfackel in einen Kreis unschuldiger Nationen geschleudert habe, die auf den Krieg vollkommen unvorbereitet waren und an nichts anderes als an Frieden dachten. Man höre z. B. Lloyd George am 4. August 1917 in der „Queen's Hall": „Wofür kämpfen wir? Um die gefährlichste Verschwörung zu vernichten, die je gegen die Freiheit der Völker angezettelt wurde, sorgfältig, geschickt, hinterlistig und verstohlen bis in jede Einzelheit mit grausamem, zynischem Vorsatz geplant."

Wie es aber scheint, ist das „Kriege-Planen" ziemlich allgemein verbreitet gewesen.

Eine der Bemerkungen Professor Pokrowskis ist wert, hier wiedergegeben zu werden:

„Wir sehen, eine wie kleine Rolle in der Entstehung des Krieges die Tatsache spielte, um die herum die imperialistische Presse der Ententeländer den grössten Lärm erhoben hatte. Im April 1914 war noch keine Rede von der Verletzung der belgischen Neutralität; Sir Edward Grey zeigte aber die klar

angeführten Zitaten für jeden Unbefangenen die klare Absicht der russischen Drahtzieher hervor, den Krieg zur rechten Zeit zu entfesseln.
    Bezüglich der geplanten Landung in Pommern teilte mir Herr Morel am 28. Oktober 1919 noch brieflich mit: „Seit der Niederschrift dieses Abschnitts hat Lord Fisher in seinen soeben in London veröffentlichten „Memoiren" zugegeben, er habe wiederholt, in den Jahren 1905 und 1908, die Regierung, König Eduard und das Reichs-Verteidigungs-Komitee gedrängt, dass man, ohne Kriegserklärung, überraschend über Deutschland herfallen müsse, um die deutsche Flotte im Hafen von Kiel zu vernichten und an der Pommerschen Küste Truppen zu landen. Er sagt auch, dass der deutsche Kaiser und die Marine-Behörde Wind von seinen Plänen erhielten. Dies Bekenntnis hat grosses Aufsehen in England verursacht, und Herr J M. Robertson (ein Mitglied der Asquith Regierung zur Zeit des Kriegsausbruchs) verlangt, Minister der liberalen Partei sollten Lord Fishers Erklärungen als verwerflich zurückweisen — sonst sei, wie Herr Robertson tatsächlich meint, England in den Augen der Welt entehrt". (Lord F. war viele Jahre Erster Lord der Admiralität).
    Zur selben Angelegenheit bemerkt „Foreign Affairs" vom November 1919: „Dies zynische Geständnis (Lord Fishers) erledigt ein für allemal das Gewäsch und die Heuchelei, die während der letzten Jahre danach trachteten, den Deutschen ein besonderes Schandmal der politischen und internationalen Immoralität aufzudrücken".

ausgesprochene und bestimmte Bereitwilligkeit, ,gemeinsame Operationen englischer Streitkräfte nicht nur mit Frankreich, sondern auch mit Russland zu organisieren."[1])

* * *

VIII. Die Ermordung des Erzherzogs Franz Ferdinand. — Die Nationalität der Verbrecher. — Russisch-serbische Beziehungen. — „Die Stunde naht".

Am 28. Juni 1914 wurde der Erbe des österreichischen Thrones, Erzherzog Franz Ferdinand, in Serajewo, einer bosnischen Stadt, ermordet; er war der einzige Mann, der, wie allgemein anerkannt, vielleicht fähig gewesen wäre, Oesterreichs innere Probleme auf föderativer Grundlage zu lösen (was, wäre ihm das gelungen, die Aspirationen der gross-serbischen Bewegung zunichtegemacht und die russischen Pläne über den Haufen geworfen hätte). Erst am 13. Juni 1919 wurde es zugegeben, dass die Mörder Serben waren — welche Tatsache man bis dahin hartnäckig geleugnet hatte.[2]) Es wurde dann auch bekannt, dass man ihnen posthume Ehren erwiesen hat. Dass der serbische Major Tankesitsch von der „Schwarzen Hand" die Anordnungen für den Mord getroffen hat, wird jetzt allgemein zugegeben. Die „Schwarze Hand" war eine von serbischen Offizieren gegründete Organisation, die seit der Ermordung des Königs Alexander und der Königin Draga eine beherrschende Rolle in der serbischen Politik gespielt hat. Der serbische Kommandant Lazarewitsch behauptet

---

[1]) Deutsches Weissbuch 1919, Seite 199—200 (D. Uebers.).

[2]) Anmerkung des Uebersetzers: Man lese hierzu auch aus einem Telegramm Sir E. Greys vom 22. Juli 1914 an Buchanan, den englischen Botschafter in Petersburg: „Möglicherweise wird als Ergebnis der gerichtlichen Untersuchung in Serajewo eine Aufklärung der Tatsache erfolgen, dass der Mord auf serbischem Territorium aus Nachlässigkeit seitens der serbischen Regierung vorbereitet wurde". Dazu bemerkt Prof. Pokrowski: „Die Diplomaten sind doch scharfsinnige Leute, muss man sagen, sie sehen drei Ellen tief in den Boden hinein! Die gerichtliche Untersuchung hatte noch nicht begonnen, Grey sah aber schon ihr Ergebnis voraus". (Deutsches Weissbuch 1919, Seite 202 und 203). Ein weiterer Kommentar ist gewiss überflüssig.

in seinem kürzlich erschienenen Buche,[1]) das die Geschichte dieser schändlichen Organisation beschreibt und beiläufig die schwersten Anschuldigungen gegen die hervorragendsten öffentlichen Männer Serbiens erhebt, dass der Mord des Erzherzogs von langer Hand vorbereitet und dass die Nachricht seines bevorstehenden Besuches in Serajewo als ein „Segen" betrachtet worden sei: „Durch diesen neuen Mord — sagt er — hofften sie, ihre Macht im Lande noch weiter zu verstärken. Sie rechneten auch mit dem Ausbruch schwerer Unruhen in Bosnien, die das Vorspiel eines Angriffs auf Oesterreich gewesen wären und den Triumph der serbischen Aspirationen beschleunigt hätten." Er sagt auch, dass die „Schwarze Hand" im voraus einer russischen Intervention im Kriege versichert gewesen sei. Fräulein Durham, deren genaue Kenntnis serbischer Angelegenheiten wohlbekannt ist, macht mich auf einen Artikel aufmerksam, der unlängst in einer in Italien gedruckten albanischen Zeitung, dem „Kuvendi", erschien und der Einzelheiten über die Vorgänge in Serajewo im Juni 1919 bringt, als die Gebeine der Mörder des Erzherzogs ausgegraben wurden. Es wird darin berichtet, dass an der Stelle, an der der Erzherzog und seine Gemahlin getötet wurden, ein Altar errichtet war; dass eine Toten-Messe abgehalten wurde — für die Seelen der Meuchelmörder; dass Soldaten in den Strassen Spalier standen, und die serbische Regierung amtlich vertreten war. Die Tatsache, dass eine öffentliche Feier abgehalten wurde, ist von einem der jetzt in England studierenden Serben in begeisterten Ausdrücken bestätigt worden. Dass die Männer, deren Tat die ganze Welt in Flammen setzte, in Serbien als Nationalhelden gefeiert werden, wird kaum bestritten. Ueber die serbische Verantwortung für das Verbrechen und die russische für den Krieg hat der frühere serbische Diplomat M. Boghitschewitsch viel zu sagen. Ich gebe hier einige seiner Bemerkungen wieder:

„Wird derjenige, der auch nur einigermassen die serbischen Verhältnisse kennt, annehmen können, dass die ser-

---

[1]) „La Main Noire", Lausanne.

bische Regierung über die konspiratorische Tätigkeit gewisser Offiziers-, Professoren- und Komitadschi-Kreise in Bosnien und über die Vorbereitungshandlungen des Attentates auf das österreichische Thronfolgerpaar in Serbien gar nicht unterrichtet gewesen ist?... Die Gleichgültigkeit der serbischen Regierung demgegenüber, was österreichischerseits der Ermordung des Thronfolgerpaares folgen musste, die Redseligkeit und Grossmannssucht der serbischen Diplomatie in amtlichen Erklärungen und Interviews, die masslose Ueberhebung der serbischen Presse weisen mit apodiktischer Gewissheit darauf hin, dass Serbien bereits die Zusicherung von Russland hatte, dass diesmal Russland Serbien nicht im Stiche lassen werde, und was noch viel wichtiger ist, dass der Krieg gegen Oesterreich und Deutschland eine beschlossene Sache war, und dass die Ermordung des österreichischen Thronfolgerpaares nur deswegen einen günstigen Vorwand gegeben hatte, weil sich auch Frankreich und England in diesen an und für sich gewiss nur lokalen Konflikt zwischen Oesterreich und Serbien durch Russland haben hineinziehen lassen. Es war dies unstreitig ein grosser Erfolg der russischen Diplomatie, aber ebenso auch ein grosser Erfolg für die Feststellung der Verantwortlichkeiten dieses unverantwortlichen Krieges. Drei volle Wochen hat die serbische Regierung in täglicher Erwartung der Sühneforderungen Oesterreich-Ungarns auch nicht das Geringste unternommen, durch versöhnliche Vorschläge und Massregeln der österreichischen Regierung zuvorzukommen und den aufrichtigen Willen zu zeigen, ihr soweit als möglich entgegenzukommen... Ist es möglich anzunehmen, dass die serbische Regierung ein so frivoles Verhalten Oesterreich-Ungarns gegenüber an den Tag gelegt hätte, wenn sie nicht die bündigsten Zusicherungen Russlands bereits in der Tasche gehabt hätte?... Warum hat Russland schon im Februar 1914 — es ist dies eine notorische Tatsache — mit seinen Probemobilisationen begonnen, die „probeweise" mobilisierten Truppen nicht demobilisiert und die Probemobilisationen bis zum Kriegsausbruche fortgesetzt?" (S. 80—82.)

Die Schlussfolgerungen dieses serbischen Diplomaten mögen im Zusammenhang mit den amtlichen Zahlen der Heeres- und Marine-Ausgaben gelesen werden.[1]) Das Jahr 1914 wurde durch sogar noch fieberhaftere russische Heeres- und Marine-Rüstungen eingeleitet. Deutschland hatte nach seinem masslosen Sprung im Jahre 1913 (von einer Milliarde 280 Millionen Mark[2]) auf 1 Milliarde 820 Millionen — siehe oben; Russland und Frankreich zeigten auch grosse Zunahmen, Russland von 1 Milliarde 400 Millionen auf 1 Milliarde 680 Millionen, Frankreich von 1 Milliarde 100 Millionen auf 1 Milliarde 200 Millionen, während die Zahlen Oesterreichs gleich geblieben waren) seine Ausgaben verringert. Der Etat für 1914 fiel von 1 Milliarde 820 Millionen auf 1 Milliarde 660 Millionen. Der russische jedoch zeigte einen weiteren grossen Sprung nach oben, von 1 Milliarde 680 Millionen auf 1 Milliarde 840 Millionen, und der Frankreichs sogar einen noch grösseren, von 1 Milliarde 200 Millionen auf 1 Milliarde 460 Millionen; dagegen ging der österreichische Etat nur von 500 Millionen auf 640 Millionen hinauf. In Russland wurden nicht nur Waffen und Munition, sondern auch Bekleidungsstücke und Proviant in ausserordentlich grossen Mengen für einen Feldzug angehäuft. Für die letztgenannten Zwecke allein hatte Russland im Januar 1914 eine Anleihe von 400 Millionen Mark in Paris aufgenommen. Im ganzen Lande waren Probe-Mobilmachungen im Gange, auch in den sibirischen Militär-Bezirken. Im Mai 1914 war für das ganze Reich eine vollständige Mobilisation aller Reserven der drei Jahres-Kontingente 1907 bis 1909, unter der Form von „Uebungen", befohlen worden, was nach der „Neuen Freien Presse" vom 4. und 28. Mai 200 Millionen Mark kostete. Die russische Presse strotzte von Hetzartikeln. Die „Nowoje Wremja", die allmächtige panslawistische Zeitung, erklärte am 7. März 1914: „Die Stunde

---

[1]) Siehe hierzu die Kapitel 9, 12 und 14 (D. Uebers.).

[2]) Bei allen folgenden Zahlen handelt es sich um Mark; das Pfund zu M. 20.— gerechnet (D. Uebers.).

naht.... Es ist notwendig, von oben bis unten, Tag und Nacht an der Armee zu arbeiten."

Ich habe schon auf die inspirierten Artikel in der „Birschewija Wjedomosti" (März und Juni), und auf die Berichte der „Times" (März und April) hingewiesen [siehe oben unter V und VI]. Und wie wir gesehen haben (VII), empfahl im Juni 1914 der russische Botschafter in London dem russischen Marine-Agenten Vorsicht bezüglich der Pläne einer Landung an der Pommerschen Küste. Am 20. Juli 1914 meinte die „Nowoje Wremja" von der „Triple-Entente": „Ihre Ueberlegenheit zu Lande und zu Wasser rechtfertigt eine energischere Sprache im Rate Europas." Und am 23. Juli war der serbische Gesandte in Petrograd, wie wir schon wissen (VI), in der Lage, seine „Zirkular-Depesche" hinauszuschicken.

Wie merkwürdig liest sich doch angesichts all dieser Dinge die oft wiederholte Behauptung, die Herrscher Deutschlands hätten den Krieg auf eine unvorbereitete und friedliebende Welt losgelassen, — und dass insbesondere Grossbritannien aufs höchste dadurch überrascht worden wäre.[1]

*   *   *

IX. Neues Licht auf die russische allgemeine Mobilmachung.

Noch ein letzter Punkt mag, obwohl nicht so ausführlich als ich wünschte, behandelt werden. Es ist notorisch, dass (seit dem Erscheinen des ersten britischen Weissbuches über den Krieg, in dem die betreffenden Tatsachen nackt dargestellt waren) in den verschiedenen amtlichen und nicht-amtlichen Veröffentlichungen der Entente-Regierungen das

---

[1] „Bei Kriegsausbruch war die Flotte in einem solch schlagfertigen Zustande wie nie zuvor, und wir standen damals sogar zwei zu eins gegen die ganze deutsche Flotte. . . . Wir mobilisierten am Montag, den 3. August, um 11 Uhr morgens, 86 Stunden, ehe wir den Krieg erklärten. Innerhalb weniger Stunden war das Expeditionsheer mit Hilfe der Marine über dem Kanal, ehe nur jemand davon wusste." — Lord Haldane im Bedford College am 29. November 1918.

Aeusserste an Scharfsinn aufgeboten wurde, um die russische General-Mobilisation (d. h. die Mobilisation gegen Deutschland) vollständig zu verschleiern, ja ihre Erwähnung womöglich überhaupt zu vermeiden; und dies, obschon sie die entscheidende Tat war, die den Krieg übereilt herbeiführte, dass dies aber der Fall sein werde, hatte der britische Botschafter in Petersburg schon fünf Tage zuvor Herrn Sasonoff warnend angekündigt.[1]) Ueberdies ist nun ein amtliches Dokument zugänglich, das zeigt, dass in russischen und französischen Augen a l l g e m e i n e   M o b i l m a c h u n g   K r i e g   b e d e u t e t e ,   u n d   b i s   z u r ü c k   i n s   J a h r   1892 K r i e g   b e d e u t e n   s o l l t e.[2]) Dies Dokument ist der an den französischen Kriegsminister gesandte Bericht des Generals de Boisdeffre, der 1892 an der Spitze der zu den Verhandlungen über das franko-russische Militär-Abkommen nach Petersburg entsandten Mission stand. Darin schildert der General eine Unterhaltung mit dem Zaren (Alexander III.), in der diese Stelle vorkommt: „Ich wies ihn (den Zaren) darauf hin, dass Mobilisation die Kriegserklärung bedeute; dass zu mobilisieren so viel heisse, als seinen Nachbarn zu zwingen, ein Gleiches zu tun; dass Mobilisation die Ausführung strategischer Transporte und Konzentration einschlösse."

Der Zar antwortete:

„Das ist ganz, wie ich die Sache auffasse."[3])

Der französische Wortlaut verleiht diesem Punkt noch besonderen Nachdruck; Boisdeffre drückte sich so aus: „l a   m o b i l i s a t i o n   c'é t a i t   (wäre)   l a   d é c l a r a t i o n   d e   g u e r r e." Ausserdem scheint die Ansicht des russischen Generalstabes vollkommen klargelegt worden zu sein. Ein im selben Gelbbuch wiedergegebener Bericht des französischen Botschafters in Petersburg enthält eine Note des französischen Militär-Attachés, in der die Anschauung des russischen Generalstabes zusammengefasst ist. Es heisst darin: „Er (General Obrutscheff, Chef des Generalstabes) ist der

1) Britisches Weissbuch Nr. 17.
2) Im Original durch Fettdruck hervorgehoben (D. Uebers).
3) Französisches Gelbbuch über das franko-russische Bündnis.

Meinung, dass die Mobilisation Frankreichs und Russlands s o g l e i c h[1]) von aktiven Schritten, von Kriegshandlungen gefolgt, kurz, dass sie gleichbedeutend mit „Angriff" sein soll."

Mobilisation bedeutete daher Krieg nach den Bestimmungen des franko-russischen Bündnis-Vertrages, dessen dritter Punkt vorsieht, dass die mobilisierten Streitkräfte „schleunigst zu entscheidendem Kampf eingesetzt werden, damit Deutschland gleichzeitig im Osten und Westen zu kämpfen hat." Diese Enthüllung zwingt den Gedanken auf, dass Russland, nachdem es einmal mobilisiert, niemals die Absicht zu demobilisieren hatte, und wahrscheinlich entschlossen war; zum äussersten zu schreiten, ohne sich darum zu scheren, seinem Vorgehen eine formelle Kriegserklärung vorauszuschicken.

Wussten das die Deutschen, oder befürchteten sie es?

Die Frage ist von der grössten Bedeutung. Ich habe mich stets, mit einer Ausnahme, der allgemeinen Ansicht angeschlossen, dass Deutschlands besondere Verantwortung für den Kriegs-A u s b r u c h auf zweierlei beruhe: 1. auf seiner Beantwortung der russischen General-Mobilisation mit einem Ultimatum; und 2. auf seiner ursprünglichen, Oesterreich gegebenen Versicherung seiner unbedingten Unterstützung in den äussersten Massnahmen gegen Serbien. In diesem besonderen Zusammenhang kommt für uns nur der erste Punkt in Betracht.

Wenn nun die Deutschen wussten, dass die russische General-Mobilisation d e n K r i e g b e d e u t e, d. h., dass die Russen ihre Massen ohne Kriegserklärung über die Grenze schleudern würden — indem sie Deutschland so behandelten, wie sie selbst von Japan im russisch-japanischen Krieg behandelt worden waren —, dann muss unsere Verurteilung des deutschen Ultimatums eine Berichtigung erfahren, selbst wenn wir voll zugeben, dass die russischen Militärs durch ihr Vorgehen den deutschen Militärs in die Hände spielten.

[1]) Das Wort von Herrn Morel hervorgehoben.

Man muss sich die damalige Lage stets vor Augen halten. Ueberrascht zu werden, war anerkanntermassen das Alpdrücken jeden Generalstabs, und jeder denkende Kopf in Deutschland musste in jenem psychologischen Augenblick, von dem Bewusstsein beeinflusst gewesen sein, dass Deutschland schon in einem gewissen Masse, durch das — später vor Gericht eingestandene — verräterische Betragen des russischen Kriegsministers, überrascht worden war. Engländer vermögen sich die Lage so ungefähr vorzustellen, wenn sie sich fragen, ob eine britische Regierung Deutschland erlaubt hätte oder hätte erlauben können, 1000 Unterseeboote unseren Häfen und Flottenstationen gegenüber mit der Rechtfertigung zu mobilisieren, dass es ja nur mobilisiere und der Krieg vielleicht nicht die Folge sein werde. Es liegen genügend Belege dafür vor, dass bei der Nachricht der russischen General-Mobilisation Berlin von einer wirklichen Panik ergriffen wurde, die zu erregen, keiner militaristischen Machenschaften bedurfte.

Wir werden erst dann in der Lage sein, uns über diese Hauptfrage, soweit es sich um eine Frage der Militär-Strategie handelt, ein wirklich gerechtes Urteil zu bilden, wenn wir über die Verteilung der französischen und russischen Streitkräfte am 29., 30. und 31. Juli 1914 vollständig unterrichtet sind.[1]) Was wir heute wissen, ist, dass die russische Mobilisation schon weit vorgeschritten sein musste, ehe schliesslich der Befehl dazu herauskam, und dass an der deutschen Grenze starke russische Kräfte gestanden haben müssen, denn sie hatten innerhalb 24 Stunden nach Kriegsausbruch den Deutschen zwei ernste Niederlagen beigebracht,

---

[1]) Anmerkung des Uebersetzers: Solange darüber Zuverlässiges nicht bekannt ist, wird die auf Seite 122, 123 wiedergegebene Zusammenstellung der Mobilmachungs-Massnahmen sehr wertvoll sein. Für diese Tabelle und für andere Hinweise auf wichtiges Material zur Schuldfrage bin ich Herrn Grafen Max Montgelas zu besonderem Dank verpflichtet.

Herr Morel bringt an dieser Stelle — ohne Kommentar — den folgenden Abschnitt aus Boghitschewitschs „Kriegsursachen":

„Am 23. Juli mittags kam ich in Begleitung mehrerer serbischer Offiziere in Warschau an. Bis zur deutschen Grenze waren nicht die geringsten militärischen Massnahmen zu bemerken. Sofort nach Ueberschreitung der deutschen Grenze beobachteten wir Mobilisations-Mass-

sie drangen mit Feuer und Schwert durch ganz Ostpreussen bis zur Weichsel vor und veranstalteten in Petersburg Sammlungen für den ersten, Berlin betretenden russischen Soldaten.

Ich war immer der Meinung gewesen, dass die Bundesgenossen Russlands keine Kenntnis von der, am 30. Juli mitternachts erfolgten, schliesslichen Einwilligung des Zaren in die allgemeine Mobilmachung und von dem diesem Schritt erteilten kaiserlichen Imprimatur gehabt hätten. In „Tsardom's Part in the War",[1]) zuerst im August 1917 herausgekommen, schrieb ich: „Der Zar und seine Minister unternahmen den Schritt, ohne ihren Verbündeten Frankreich, ohne ihren „Freund" Grossbritannien zu befragen. Sie unternahmen ihn zum Hohn auf den in den amtlichen Dokumenten verzeichneten Rat Frankreichs und Englands." Mir kam nie der Gedanke, dass es noch eine andere Erklärung geben könne. Denn die spätere „Verqualmung" dieses Punktes in der britischen Kriegs-Propaganda ging augenscheinlich aus der Tatsache hervor, dass die russische General-Mobilisation die Achillesferse in der Anklage gegen Deutschland als dem alleinigen Urheber des Krieges war. Und das nicht nur, weil Sir George Buchanans[2]) Warnung an Sasonoff über die Folgen des Schrittes in den Urkunden stand — welche Warnung bewies, dass die Verbündeten w u s s t e n, der Krieg sei unvermeidlich, falls Russland mobilisiere, was natürlich das ganze Gebäude von Deutschlands alleiniger Schuld zum Einsturz bringt —, sondern weil auch bekannt war, dass sowohl Sir E. Grey als auch Viviani, später in den englischen und

---

nahmen grossen Stils (Ansammlung von Güterwagen in den einzelnen Stationen, militärische Besetzung der Bahnhöfe, Truppenansammlungen in den einzelnen Städten, Truppen-Bahntransporte bei Nacht, Mobilisations-Leuchtfeuer). Als wir abends in Brest eintrafen, war schon der Belagerungszustand verkündet (28. Juli). Am 29. Juli war bereits die allgemeine Mobilisierungsorder in Kischinew öffentlich angeschlagen. Alles machte den Eindruck einer grossen Offensiv-Vorbereitung der russischen Armee."
[1]) Deutsch: „Die Grosse Lüge", Berlin 1918; siehe Schlussbemerkung zum 11. Kapitel, Seite 178. (D. Uebers.).
[2]) Britischer Botschafter in Petersburg.

französischen diplomatischen Büchern veröffentlichte, Telegramme abgeschickt hatten, in denen Russland dringend zur Zurückhaltung aufgefordert wurde, während König Georg dem Prinzen Heinrich von Preussen telegraphiert hatte, dass die britische Regierung „ihr Möglichstes tue, um Russland und Frankreich zu veranlassen, ihre militärischen Vorbereitungen einzustellen."

Anscheinend war Professor Pokrowski zum selben Schluss wie ich gelangt und hatte das in einem Buch zum Ausdruck gebracht: er hatte, wie er schreibt, „die Unvorsichtigkeit gehabt, die russische Regierung dessen zu verdächtigen, dass sie zur Mobilisation geschritten sei, ohne auch nur daran zu denken, die Meinung ihres französischen Verbündeten zu erfragen."[1]) Nachdem ich nun das von der Sowjet-Regierung veröffentlichte Telegramm Iswolskis an Sasonoff vom 30. Juli 1914 gelesen — es war am gleichen Tag der obenerwähnten britischen und französischen Warnungen an Russland in Paris aufgegeben —, bin ich geneigt zu glauben, dass ich Professor Pokrowski nachahmen und auch „Peccavi" ausrufen muss, auf jeden Fall was die französische Vorkenntnis von Russlands Handlungsweise betrifft. Das Telegramm lautet: „Fortsetzung von Nr. 209. Abschrift nach London.[2]) Erbitte dringend Verfügung. Margerie, den ich eben gesprochen habe, sagte mir, die französische Regierung, d i e s i c h k e i n e s w e g s i n u n s e r e m i l i t ä r i s c h e n V o r b e r e i t u n g e n e i n m i s c h e n w i l l,[3]) würde in Anbetracht der fortgesetzten Verhandlungen wegen Wahrung des Friedens es für äusserst wünschenswert halten, dass diese Vorbereitungen einen möglichst wenig offenen und herausfordernden Charakter tragen. Der Kriegsminister, der denselben Gedanken entwickelte, sagte seinerseits Graf Ignatjew, wir[4]) könnten erklären, dass wir im höchsten Interesse des

[1]) Deutsches Weissbuch 1919. S. 204 (D. Uebers.).
[2]) Das heisst offenbar an den russischen Botschafter in London, woraus aber durchaus nicht notwendigerweise zu schliessen ist, dass er das Telegramm Sir E. Grey mitteilte.
[3]) Von Herrn Morel durch Fettdruck hervorgehoben (D. Uebers.).
[4]) „Wir" bedeutet natürlich Russland.

Friedens bereit seien, die Mobilisations-Massnahmen zeitweilig zu verlangsamen, was uns nicht hindern würde, die militärischen Vorbereitungen fortzusetzen und sie sogar zu verstärken, indem wir uns nach Möglichkeit der Massen-Truppentransporte enthalten.[1]) Um 9½ Uhr findet eine Ministerberatung unter Poincaré statt, nach der ich sofort mit Viviani zusammenkommen werde."[2])

Also, bemerkt Pokrowski unter Bezugnahme auf seine eingestandene „Unvorsichtigkeit", „war der Verbündete derart in die Sache eingeweiht, dass er sogar ausserordentlich nützliche Ratschläge in technischen Fragen zu erteilen in der Lage war. Das setzte selbstverständlich die vollständigste Solidarität voraus.'[3]) Eine von zwei Schlussfolgerungen ist daher unvermeidlich: Entweder war das Telegramm der französischen Regierung, das Russland zur Zurückhaltung aufforderte, für diplomatische Zwecke geschrieben, d. h. um nachher als Beweis vorgebracht zu werden, dass Frankreich einen mässigenden Einfluss auf seinen Verbündeten ausgeübt habe, während Russland insgeheim vom französischen Auswärtigen Amt aufgestachelt wurde, voranzumachen; — oder der älteste Beamte im französischen Auswärtigen Amt und der französische Kriegsminister handelten gegen die Wünsche des französischen Kabinetts. Zum Schluss möchte ich noch daran erinnern, dass Viviani dem deutschen Botschafter am 31. Juli, abends 7 Uhr, sagte, er sei „in keiner Weise über eine angebliche Total-Mobilisierung der russischen Armee und Flotte unterrichtet."[4]) In Wahrheit hatte sie am 29. Juli heim-

---

[1]) Von Herrn Morel durch Fettdruck hervorgehoben. (D. Uebers.).

[2]) Deutsches Weissbuch 1919, Seite 203. Bei dieser Gelegenheit dürfte es angebracht sein, auf den von Boghitschewitsch in „Kriegsursachen" S. 27 erwähnten „bekannten Ausruf Iswolskis bei Ausbruch des europäischen Krieges" hinzuweisen: „Das ist mein Krieg." (D. Uebers.).

[3]) Deutsches Weissbuch 1919, Seite 204 (D. Uebers.).

[4]) Das war glatt gelogen, denn, wie die „Pravda" am 9. März 1919 nach einem Geheimtelegramm Iswolskis mitteilte, war ein, die „volle Mobilisation der russischen Armee ohne jede Ausnahme" bestätigendes Telegramm des französischen Petersburger Botschafters schon am Morgen des 31. Juli in Paris eingetroffen; siehe deutsches Weissbuch 1919, Seite 61 (D. Uebers.).

lich begonnen und am 30. mitternachts die endgültige Einwilligung des Zaren gefunden.

Und damit lasse ich diese tragische Geschichte — vorerst — ruhen.

* *
*

X. Die Stellung der fortschrittlichen Parteien Englands dem Krieg und Frieden gegenüber.

Und ich schliesse mit diesen Betrachtungen.

Wenn der Welt die Nemesis der vergangenen·fünf Jahre
und namentlich der letzten sechs Monate erspart bleiben soll,
so müssen sich die Kräfte des liberalen Gedankens überall
einem Prüfungsprozess der Selbst-Analyse unterwerfen; und
zwar nirgends mehr als in Grossbritannien, wo das Dogma
eines verbrecherischen Deutschland, allein schuldig, den
grossen Krieg geplant, gefördert und verursacht zu haben, mit
besonderer Inbrunst verehrt und angebetet wurde. Diese
Glaubenslehre ist — vorwiegend weil von i h n e n[1]) aufrechterhalten — nicht nur der Prüfstein für Vaterlandsliebe, Anstand und Wahrheit, sondern auch die Inspiration für unsere
Politik geworden. Sie beherrschte die Politik des Krieges, weil
von diesem Gesichtswinkel aus der Krieg als ein Kampf
zwischen Gut und Böse, Licht und Finsternis, Freiheit und
Tyrannei erschien. Die Schuld für den Frevel sei nicht geteilt, erklärten sie; sie sei eng begrenzt. Die verbrecherische
Nation müsse bestraft werden. Die Anbetung dieses Dogmas
hat die Welt — und sie[1]) — zum Frieden von Versailles geführt. Und das vergiftet die internationale Atmosphäre.

Heute befindet sich kein liberal-denkender Mann unter
uns — ich gebrauche den Ausdruck nicht, um damit eine be-

---

[1]) Der Verfasser meint damit Sir E. Grey, Lloyd George, Asquith usw.
und deren Gefolgschaft. (D. Uebers.)

sondere politische Ueberzeugung zu bezeichnen, sondern im weitesten Sinne, dem Sinne, in dem ihn Lord Morley[1]) in einem bemerkenswerten Abschnitt seiner „Erinnerungen" anwendet —, der nicht einsieht, dass der Friede von Versailles ein Unglück für die Welt ist und dass, wenn nicht einige seiner schlimmsten Bestimmungen aufgehoben oder gründlich gemildert werden, die Zivilisation nur aus dem gegenwärtigen Chaos taumeln wird, um in ein noch schlimmeres zu stürzen. Man wird zugeben, dass solche Aenderungen bloss durch den vereinigten Druck der fortschrittlichen Kräfte auf die Mächte der Reaktion erzielt werden können. Aber sehen denn die fortschrittlichen Kräfte Englands nicht ein, dass eine jede wirksame internationale Anstrengung in dieser Richtung so lange gelähmt ist, als die Glaubenslehre des verbrecherischen Volkes aufrechterhalten bleibt? Haben sie nicht so viel Scharfblick, um zu erkennen, dass, so sehr auch die besten Geister Deutschlands von dem grossen Teil Verantwortung überzeugt sein mögen, den ihre Militaristen und einige ihrer Philosophen für den Krieg zu tragen haben, dass sie sich doch niemals dem Urteilsspruch beugen werden, der, zum erstenmal in der Kriegsgeschichte, die ganze Schuld nur der einen Seite zumisst; dass sie diese Beschuldigung als masslos in ihrer Ungerechtigkeit, in ihrer Heuchelei, sowie in ihrer absichtlichen Verdrehung und Unterdrückung wesentlicher Tatsachen betrachten müssen? Verstehen denn unsere Kräfte des liberalen Gedankens nicht, dass sie etwas Unmögliches verlangen, wenn sie erwarten, dass ein Volk, dem die Welt bei ihrer geistigen Wiedergenesung das Beiwort gross nicht verweigern kann, nicht bloss den ungeheuren, seinem Stolze durch die militärische Niederlage versetzten Schlag in Geduld ertragen, sondern sich auch noch willfährig dazu hergeben soll, unter einem dauernden moralischen Schandmal zu leiden? Erwarten sie, dass mit einem solchen Ausblick die aus einer beispiellosen nationalen Demütigung entspringenden

---

[1]) Der zusammen mit John Burns bei Kriegsausbruch dauernd aus dem Kabinett trat. (D. Uebers.)

übeln Leidenschaften in Schach gehalten werden können? Stellen sie sich wirklich die deutschen Väter von heute vor, wie sie ihre Kinder lehren, dass sie, die Kinder, leiden, weil ihre Väter sich vorsätzlich gegen die Menschheit verschworen haben — dass ein Brandmal auf der Stirne eines jeden Deutschen ist? Glauben sie, was das betrifft, an die Möglichkeit, dass angesichts der langen Agonie der Blockade, die in Verletzung jeder Menschlichkeits-Rücksicht über die ganze Dauer des Waffenstillstandes ausgedehnt wurde, aufgeklärte Deutsche, so scharf sie auch viele Brutalitäten ihrer militärischen Befehlshaber verurteilen mögen, zugeben werden, dass ihr Vaterland, auch in dieser Hinsicht, als ein Paria unter den Staaten ausgestossen sei?

Wollen sie wirklich heute noch darauf bestehen, dass d i e Regierungen, die während vieler Monate fortfuhren, gegen· einen entwaffneten und hilflosen Feind das verderblichste aller Kriegsmittel[1]) anzuwenden, und dass d i e Regierungen, die an der jetzigen abscheulichen Kriegführung gegen das russische Volk und an den schändlichen Betrügereien und· Kniffen, durch die der Krieg verlängert wird, schuld sind, dass s i e ein Recht haben, über Deutschlands Kriegs-Verbrechen zu Gericht zu sitzen? Erwarten sie, dass sich das deutsche Volk einer von solchen Regierungen, die für diese Ungeheuerlichkeiten verantwortlich sind, auferlegten Verurteilung moralisch fügen kann, so sehr auch das deutsche Volk von der Bürde der Verantwortung überzeugt sein mag, die rechtmässig auf den Schultern seiner früheren Herrscher ruht?

Auf was für eine Zukunft richten unsere Männer der liberalen Ideen ihren Blick und ihre Hoffnung? Ist es auf eine Zukunft, in der das Herz Europas von einem grossen Volke bewohnt ist, das nicht nur an materiellen, mit der Zeit

---

1) Hier darf darauf hingewiesen werden, dass Herr Morel dem in letzter Zeit oft genannten „Rat zur Bekämpfung der Hungersnot" (Fight the Famine Council) angehört. D. Uebers.

heilbaren Wunden leidet, sondern auch an geistigen, dem Gefühl unerträglicher Ungerechtigkeit entsprungenen Wunden? Fürchten sie ein Wiederaufleben des deutschen „Militarismus"? Wenn ja, bemerken sie dann nicht, dass das in den Bereich der politischen Handlungen übertragene Dogma des „verbrecherischen Volkes" dies Wiederaufleben ermuntert? Fürchten sie, dass der „Bolschewismus" Gewalt über Deutschland erringen werde? Wenn ja, haben sie dann nicht so viel Grütze im Kopf, um einzusehen, dass es die sicherste Methode zur Verwirklichung ihrer Besorgnisse ist, wenn das deutsche Volk in Hoffnungslosigkeit und Verzweiflung gestürzt wird durch die Bestimmungen eines Vertrags, der es sogar seiner Selbstachtung zu berauben sucht, und wenn gegen Deutsche in England Massnahmen ergriffen werden, die sie zu Ausgestossenen machen — Bestimmungen und Massnahmen, die auf der Glaubenslehre der „verbrecherischen Nation" beruhen? Sie liessen es zu, dass man ihre Augen und Ohren dem der ganzen übrigen Welt zugänglichen Beweismaterial über die Kriegsursachen verschloss. Wollen sie sich für immer weigern, ihre Augen und Ohren zu öffnen? Zu welchem Zweck? Ist es nicht Zeit, dass sie ihre Haltung einer Prüfung unterzögen? Angenommen, es wäre am Ende doch so, dass der Krieg nicht durch den vorsätzlichen Kult des Bösen in einem Volke möglich wurde, sondern durch ein allgemeines System des Betruges, der Verheimlichung und der Gaunerei, das sie und alle liberal-denkenden Männer der Welt verhinderte, internationale Uneinigkeiten rechtzeitig zu erkennen und sie anzupacken, ehe man sie durch intrigierende und im Dunkeln arbeitende Staatsmänner hatte einen unlösbaren Grad erreichen lassen? Angenommen, dem wäre so, würde dann diese Entdeckung die Zukunft der Menschheit weniger sicher gestalten? Und dies zugegeben, brauchten sie, falls die allgemeine Verurteilung auch einige ihrer eigenen Staatsmänner träfe, dann aus diesem Grunde davor zurückzuschrecken, der Wahrheit ins Gesicht zu sehen? Was bedeutet denn der Ruf einer Handvoll Leute angesichts der furchtbaren Fragen, die heute auf der Welt lasten?

Meinen sie, es sei durchführbar, selbst wenn das wünschenswert wäre, dem Marsch der Wahrheit Einhalt zu gebieten, und dass man diese dunkeln Kammern der Geheim-Diplomatie auf ewig versiegelt lassen kann? **W a s h a b e n sie zu den hier wiedergegebenen Dokumenten zu sagen?**[1]) Können sie sich zum Beispiel einigermassen gleichmütig die schliessliche Wirkung auf das liberale Amerika vorstellen, wenn das allmählich zur Wahrheit erwacht, während sie selber eigensinnig blind und taub gegen ihre Botschaft verbleiben? Haben sie in diesem Zusammenhang nicht Einbildungskraft genug, um die für unsere künftigen Beziehungen zu den Vereinigten Staaten überwältigende Bedeutung zu begreifen, die in dem widerwilligen Bekenntnis des Präsidenten Wilson vor der Senats-Kommission liegt, Amerika, dessen Kriegsteilnahme als der höchste Akt gepriesen wurde, der die zwei grossen Zweige der anglo-sächsischen Rasse für immer in einem Bund gegenseitigen Vertrauens und gegenseitigen Strebens verschmelzen sollte, Amerika sei dem Krieg in Unkenntnis dessen beigetreten, dass sich unsere Regierung insgeheim Plänen und einer Politik verschrieben hatte, die mit den uneigennützigen und feierlich verkündeten Zielen der amerikanischen Politik unvereinbar und dem amerikanischen Volke verhehlt worden waren?[2])

Ich frage noch einmal: ist es nicht Zeit, dass alle unsere fortschrittlichen Kräfte ihre ganze Stellungnahme dem Kriege

---

[1]) Im Original durch Fettdruck hervorgehoben (D. Uebers.).

[2]) Anmerkung des Uebersetzers: In der Oktober-Nummer 1919 von „Foreign Affairs" weist der amerikanische Publizist A. Pinchot nach, dass 1917 und 1918 die Geheim-Verträge der Entente in einigen der bedeutendsten amerikanischen Blättern ausführlich besprochen wurden. Ja, Oberst House bat sogar Balfour im Juli 1917, „Abschriften der Geheimverträge nach Washington zu schicken, damit Präsident Wilson sehen könne, wofür die Amerikaner kämpfen" — welcher Aufforderung England allerdings nicht rachkam. Pinchot sagt daher: „Wenn der Präsident vor der Pariser Friedenskonferenz keine Kenntnis der Geheimverträge hatte, muss er beinahe der einzige politische Führer unter den Alliierten gewesen sein, der sich in dieser unglücklichen Lage befand". Pinchot hält deshalb eine Aufklärung dieses Falles für geboten.

gegenüber einer Prüfung unterziehen? Der Krieg ist im militärischen Sinne gewonnen. Wir sind nun freier, die Frage nach seinen Ursachen mit offenen Augen und dem festen Vorsatz zu betrachten, bis zur Wahrheit durchzudringen. Aber sind denn, obschon der militärische Sieg vollständig ist, die Ziele gesichert worden, die uns der Sieg, wie sich die Mehrzahl unserer liberalen Männer einbildete, bringen würde? Sie wissen nur zu gut, dass dem nicht so ist. Sie wissen, dass dieser militärische Sieg für ganz andere Zwecke benutzt wurde, für Handlungen der Ungerechtigkeit und brutaler und zynischer Immoralität; dass er den Triumph eben der Uebel verzeichnet hat, die der Sieg nach ihrer Meinung aus der europäischen Politik verbannen werde. Welchen Vorteil bietet also das Anklammern an ursprüngliche Ansichten, wenn diese in der Tat irrig, obgleich ehrlich gemeint waren? Welchen Vorteil kann es zum Beispiel den fortschrittlichen Kräften der Welt bringen, wenn wir kindisch darauf beharren, dem russischen Zarismus für seinen Erfolg, britische und französische Staatsmänner — infolge ihres Mangels an Ehrlichkeit gegen die britische und französische Demokratie — allmählich in seine Netze verstrickt zu haben, dem russischen Zarismus dafür Absolution zu erteilen. Und doch zwingt die Beibehaltung dieser ursprünglichen Ansichten hierzu. Noch einmal: zu welchem Zwecke? Ist nicht eine der augenfälligsten Lehren, die man aus den Ereignissen der vergangenen drei Jahre ziehen kann, die, dass ein Krieg der letzte Rettungsversuch der Romanoffs war?[1]) Warum sollten wir also jetzt, da die Romanoffs verschwunden sind und sogar Herr Churchill und die Pariser Finanzgrössen nachgerade daran verzweifeln müssen, sie wieder auf die Beine zu bringen, warum sollten wir nun noch darauf bestehen, sie und ihr System von ihrem Anteil, wahrscheinlich dem grössten Anteil am Zustandebringen des Krieges reinzuwaschen, nur um das Dogma von der verbrecherischen Nation Deutschland aufrechtzuerhalten?...

---

[1]) Um drohenden Umsturzbewegungen zu begegnen. D. Uebers.

Tun wir das, dann morden wir die Wahrheit und wir arbeiten dadurch an unserem eigenen Untergang. Möge uns Gott der Herr von einem Pharisäertum erlösen, das in seinen letzten Folgen für uns und jeden liberalen Einfluss in der Welt verhängnisvoll sein muss.

———

Schlusswort des Uebersetzers: Wie beim ganzen Buch, so muss der Leser auch bei diesem Kapitel stets bedenken, dass Herr Morel hier nicht die Verantwortung D e u t s c h - l a n d s im Einzelnen darlegen und abwägen wollte, sondern dass es ihm vor allem darauf ankam, seinen irregeführten Landsleuten d i e M i t s c h u l d d e r E n t e n t e - R e g i e - r u n g e n, n a m e n t l i c h R u s s l a n d s, vor Augen zu halten. Naturgemäss konnte daher die Frage der deutschen Verantwortung nur summarisch behandelt werden, und die Schuld der andern nimmt den Hauptraum dieser Kapitel ein. Im übrigen hat sich ja Herr Morel im Vorwort und an zahl- reichen Stellen des Buches deutlich genug über die grosse Mitschuld der deutschen Regierung ausgesprochen.

E. D. Morel hatte mit anderen radikalen Links-Liberalen und einigen wenigen der Arbeiter-Partei s c h o n J a h r e vor d e m K r i e g in Blättern wie „Manchester Guardian", „Nation", „Daily News" (selbst stockkonservative Organe schenkten ihm Gehör) die auswärtige Politik des englischen Kabinetts dauernd bekämpft, da sich ihm seit den Marokko- Krisen der Verdacht aufgedrängt hatte, dass die britische Regierung unter den Einfluss der französischen „Revan- chards" und des russischen Zarismus geraten und geheime Verpflichtungen gegen diese beiden Länder eingegangen sei. Er verurteilte diese Politik, weil sie — unter Deutschlands und Oesterreich-Ungarns Mitwirkung — nach seiner Ueber- zeugung nicht den Frieden, sondern den Krieg fördern musste. Als dann unter Enthüllung der geheimen englisch-franzö-

sisch-russischen „Besprechungen" und Abkommen die von
Morel jahrelang vorhergesagte Katastrophe tatsächlich eintrat, war es für ihn, der stets tief auf den Grund der Dinge
drang und nur seiner Wahrheitsliebe folgte, bloss logisch
und natürlich, dass er von Anfang an die Ueberzeugung
vertrat:

Dieser Krieg, der nie allein durch die Ereignisse nach dem Mord von Serajewo erklärt
werden kann, ist ein Krieg der geteilten Verantwortung.

Die Weltgeschichte wird ihm recht geben.

———

Personenverzeichnis.

Inhalts-Verzeichnis.